예영세계선교신서 ⑮

인터넷 선교의 힘, **웹 멘토링**

모든 인간은 하나님의 형상을 닮은 존엄한 존재입니다. 전 세계의 모든 사람들은 인종, 민족, 피부색, 문화, 언어에 관계없이 존귀합니다. 예영커뮤니케이션은 이러한 정신에 근거해 모든 인간이 존귀한 삶을 사는 데 필요한 지식과 문화를 예수 그리스도의 사랑으로 보급함으로써 우리가 속한 사회에 기여하고자 합니다.

예영세계선교신서⑮
인터넷 선교의 힘, 웹 멘토링
펴낸 날 · 2010년 11월 10일 | **초판 1쇄 찍은 날** · 2010년 11월 5일
지은이 · 서장혁 | **펴낸이** · 김승태
등록번호 · 제2-1349호(1992. 3. 31) | **펴낸 곳** · 예영커뮤니케이션
주소 · (136-825) 서울시 성북구 성북1동 179-56 | **홈페이지** www.jeyoung.com
출판사업부 · T. (02)766-8931 F. (02)766-8934 e-mail: edit1@jeyoung.com
출판유통사업부 · T. (02)766-7912 F. (02)766-8934 e-mail: sales@jeyoung.com

copyright ⓒ 2010 서장혁
ISBN 978-89-8350-575-0 (04230)
　　　978-89-8350-542-2 (세트)

값 14,000원

* 잘못 만들어진 책은 교환해 드립니다.
* 본 저작물은 저작권법에 의하여 한국 내에서 보호를 받는 저작물이므로 무단 전제와 무단 복제를 금합니다.

예영세계선교신서⑮

인터넷 선교의 힘, **웹 멘토링**

서장혁 지음
강명진 일러스트

목차

추천의 글 13

여는 글 20

제1부 인터넷 선교(Internet Mission)의 세계

제1장 인터넷은 선교로 부흥했나? 25
1. 프롤로그 25
2. 인터넷 선교의 현재 시간 27
3. 타락한 웹 세상에 복음의 그물 던지기 32
4. 블로그-기초적 웹 선교 47
5. 전도를 위한 설득 기술 51
6. 웹 기반 선교를 위한 영성 58

제2장 교회 성장 원리와 인터넷 선교 61
1. 교회 성장 61
2. 평신도 사역을 통한 인터넷 선교 65

제3장 크리스천의 인터넷 문화 공간 이해 77
1. 웹 문화 이해 77
2. 인터넷 문화-신학적 이해 81

3. 선교를 위한 문화 이해 87
4. 영적 이해-영적 리더십 90
5. 적합한 교회 이해 92
6. 인터넷 교회 개척 비평 110

제4장 성경이 말하는 커뮤니케이션 115
1. 구약 시대 스크린-돌판 115
2. 영적 검색창-선지자 120
3. 예수님의 대중 커뮤니케이션 122
4. 바울의 대중 커뮤니케이션 129

제5장 이머징 처치를 어떻게 볼 것인가? 137
1. 포스트 모던 시대의 새로운 교회 모델 137
2. 초대 교회-모바일 교회(행동하는 교회) 모델 141
3. 멀티사이트교회 145
4. 모바일 교회의 과제 146
5. 인터넷 교회-노아의 방주 149

제6장 원리에 접근하는 인터넷 교회 153

  1. 생각의 전환 153

  2. 할랄과 하람 156

  3. 무슬림 전도를 위한 접근 문제 157

  4. 대중 전도를 위해 기독교 콘텐츠가 가진 문제 159

  5. 적합한 기독교 웹 콘텐츠 163

  6. 웹 문화에 맞는 창의력&예술감각 레벨업 183

  7. 교회가 할 수 있는 선교적 웹 콘텐츠 개발 188

  8. 네비우스 원리에 근거한 인터넷 선교 191

제7장 세계 인터넷 선교의 현재 195

  1. 인터넷 선교 현황 195

  2. IT의 힘-'누구나'를 위해 199

  3. 디지털을 움직이는 아날로그 203

  4. 적합한 설계 206

  5. 그 외 요소들 209

  6. 인터넷 윤리와 대응 211

7. 거품을 뺀 콘텐츠 212
   8. '아무나'는 아닌 것 215
   9. 협력 프로젝트 217

제2부 웹 멘토링(Web-mentoring)의 세계

제8장 21세기형 양육 시스템 227
   1. 웹 멘토링이란? 227
   2. 웹 멘토링을 통한 전방개척 선교 229
   3. 21세기 교육과 웹 멘토링 235
   4. 웹 멘토링을 통한 교육 시스템 사례 248
   5. 웹 멘토링에 도움을 주는 도구들 269

제9장 전방개척 선교지에서 인터넷 교회 개척 281
   1. 인터넷 교회 개척 282
   2. 적합한 인터넷 교회 284

3. 원격 양육 286
　4. 재정과 인터넷 교회 개척 287
　5. 선교적 교회와 인터넷 교회의 관계 289

제10장 인터넷 기반 선교학 291
　1. 현 시대 선교 전략 구조 조정 291
　2. 인터넷 선교학의 과제 294
　3. 인터넷 기반 선교의 상황화 연구 297
　4. 웹 기반 선교 우선 지역 299

제11장 선교 현장에서의 인터넷 선교 사례 301
　1. 초기 인터넷&컴퓨터 선교 사역 301
　2. 웹 방송국 303
　3. 인도네시아 사례 305

제3부 IT 비즈니스 선교의 세계

제12장 인터넷 선교와 BAM 309
  1. 재정 대신 다른 것 309
  2. 구조적 모델 311
  3. 전방개척 선교 현장의 IT 비즈니스 선교 313
  4. 비즈니스 선교 유형 315
  5. IT 교육 사업을 통한 사례 319
  6. A시의 IT 비즈니스 현황 327
  7. IT 비즈니스 선교의 과제 332

제13장 에필로그 335
  1. 선교 율법주의 335
  2. 선교지를 위한 그 교회 338

부록-교회 홈페이지 사례 연구 343

- 본서에 사용된 상황화 전도지, 맥가브란 박사, 인도관련 과거 사진은 윌리엄캐리국제대학(William Carey Internationa University) 내 맥가브란 아카이브에서 승인을 받고 사용하였습니다.

추천의 글 1

미래전략을 세우는 사람

저는 오랫동안 빌 게이츠(William H. Gates)를 통하여 시대를 읽는 습관이 있습니다. 얼마 전, 습관처럼 서점을 방문하여 『빌 게이츠, Nextpage』를 구입했습니다. 그리고 단숨에 읽어 내려갔습니다. 저에게 빌 게이츠는 미래를 읽는 심벌(symbol)이기 때문이었습니다. 그 책은 "10년 만에 만나는 미래전략서"라는 부제를 달고 있었습니다. 저는 미래전략이 필요하다고 느끼고 있었기에 빌 게이츠를 통하여 새로운 미래전략의 골격을 잡고 싶었습니다.

지금까지 빌 게이츠는 저에게 세 가지 패러다임을 제공해 주었습니다. 첫째, 빌 게이츠의 『미래로 가는 길』은 인터넷이 얼마나 대단한 위력으로 정보 고속도로를 열어 줄 것인지 가르쳐 주었습니다. 저는 즉시 여러 유용한 웹 사이트에 회원으로 가입하고 인터넷 매니아가 되었습니다. 둘째, 빌 게이츠의 『생각의 속도』는 디지털 신경조직망에 대한 개념을 가르쳐 주었습니다. 저는 DNS를 신학적 개념으로 해석하여, 교회론과 선교학을 새롭게 정립할 수 있었습니다. 계속해서 DNS 개념을 여러 곳에 적용해 나아가야 할 필요를 인식하고 그 방향으로 움직이고 있습니다. 셋째, 『빌 게이츠, Nextpage』를 통하여 웹에 대한 패러다임을 새롭게 정립할 수 있게 되었습니다. 웹은 미래의 언어입니다. 하나님께서 주신 선교적 도구입니다. 웹을 통한 선교적 가능성은 우리의 상상을 초월합니다. 『빌 게이츠, Nextpage』의 저자인 메리 조 폴리는 25년간 빌 게이츠를 연구해 온 전문가입니다. 무엇보다 그의 결론이 인상적이었습니다. "어느 때보다 기술이 중심이 되어 가고, 빠르게 돌아가는 웹 중심 세계에서 지속적인 성공을 보장할 수 있을까? 두말하면 잔소리, 그럴리 없다! (326 p)."

세상은 이미 웹 중심 세계로 바뀌었습니다. 안타깝게도 세상은 저와 한 마디 상의도 없이 웹 중심으로 바뀌고 말았습니다. 그러나 수많은 크리스천 지성인들은 아직까지 세상이 이미 그렇게 바뀐 줄도 모르고 있습니다. 신학교육은 아직도 물리적 강의실에 의존하는 모더니티(modernity)의 산물로 남아 있습니다. 저는 최근에 웹 중심 웹 멘토링(Web-mentoring)으로 저의 핵심 딜리버리(delivery) 엔진을 바꾸었습니다. 웹 멘토링을 통해, 제가 지도하는 수십 명의 박사과정 연구원들을 보다 효과적으로 지도할 수 있게 되었습니다. 저는 웹 멘토링이 제가 가진 은사를 30배, 60배, 100배로 남기는 방법이라고 확신합니다.

이러한 때에 서장혁 목사의 『인터넷 선교의 힘, 웹 멘토링』을 만난 것은 신선한 충격입니다. 사막 한 가운데에서 오아시스를 찾은 기쁨입니다. 저는 그를 삼국지에 등장하는 '제갈 선생'이라고 부르고 있습니다. 무엇보다 머리에 전류가 흐르는 듯한 기발한 발상, 미래를 보는 안목이 남다르게 느껴졌기 때문이었습니다. 웹 멘토링으로 '하나님의 선교(Missio Dei)'를 수행하는 제갈 선생의 예지를 볼 수 있었기 때문이었습니다.

하나님께서는 저자에게 남다른 경험과 달란트, 재능과 능력을 허락하셨습니다. 무엇보다 웹 멘토링이 전방개척 선교에 사용되는 것을 보는 것은 큰 기쁨입니다. 하나님께서 태초부터 예비하신 인터넷과 웹이라는 도구를 통해 새로운 리더들이 훈련될 것입니다. 선교지 전후방에 놀라운 네트워크가 형성될 것입니다. 그리스도의 몸이 더 건강해질 것입니다. 웹 멘토링을 통해 새로운 변화가 일어날 것입니다. 이 변화산의 경험에 당신을 초대합니다.

임윤택
(Ph. D, William Carey International University,
풀러신학교 교수)

추천의 글 2

세계 선교를 위한 첨단의 열정

사도 바울이 21세기의 사람이었다면, 오늘날 교회들이 인터넷 등 첨단 미디어를 적극적으로 사용하지 않고, 오히려 악한 세력들이 이러한 통신 매체들을 적극 활용하고 있는 것을 보고 대단히 안타까워했을 것입니다. 1세기 당시 그레꼬-로만 세계의 교통, 통신망을 최대한 이용해서 선교하려고 했던 바울은 오늘날의 그리스도인들이 첨단 미디어에 대해 소극적인 자세를 가지는 것을 책망할 것이라 생각합니다. 우리는 통신 기술의 발달을 선교적으로 적극 활용해야 합니다. 그럴 때 우리 시대에 주어진 조건 속에서 최선을 다해 섬길 수 있을 것입니다.

선교 역사를 살펴 보면, 과학 기술의 발달에 주목하고 이를 활용해서 선교적 발전을 가져오려고 했던 선구자들이 많이 있습니다. 선박, 비행기 등 운송 수단의 발전, 라디오, TV, 위성 방송 등 방송통신기술의 발전을 선각자들은 놓치지 않았습니다. 그리고 교회의 인식과 지원이 부족한 가운데서도 최선을 다해서 선교적인 응용을 했습니다. 선교 역사는 그 선구자들을 감사함으로 기억할 것입니다.

이 책의 저자 서장혁 목사는 한국 선교계에서 인터넷 선교의 선구자 중 한 사람입니다. 그는 세계인터넷선교학회, 두란노닷컴사이트를 비롯한 다양한 현장에서 실무적인 경험을 쌓았습니다. 이제 선교학적으로 보다 통합된 가운데 그의 경험이 더욱 정리되어 책으로 나온 것에 감사합니다. 특별히 그는 웹 멘토링을 새로운 선교 교육 전략으로 제시하고 있습니다. 이런 창의적인 시도에 대해 선교계는 주목해야 된다고 생각합니다. 특별히 이 제안은 선교사들의 지속적인 교육을 위해 널리 활용되어야 한다고 생각합니다.

본서는 국내외 선교에 관심을 가진 목회자와 선교사는 물론, 먼 곳과 가까운 곳에서 선교적인 삶을 살기를 원하는 모든 그리스도인들이 읽어야 할 책이라고 생각합니다. 이 책을 통해서 선교 및 교육의 혁신이 가속화되기를 바랍니다. 한국 선교도 재래식 선교만을 강조하지 않고 첨단 선교에 있어서도 흐름을 주도하는 세력이 되기를 바랍니다. 본서를 통해서 그런 구체적인 방안들이 마련되고, 준비가 되기를 바랍니다. 저자의 성령 충만하면서도 지적인 영감을 통해서 우리의 생각이 새롭게 되고 우리의 비전이 더욱 명료해지기를 바랍니다. 수고한 저자에게 감사를 표합니다.

동역자 된 문상철
(한국선교연구원/kriM 원장, 합동신학대학원 및 풀러신학교 교수)

추천의 글 3

감사와 격려를 함께 담아서

　서장혁 목사를 처음 만나게 된 것은 지금으로부터 몇 년 전인 2004년 시카고에서 진행된 세계한인선교사대회를 통해서입니다. 당시 필자는 세계인터넷선교학회 총무 자격으로 선교 대회에 참석하여 인터넷 선교 분과 강의 및 부스를 섬겼습니다. 그리고 선교 대회가 끝날 무렵 세계한인선교사회(WKMF) 임원 회의에 초대되어 전 세계 선교사들을 위한 웹 네트워크(www.wkmf.swim.org)를 형성하기로 약속을 하고, 그 이후 임무를 성실하게 지켜 나갔습니다. 그로 인해 지금도 세계한인선교사회의 이름으로 정기적인 웹진이 발행되고 있으며 선교사들은 사역 현장에서 사용하면 유용할 묵상 및 각종 유익한 기독교 자료들을 인터넷을 통해 전달받고 있습니다. 세상은 변화하고 있고 선교 현장 또한 이전 세대와는 달리

환경이 바뀌고 있습니다. 지난 선교 세대들에게는 조금은 생소한 인터넷 선교, 웹 멘토링 분야에 관련한 연구 내용이지만 이것이 새 술에 걸맞은 새 부대가 되리라는 확신을 가지고 있습니다. 『인터넷 선교의 힘, 웹 멘토링』을 통해 보다 많은 선교 단체와 선교사들이 인터넷을 기반으로 한 선교 훈련을 받고 그를 통한 결실을 맺게 되기를 기대해 봅니다.

조용중 선교사(Ph. D, 전 GP 대표)

여는 글

『인터넷이여 선교로 부흥하라』를 집필한 지 3년여가 지났습니다. 그리고 최근에 『웹, 세상을 디자인하라』를 출간했습니다. 부끄러운 졸필들이지만 선교를 위한 마음, 작은 보탬이라도 되고자 하는 소망으로 몇 날 밤을 지새우며 또다시 서툰 발을 내디뎠습니다. 이처럼 용감할 수 있었던 것은 나를 드러내고자 한 일이 아니었기 때문입니다. 선교를 위해 따로 예비된 시간이 있으면 좋겠습니다. 하루가 40시간쯤 되면 좋겠습니다. 아니, 80시간이면 더 좋겠습니다. 왜 이리도 선교를 위한 시간은 빨리 흘러가는지, 언제나 마음은 급하고 섬겨야 할 사역들은 산재합니다. 웹 공간으로, 전방개척 선교지로, 세계 컨퍼런스, 연구실로 발 빠르게 이동하며 자료를 수집하고 글을 정리했지만 또 하나의 비평받을 가능성이 가득한 결과물이 탄생하게 되었습니다. 이전의 글들과는 또 다른 모습으로 세상의 빛을 본 본서를 위해 변명처럼 말씀드리기는 이 작업은 오직 하나님의 일을 이룩하고자 눈물로 기록한 것이라는 사실입니다. 이 시대에 가장 필요한, 선교를 위한 유용한 도구를 전달하고자 하는 사명 가운데 거친 광야에서 외치듯이 기록한 글입니다.

전편들, 『인터넷이여 선교로 부흥하라』와 『웹, 세상을 디자인하라』에 이어 이번 세 번째 『인터넷 선교의 힘, 웹 멘토링』을 통해서는 특별히 선교 사역, 교육 사역, 교회 사역을 위한 웹 멘토링 시스템, 웹 멘토링 커뮤니티 구축 등과 같은 보다 실제적이고 구체적인 인터넷 선교 방법, 이상적인 '크리스천 웹 커뮤니케이션(Christian Web Communication)'을 위한 적합한 윤곽을 그려 낼 수 있었습니다.

또한 신나고 기분 좋은 일은 인터넷 선교 방법을 통해 사역지 곳곳에서 성령의 역사들이 일어나고 있다는 사실입니다. 웹 공간에 성령께서 임재하십니다. 인터넷 선교라는 명칭만으로도 생소함을 느꼈던 시절이 엊그제 같은데 이제는 인터넷 선교에 비전을 가지고 전진하는 믿음의 동지들이 많아졌습니다. 성령께서는 웹상에 임재하시고 컴퓨터의 스크린을 통해 은혜의 바람을 불어넣고 계십니다. 사랑을 잃어 가던 기계와 같은 세상 사람들의 차가운 손과 마음에 온기가 돌고 그들의 거칠었던 볼에 붉은 생기가 돌며 발그레지고 있습니다. 악한 영은 물러가고 성령의 충만함이 웹상에, 세상 안에 가득합니다. 할렐루야!

부족한 사람이지만 잃어버린 영혼들을 위해 꾸준히 섬길 수 있도록 영광스런 사역의 기회를 허락하신, 존귀하신 하나님께 감사드립니다. 어려운 환경 가운데에서도 인터넷을 통한 세계 선교 사역의 필요를 이해하시고 무명인 필자의 책을 출판해 주신 예영커뮤니케이션 김승태 대표님께 감사드립니다. 영적, 지적 멘토로 지도해 주시는 윌리엄캐리국제대학교(William Carey International University) GLC 원장 임윤택 교수님께 감사드립니다. 임 교수님의 고견대로 선교계의 블루오션 영역, 선점

하는 대신 포기하지 않고 끝까지 책임지겠습니다. 선교지의 선교사님들, 특별히 오늘도 전방개척 선교지에서 무릎의 기도로 헌신하시는 선교사님께 감사를 올려 드립니다. 끝으로 한결같은 마음으로 아들의 사역을 지원하시는 부모님, 원고를 붙잡고 동일한 마음으로 밤을 새며 함께 고민하고 교정과 기도로 도운 사랑하는 아내, 가족들에게도 감사를 드립니다. 모두 축복합니다.

2010년 3월 Pasadena에서

서장혁 목사

제1장 인터넷은 선교로 부흥했나?

1. 프롤로그

선교지의 상황은 급변하고 있다. 지구촌의 수많은 선교지가 현대화의 바람을 타고 개발되고 있고 점점 도시화가 되고 있다. 현재 다수 선교지의 실제 이미지는 우리가 20년 또는 30년 전에 가졌던 밀림 속의 토착 원주민의 원시적인 모습과는 사뭇 다르다. 선교지 또한 한국의 일반적 크리스천들이 보유한 문화와 패턴을 가지고 세계화라는 카테고리 안에서 함께 호흡하며 살아간다. 개인이 원하건 원하지 않건 세계는 어느새 어떠한 동일한 연결고리 안에서 함께 먹고, 자고, 이야기하고, 노래하고, 춤추고, 배우고, 가르치고, 즐기고, 생활하고, 생각하고, 그리고 인터넷을 사용하고 있다. 새롭게 자국의 발전을 추구하는 개발도상국가의 각종 시스템들은 어느 나라에도 뒤지지 않는 첨단의 것으로 이전의 모더니즘적 요소들이 차지했던 자리들을 대신 채워 나가고 있다. 어제의 낡은 것들 대신에 가장 최신의 것들로 새롭게 채워진 화려한 신도시들이 선교지 곳곳에 세워지고 있다. 이러한 현상은 우리가 정의하는 전방개척 선교지에서도 마찬가지이다.

반면 삶의 모습이나 생활 패턴, 국제 교류를 위한 이해 구조는 동일해지면서도 국가 간 대립은 미묘한 가운데 존재하고 서로 이익 추구를 위한 각국 간의 줄다리기가 긴장감을 일으키고 있다. 정치적 이슈는 이제 어제의 이념적 분열보다는 종교적 이슈를 통한 대립 양상을 보이며 세계는 자국 이익을 극대화하고자 하는 경제적 안건들을 앞세우고 이면에는 종교적 이슈에 대한 주도권을 갖고자 물리적 충돌마저 불사하고 있다. 오늘날의 선교 역사는 윌리엄 캐리(William Carry)의 인도 선교, 허드슨 테일러(Hudson Tayler)의 중국 선교, 리빙스턴(Livingstone)의 아프리카 선교, 수많은 선교사들이 잔인하게 희생된 남미 선교의 뒤를 이어 '전방개척 선교지(Frontier Mission Field)'라는 하나의 커다란 공동체로 명명된 새로운 선교지에서 새롭게 기록되고 있다. 오늘날 선교 이슈 중 가장 주목되는 것은 선교지가 국가나 민족의 개념으로 나누어지는 것이 아니라, 어떤 종교 국가인가에 따라 나누어진다는 것이다.

이러한 변화된 상황 가운데에서 아쉽게도 대부분 신학교의 강의는 10년 전 즈음의 생각과 사고, 은혜와 도전에 멈추어 있는 듯하다. 필자가 현재 수학하고 있는 한 신학교에서도 강사가 열정을 가지고 교수하지만 10년 전에 했으면 감동이 되었을 법한 교회 성장학 강의를 하고 있다. 현시대에는 도널드 맥가브란(Donald A. McGavran)과 피터 와그너(Peter Wagner)의 교회 성장학이 비평되며, 대신 새로운 교회 개척 및 성장 연구에 포커스를 맞추어 '신(新) 교회 개척 운동', '이머징 처치 운동' 등이 대두되었다. 그리고 또다시 시간은 한 바퀴를 더 돌아 새롭게 부각된 새로운 조류들이 현장 임상을 거쳐 새롭게 비평됨에도 신학교 교육 현장에서는 아직도 10년 전의 선교지 상황에 포커스를 맞춘 강의를 제공한다. 이러한 현실 앞에서 필자는 마치 선교를 위한 신학교들의 시간이 과거에서 멈추어 버린 듯한 느낌을 갖게 된다.

수많은 선교 현지는 이제 목사 선교사의 신분으로는 입국 자체, 거주 자체가 불가능해지고 있다. 때로는 신학교를 졸업한 사실 때문에 비자를 받는 일에 문제가 되기도 한다. 목사 선교사가 설 선교지의 땅들이 점점 좁아지고 있다.

이러한 가운데 인터넷을 기반으로 한 선교 방법에 대해 강조하는 것은 바로 '그때'를 위한 적절한 대안이라고 믿는다. 선교를 위해서는 성령의 은사를 개발해야 한다. 효과적이고 성공적인 선교를 위해서는 그 개발된 은사를 사용해야 한다. 가르치는 은사, 방언과 통역의 은사, 예언의 은사, 신유의 은사, 중보 기도자로서의 은사, 교회 리더십으로서의 은사, 구제하는 은사, 찬양 사역자로서의 은사, 설교자로서의 은사, 기획자로서의 은사, 피스 메이커(peace maker)로서의 은사 그리고 여기에 더불어 인터넷 선교사로서의 은사를 포함시킬 수 있다. 사뭇 새롭게 느껴지는 이 은사는 사실 새로운 것이 아니라 이미 성경에 그 장점들이 소개되어 있고, 기술만으로는 가능한 것이 아니라 성령의 인도하심 가운데, 성령의 충만한 능력 가운데, 본연의 효과가 충분히 발휘될 수 있는 것이다. 이제 인터넷을 통한 현 시대에 적합한 전방개척 선교 방법 개발, 그 새로운 도전적 여정, 개척자로서의 여행을 출발해 보도록 하자.

2. 인터넷 선교의 현재 시간

밥은 굶어도 인터넷 접속은 꼭 해야 한다는 사람들이 늘고 있다. 이메일(E-mail) 확인을 하지 않은 날은 무언가 허전하다. 우리가 흔하게 사용하는 인터넷 활용의 영역은 어디까지일지를 생각해 본다. 그리고 인터넷의 수혜자로서, 그리고 한 사람의 크리스천으로서 인터넷 목회와 선교의 영역은 어디까지일지를 가늠하고 연구하고 생각해 본다. 많은 사람들의 기대 속에서 인터넷 선교의 역사는 오늘도 새롭게 기록되며, 오프라인과 온라인상에서 활발한 활동들이 펼쳐지고 수많은 결과물들이 창출되고 있다.

전편들 『인터넷이여, 선교로 부흥하라』, 『웹, 세상을 디자인하라』에서 거론되고 제시된 대로 이제 인터넷 선교는 교회 내의 특수 분야 또는 소수 크리스천의 관심사가 아니라, 보다 포괄적이고 전반적인 이해와 높은 사용 빈도 속에서 다수의 인터넷 교회 설립, 기독교 자료 데이터 베이스의 구축과 함께 각양각색의 발전을 모색해 왔다. 하지만 그와 동시에 역기능적인 요소들도 사역의 현장 내에서 적지 않게 발견됨을 리포트(report)한다. 어떤 이들은 인터넷을 통한 사역을 논하면 논할수록 인터넷으로 할 수 없는 영역에 대해 더 많은 깨달음을 얻게 된다고 말하기도 한다.

더불어 인터넷상의 정보 홍수 현상이 비단 일반 웹 사이트들에서뿐만 아니라 교회 홈페이지, 선교 단체 홈페이지, 기독교 신문 매체, 기독교 웹 매거진(Web-magazine), 선교를 위한 전략적 사이트, NGO 사이트 등 각종 기독교 웹 영역에서도 지나치게 넘쳐난다고 고개를 설레설레 흔들기도 한다. 기독교 정보의 홍수 속에서 산다고까지 말하고 있다. 좋은 뜻으로 시작한 사역들이 비판받고 있다.

많은 재정과 인력을 동원하여 설립된 초창기 인터넷 교회들은 정작 감당해야 할 본연의 사역을 섬기지 못하고, 인터넷을 아직도 교회 담임 목사의 설교를 전달하는 수단으로 유지하는 경우가 있다. 그리고 다른 한편으로는 그 목적을 분명히 갖지 않고 특성화되지 않은 가운데 양질의 분류 정책 및 웹 서비스가 사라지고 그저 대량의 정보만 축적하여 엄청난 양의 자료가 수집되어 있는 경우가 있다. 하지만 그것조차도 사용자에게 잘 전달하지 못하고 있는 사역 케이스도 있다.

그러나 가장 결정적인 문제는 현재까지도 웹상의 기독교 콘텐츠는 구도자들을 대상으로 운영되기보다는 믿고 있는 기존 신자들을 대상으로 한다는 것이다. 이에 대하여 일부 단체들은 교계의 웹 사이트 정화 운동 및 간소화를 통해 정보 홍수 시대에서 올바른 웹 지기가 되고자 하는 운동을 시도하기도 한다.

또 한편으로 웹상에서 맞이하게 된 새로운 현상은 웹상에서 기독교 및 기독교인, 기독교의 활동을 비난하고 반대하는 소위 '웹 안티-크리스천(Web Anti-Christian)' 그룹의 등장을 들 수 있다. 특별히 2007년 아프가니스탄 피랍사건 이후로 부각되고 대중 앞에 등장하게 된 기독교에 대한 반대 의식 세력들은 의도적 그리고 계획적으로 각종 기독교 행사 및 움직임들에 대해 모니터링하고 웹상에 소위 '개독질'에 대한 비판적이며 앞뒤도 없는 악의적인 글을 올리는 등의 공격적인 태도를 통해 반기독교적 이미지를 창출하고 있다.

이러한 새로운 현상에 대하여 기독교계는 당황하고 그에 대한 대처 방법에 대해 모호한 해석과 이해를 가지고 있다. 어떤 시각에서는 반기독교적인 악성 댓글을 다는 대중들이 전체 다수가 아니기 때문에 그저 무시해야 한다는 목소리가 있었고, 다른 한편으로는 그들의 말을 심각하게 받아들여 자성하고 회개해야 한다는 의견이 있었다. 반기독교적인 웹상의 공격을 일일이 받아들여 그들의 말대로 '폐업 신고'를 하고 그들의 주장대로 따를 수는 없는 일이다. 그들의 내용 가운데 가장 근간을 이루는 것은 기독교의 선교 및 전도 활동에 대한 비난의 글이다.

그들의 질문은 "왜 그렇게 원하지 않는 복음을 무슬림들을 향해 강제적으로 각종 여러 가지 수단과 방법을 동원하면서까지 기독교를 전파하고 교회를 세우려 하는가" 하는 것이다. 이에 대하여 기독교인들은 선교와 복음 전파에 대한 마음이 위축되어 현재 기독교 선교 세계는 이전에 비해 세상의 눈치를 보게 된 것이 사실이고, 현 시대에 맞는 새로운 선교 방법을 탐구하고 찾느라 선교계 리더십들은 고심하고 있다. 그리고 그들이 지금까지 행해 온 선교 방식이 이미 서구 선교사들이 구현했던 오류의 전철을 그대로 밟아 온 공격적이고 일종의 제국주의적인 것이었음을 고백하고 회개하며, 보다 나은 접근 방식과 강제적이지 않은 건강한 선교 루트를 찾고자 고심하고 있다. 지금은 선교계가 잃어버린 선교적 양심과 동시에 야성을 되찾아야 하는 시점이다.

예수님께서는 제자들에게 복음을 받아들이지 않는 심령이 강팍한 이들로부터는 자리를 털고 일어나라고 하셨다. 하지만 한 영혼을 끝까지 포기하지 않는 간절함을 또 다른 한편으로 이해하고 묵상해야 할 것이다. 이것이 바로 선교에 대한 명령이 간단(simple)하다고 정의할 수 있는 근거가 되지만 결코 쉽다(easy)고 단정할 수 없는 근거가 되기도 한다. 쉽게 놓을 수 없는 끈, 그것은 어머니가 자식을 생각하는 마음이다. 자식이 부모의 말을 안 듣는다고 해서 내다 버릴 수는 없다.

데이빗 브레이너드(David Brainerd)는 장인인 조나단 에드워드(Jonathan Edwards)의 삶과 사역을 통해 큰 감명을 받았고 그 또한 사역을 통해 장인의 뒤를 잇는다. 에드워드의 정보 전승을 위한 사역을 브레이너드가 이어간 것이다. 결국 그러한 정보 확산의 원리를 통해 윌리엄 캐리를 비롯하여 수많은 선교사들이 깨어나게 되었고 그 뒤를 이어 꼬리에 꼬리를 물고 발생되는 정보 확산을 통해 선교적 과업이 이루어졌다. 쿠텐베르크가 활자를 발명하기 전의 유럽은 영적으로 황폐했다. 당시 신실한 크리스천 정치가였던 윌리엄 윌버포스(William Wilberforce)의 기록에 따르면 활자의 발명을 통해 영국 농가의 서재에까지도 성경이 보급되어 결국 그러한 정신적 변화를 통해 나라를 정화하는 혁명으로 이어지고 국민들이 각성하고 변화하는 역사가 있었다고 한다. 이러한 일들이 바로 정보 확산의 원리를 통해 이루어진 역사인 것이다. 선교는 이러한 정보 확산의 원리에 근거한다. 선교의 핵심적 요소는 '표현(explain)'과 '전달(delivery)' 그리고 '관계(relationship)' 형성이다. 성경이 계속 덧붙여져 기록되지는 않지만 각 시대와 문화에 맞게 재편집된다. 본질은 잃지 않고 외형이 다양하게 변화되어, 보다 청중들을 배려한 친절한 콘텐츠로 접근한다. 그것은 표현적 사역이다. 그렇게 표현된 성경적 콘텐츠들, 즉 복음을 전 세계 하나님의 잃어버린 영혼들에게 전달하는 것이다. 그것은 전달적 사역이다. 그저 운송업체 직원들이 의뢰받은 수화물을 배달하듯이 무심하게 전달하는 것이 아니라, 사랑의 마음으로, 성육신하신 예수님의 마음으로 전달하는 일이 선교이다. 그들의 눈높이에 맞춘 표현과 그들에게 다가가는 전달은 관계를 형성하고자 하는 성육신적 사역이다. 정보 확산의 원리는 바로 성경적인 복음 전파의 원리에 근거한다.

    크리스천은 세상에서 빛의 역할을 감당해야 할 것이다. 빛은 세상을 밝히는 역할, 죄를 태우는 역할도 하지만 광섬유와 같이 사람과 사람 사이를 잇는 역할, 화합하게 하는 역할도 한다. 이제는 선교지 언어를 이해하는 '바이링글(Bi-lingual)' 시대에서 디지털 언어를 이해하고 그들과 보다 폭넓은 대화를 할 수 있는 '디지링글(Digi-lingual)' 시대로 나아가야 한다. 보다 창의적이고 현 시대에 맞는 새로운 감각과 지켜져 왔던 영성이 함께 어우러져 새로운 교회의 모습을 제시해야 한다. 그것은 표현과 전달의 사역이 융합된 것이다. 세상이 웹을 통해 공격해 온다면 역으로 웹을 통해 그들의 상처받은 마음을 다스려야 할 것이다. 악플러들의 공격은 단지 크리스천들에게만 국한된 것이 아니다. 수많은 연예인들, 일반인들은 어떤 이들의 악플로 인해 스스로 목숨을 끊는다. 이처럼 웹이 가진 위력, 즉 웹 네트워크를 통한 웹상의 언어적 집단 폭행은 심령이 연약한 사람을 죽음에 빠뜨리기도 한다.

그렇다면 우리가 빛된 존재로서 세상을 향해 전진할 때 나아가야 할 방향은 어디이고, 방법은 무엇이며 크리스천 한 사람 한 사람이 웹 세상을 밝히는 교회로서 바로 섰을 때 정의될 올바른 모습은 무엇인가? 어떻게 웹이라는 새로운 도구를 통해 도움이 필요한 그들과 아름다운 대화를 나눌 수 있을 것인가? 이에 오늘도 기도하며 고민해 본다.

3. 타락한 웹 세상에 복음의 그물 던지기

1) 웹 해커들의 공격

탐욕의 온상

기독교는 오프라인상에서보다 웹상에서의 사역 활동이 소극적인 데 반하여 이단 및 타 종교들의 웹 사이트는 점점 더 발전하며 다양한 포교 방법들을 제시하고 있다. 이들이 사용하고 있는 웹 사이트 활용 방법 중 기독교의 전도 및 선교 방법에서 벤치마킹(benchmarking)을 한 사례도 있다. 또한 기독교 선교 및 사역 사이트를 적극적으로 공격, 즉 해킹하는 그룹이 시간이 갈수록 늘고 있는 추세이다. 이제는 일반 폭력행위만이 경계의 대상이 되는 것이 아니라 사이버상의 폭력행위를 교회가 경계해야 하는 상황이 되었다. 이에 대하여 일각에서는 우리도 같이 공격을 하고 맞대응을 하자고 하지만 그것은 성경적이지 않다.

인터넷을 통한 설문 조사에 따르면 사이버 폭력 조직에 피해를 본 수많은 영리 업체들은 늘 또 다른 해킹 우려에 시달리고 있다고 한다. 그 이유는 그 피해 여파가 상당히 크기 때문이다. 한 예로 분산서비스거부 디도스(DDoS: Distributed Denial of Service)의 공격으로 사이트가 마비되어 서비스가 중단된 경우에 그 문제를 해결하기 위해 온갖 방법을 다 써 보았지만 결국은 해결하지 못하고 사이버 폭력 조직에 돈을 송금하는 사태가 벌어지는 경우도 종종 있었다.
　하지만 이렇게 요구를 들어주는 방법으로 일단 서비스는 정상화되었지만 이것은 임시 방편에 불과한 방법이다. 업체가 그들의 요구를 신속히 들어주는 이유는 업체 입장에서는 이러한 일들로 인해 입게 되는 이미지 손상을 우려하기 때문이다. 해커들은 이러한 회사의 약점을 200% 활용한다. 이러한 상황 가운데 사이버 폭력 조직의 해킹 수법은 더욱 교묘해지고 요구 수준은 파렴치하게 높아지고 있다. 어떤 경우, 기가 막히게도 사이버 폭력 조직은 "사이트 공격자입니다. 연락 한 번 주세요."라고 당당하게 밝히고 자신들의 해킹과 관련하여 해결을 약속하며 거액의 금품을 요구한다. 그야말로 어이없게 병 주고 약 주는 셈이다.
　국내 사이트를 공격하는 해커들이 보낸 이메일의 IP를 추적해 보면 대부분 근원지가 중국으로 밝혀지고 있다. 그러나 이미 사이버 폭력 조직은 중국뿐만이 아니라 전 세계를 막론하고 창궐하는 추세다. 세계적인 정보보호기업 시만텍(Symantec)의 조사에 따르면, 지하 경제에서 활동하는 사이버 범죄자들은 동일한 목적을 가지고 있다. 그것은 재정적 이익과 자기 과시이다. 그리고 이들은 개인적인 조직에서부터 복잡한 그룹까지 다양한 형태를 갖고 있다. 세계 경제 침체로 자금줄이 막힌 범죄조직이 대거 가담하여 전문 해커를 고용하고 돈을 요구하여 자금을 세탁하는 상황에 이르렀다. 특히 국내 기업을 상대로 금품을 요구하는 사이버 폭력 조직은 IP 우회를 통해 공격 지점 파악을 방해하고 해외 계좌를 둔 편법 통장으로 송금받는 등의 교묘함이 상상을 초월한다.

참고로 디도스 공격이란 데이터를 특정 서버에 한꺼번에 보내 과부하가 걸리도록 해서 일반 사용자들이 접속을 못 하게 하는 등의 원활한 서비스를 방해하는 해킹 방식이다. 정보 시스템의 데이터나 자원을 정당한 사용자가 적절한 대기 시간 내에 사용하는 것을 방해하는 행위로 주로 시스템에 과도한 접속을 일으켜 정보 시스템의 사용을 방해하는 수법을 취한다. 디도스는 표적이 된 사이트에 계속 접속할 수 있는 바이러스성 프로그램을 유포시켜 이 프로그램에 감염된 PC는 표적 사이트에 반복적으로 접속하게 된다. 이른바 좀비(zombie) PC가 그것이다. 지난 2009년 7월에는 디도스의 공격을 통해 필자의 인터넷 선교 사역 또한 막대한 피해를 입었다.

이러한 해킹 형태는 2000년 2월 아마존, 이베이, 야후 등 전자상거래 관련 사이트들이 디도스의 공격을 받아 운영할 수 없는 사건이 발생하면서 이러한 종류의 해킹 방식이 일반인들에게 처음으로 알려지기 시작했다. 한 사용자가 시스템의 리소스를 독점하거나 모두 사용, 또는 파괴함으로써 다른 사용자들이 서비스를 올바르게 사용할 수 없도록 만드는 것인데 시스템의 정상적인 수행에 문제를 일으키는 모든 행위를 일명 디도스라 할 수 있다.

2001년 7월에는 윈도우 2000과 윈도우 NT 서버를 경유해 미국 백악관의 사이트를 분산, 거부, 공격하는 디도스의 방법으로 마비시키는 웜 바이러스 '코드레드(Code Red)'의 변종인 '코드레드Ⅱ'가 등장해 전 세계 네티즌들을 긴장시키기도 했다. 코드레드 바이러스는 발견된 지 보름 만에 전 세계적으로 30만 대의 시스템을 감염시켰으며 원형과 변종 코드레드의 피해를 본 국내 시스템도 최소 3만여 대에 이르렀다.

2003년 1월에는 디도스가 한국의 KT 전화국 DNS 서버를 공격해 공격 2시간 만에 일부 전화국 서버 접속 성공률을 10%로 하락시킨 뒤 하나로 통신, 두루넷 등 다른 인터넷 서비스 공급자(ISP)들과 SK 텔레콤, KTF, LG 텔레콤 등 무선 인터넷 사업자들의 망에도 트래픽 증가를 유발시켜 사실상 인터넷 대란이 발생했다.

2007년 2월에는 전 세계 13개 루트 DNS 서버가 해커들의 디도스 공격을 받았는데 이 당시 개인들의 PC가 주요 공격 경유지로 파악돼 눈길을 끌기도 했다. 가장 최근인 2009년 7월에는 백악관을 비롯(한국의 접속자들로 인한 감염 추정)하여 청와대와 한국의 대규모 포털 사이트 및 다수 그룹을 대상으로 한 디도스 해킹이 실행되었다.

이러한 수법을 동원하는 사이버 폭력 조직들은 지능이 뛰어나고 교묘하여서 한 번에 웹 서비스를 중단시키지 않고 시간차 공격으로 자신의 의도를 타깃으로 정한 기업에 알린다. 사이버 폭력 조직들은 목표 기업의 인터넷 서비스를 우선 한 시간 정도 마비시킨다. 이때 실무자들은 한 시간 정도의 마비는 장비 노후화 등으로 일어난 경미한 에러로 보는 사례가 많기 때문에 크게 신경을 쓰지 않는다. 그리고 다음 날 사이버 폭력 조직은 고객이 사이트를 가장 많이 방문하는 시간에 웹 사이트를 다운시키고 페이지를 찾을 수 없게 한다. 회사가 상황을 파악하게 되었을 때쯤 "자신들에게 연락하라."는 은밀한 메시지를 보내고 그 메시지에 답하지 않으면 사이버 폭력 조직은 다음 날 같은 시간에 사이트를 또다시 공격한다.

디도스의 메커니즘은 평소 서버는 허용치의 10% 내외로 트래픽이 일어나는 게 정상인데 디도스의 공격을 받으면 서버 허용치의 90%를 넘어선 트래픽이 발생, 일반 이용자의 접속은 불가능해진다. 최근에는 일반적인 디도스 공격과 달리 웹 서버와 DB를 함께 다운시켜 웹 사이트를 초토화시키는 캐시컨트롤(CC) 공격 등과 같은 더욱 치명적인 수법도 등장했다. 이러한 수법은 무차별적으로 실행되어 이유와 목적이 없는 것처럼 보이지만 가시적이지 않을 뿐 음모를 내포하고 있다. 현재에는 재정 수익을 창출하는 기업들을 중심으로 주로 이루어지고 있는데, 반기독교적인 정서 속에서 이미지에 타격을 입히기 위한 대형교회 대상 사이버 공격도 현실화되고 있다.

현재는 직접 연락을 하여 돈을 요구하는 등의 사례는 발견되지 않지만 해외의 해커 그룹들이 몇몇 한국의 기독교 대형 사이트를 공격하고 실력을 웹 사이트에 밝혀 자랑하는 사건 등은 포착되고 있다. 그러나 지난 아프간 사건과 일반 기업체를 대상으로 한 해커들의 불법 행위들을 볼 때 이들 그룹이 "기독교 대형 웹 사이트들을 대상으로 해킹을 감행하고 불법적인 돈을 요구하는 일은 절대로 없을 것이다."라는 장담은 누구도 할 수 없다.

대응 방법

이 같은 해킹에 대응하려면 현실적으로 교회 내 정보보호 및 웹 시큐리티(Web-security)에 대한 이해의 폭을 넓히고 보안과 방어를 위한 수준을 높여야 한다. 특별히 선교 단체 및 선교를 목적으로 웹을 직접적으로 활용하는 단체의 경우 보안에 철저한 의식을 가지고 있어야 한다. 전방개척 선교지에서 커뮤니티 사이트 등을 운영하다 해킹을 당할 경우 사용자들의 정보를 고스란히 내어 줄 수 있기 때문에 대단히 주의를 요해야 하는 부분이다. 물론 이러한 사이트들은 회원 가입 시 실제 개인 정보가 아닌 가입을 위한 허위 정보를 입력하여도 커뮤니티 사용이 가능하게끔 프로그램이 되어 있지만, 관리자 계정을 해킹당해 IP 주소 등의 정보가 유출될 가능성은 염두에 두어야 한다.

특히, 디도스 공격 등에 대응하기 위해서는 관련 전문 솔루션을 설치하고 보안 관리를 받아 갑작스러운 트래픽 증가에 원활하게 대응해야 한다. 보안 전문가들은 사이버 폭력 조직들이 자주 쓰는 수법은 관련 보안 솔루션 설치와 보안 취약점 패치 등으로 막을 수 있다고 설명한다.

또 협박을 당한 교회는 경찰청 사이버수사대에 신고하고 도움을 받아야 한다. 규모가 작은 교회들의 웹 사이트는 웹 취약점 패치나 관련 보안 장비로 '게이트웨이(Gateway)' 단계에서 이들의 공격을 방어할 수 있다. 대형 사이트들은 ISP 등과 협업해 망 접속을 차단하는 형태로 대응할 수 있다. 참고로 교회 전문 웹 에이전시 위드처치(With Church)에서 제공하는 리서치 정보에 따르면 주로 타깃이 되는 해킹 사이트는 첫 번째 보안이 취약한(제로보드 형태의) 개인 사이트, 두 번째 기업들에 비해 관리가 체계적이지 못한 비영리 기관이나 NGO 사이트, 세 번째 해외에서의 접속이 많은 사이트, 끝으로 종교(선교)나 정치 등을 주체로 하는 사이트들이다. 따라서 이러한 범주에 드는 선교적 사이트들은 특별한 주의와 관리가 요구된다.

2) 신 개념-사이버 마약

새롭게 출현한 웹상의 부정적 요소로서 사이버 마약을 들 수 있다. 인터넷의 웹 기술은 프로그램을 통해 인간에게 육체적인 쾌감을 제공하는 사이버 마약을 개발하는 단계까지 발전했다. 사이버 마약은 마치 인간의 심신에 유익과 안정을 주는 치료 도구로서 사회에 공헌하는 모습으로 대중들에게 소개되었는데, 이것은 인터넷을 통해 인간을 점령하고자 하는 악한 영들이 공급하는 '미혹의 떡'이라고 할 수 있다.

최근 소개되고 사회에서 이슈가 된 '아이도저(i-doser)'라는 사이버 마약은 정신과 육체적인 점령을 위해 악한 영이 어떻게 역사하고 인간과 기계가 얼마나 유기적인 관계를 형성하여 삶을 조종할 만큼 침투해 왔는지를 여실히 보여 주는 실제 사례라고 할 수 있다. 이제는 전자 마리화나, 엑스터시, 코카인으로 소개될지 모르는 사이버 마약의 해악을 주시하고 자라나는 다음 세대들을 향해 사악한 손길을 펼치고 있는 세력들의 무차별한 공격에 대해 경계해야 하는 시대이다. 앞으로 이러한 분야는 더 발전하게 될 것이라고 생각된다.

'아이도저'는 인위적인 뇌파 조절로 실제 마약을 이용한 것과 같은 효과를 낼 수 있는 일종의 음파를 통한 뇌파 조절 프로그램이라고 한다. 일부 언론들이 이 프로그램을 관심 있게 다루면서 한국 내에서도 이슈가 되어 오히려 급속하게 확산되는 홍보 효과를 불러일으켰다. 간단하게 설명하면 소위 사이버 마약은 뇌파를 이용한 상품이다. 각종 파장, 예를 들어 알파 파(7~13Hz), 세타 파(4~8Hz), 베타 파(14~30Hz) 등 각 주파수의 특성을 이용해 사람의 뇌에 적용시켜 일종의 마약이 주는 동일한 효과를 낸다고 주장하는 기술이다. 하지만 실제로 이러한 기술들이 의학적으로 검증됐다고 보기는 힘들다. 오히려 '플라시보 효과(Placebo Eeffect)', 즉 기분이 좋아지는 것 같은 느낌이 들게 하는 현상을 노린 것이 아닌가 한다.

이러한 사이버 마약의 존재에 대하여 기도 24.365본부는 이미 '아이도저'가 국내에 소개되기 훨씬 이전부터 사태와 해악을 파악하고 전 세계 기독교인들과의 기도의 띠를 통해 경각심을 불러일으키는 무브먼트(movement)를 인터넷상에서 지속적으로 벌여 왔다. 결론적으로 '아이도저'의 존재를 바라볼 때 유익한 도구가 인간의 타락을 조장하고 프로그램을 통해 큰 돈을 벌고자 하는 개발자들의 욕심에 맞물려 윤리적으로 검증되지 않은 채 보급되고 있다는 결론을 얻을 수 있다. 이러한 현상은 하나님께서 우리에게 주신 아름다운 선물이 제 역할을 감당하지 못하고 있다는 현실을 단편적으로 보여 주는 가슴 아픈 경고성 메시지를 주는 사건이라고 할 수 있다. 겉으로 볼 때는 유익한 것처럼 보이지만 이것은 웹을 통해 먹게 되는 21세기의 선악과이다.

3) I want to die

자살을 조장하거나 자살로 몰아가는 웹상의 부정적 여론 형성 분위기, 한 사람의 개인을 향한 악플러들의 무차별 공격 등 사람들을 우울증에 시달리게 하고 죽음으로 몰고 가는 반사회적 분위기를 조장하는 세력을 웹상의 또 다른 부정적 요소로 꼽을 수 있다. 지난 2008년도는 유난히도 많은 연예인들의 자살 사건이 신문지상을 도배했다. 악플러들의 근거 없는 루머를 통해 고통받은 연예인들이 스스로 죽음의 길을 선택하게 된 것이다. 이를 통해 악플을 단 장본인이 법적으로 구속되는 일도 있었다.

이러한 일들은 이전에는 찾아보기 힘든 일종의 새로운 사회적 현상으로 인터넷 기술의 발달과 함께 수반된, 도를 지나칠 정도의 자유로운 감정의 표현이 개인 감정에 상처를 주고 있다는 현실을 반영하는 사례이다. 예의를 무시한 악감정의 표출은 개인의 정서를 파괴하는 행위로서 인식되어야 한다. 악플을 통해 무고한 타인에게 고통을 주는 행위를 무의식적으로 그리고 죄책감 없이 감행하고 있는 것은 문제가 있다. 이것은 웹상에서는 상대에게 자신의 모습이나 존재가 노출되지 않기 때문에 일어날 수 있는 비겁한 범죄적인 행위로서 엄격한 규칙과 원칙이 필요하다. 인터넷 실명제가 거론되고 있지만 자신들의 권리를 박탈당하기 전에 스스로 자정되는 모습을 보여 주어야 한다.

4) Clean Web Movement

　일각에서는 이와 같은 현상들에 대해 인터넷 실명제를 통해 한 사람 한 사람의 권익이 보호되어야 한다며 강력한 규제를 주장하고 있다. 그러나 표현의 자유의지에 근거하여 법적인 시행이 더딘 것이 현실이다. 미국의 경우 강력한 법 제도를 통해 타인을 비방하거나 근거 없는 사실을 웹상에 유포하는 경우 형사 처벌을 받는다는 경고 메시지 등이 표시된다. 하지만 이러한 법 제도를 통한 통제보다는 자발적인 정화 운동이 시급하다. 현재 상처입은 영혼들을 치유하고, 이들을 품을 수 있는 따뜻한 마음과 사랑이 절대적으로 필요하며, 사악하고 무거운 영적인 세력들을 몰아낼 성령의 불길이 인터넷상에 필요하다. '악플러'를 '악플러'라고 지칭하고 싶지도 않고 그들을 미워할 수도 없지만 그들 뒤에 존재하는 악은 미워할 수밖에, 뿌리 뽑을 수밖에 없다.

　이것은 인터넷이 가지고 있는 가장 큰 장점을 악용하여 세상을 왜곡시키려는 작전이다. 일각의 기독교인들은 차라리 인터넷을 사용하지 말고 교회 온라인 커뮤니케이션 영역을 폐쇄하라고 격앙된 어조를 띄고 주장하기도 한다. 이에 대한 해답은 인터넷 고유의 장점은 살리되 깨끗하고 맑은 영이 온라인상에 흐르도록 격려하는 운동, '웹 정화 운동(Clean Web Movement)'이 필요하다고 본다.

　이렇게 웹과 관련된 사회적인 다수의 부정적인 이슈들 가운데에서 우리가 웹상에 교회를 설립해야 하는 이유는 바로 어두운 세상의 빛이 되라 하신 하나님의 명령 때문이다. 세상은 원래 하나님께서 보시기에 아름답게 창조되었으나 아담의 타락으로 황폐화되었다. 깨끗한 강물은 인간의 욕심으로 시커먼 폐수로 변하였고, 푸른 하늘은 매연으로 뿌옇고, 산들의 나무들은 무참하게 베어 나갔다. 마찬가지로 인터넷 또한 선한 원리

가운데 예비된 것이었으나 인간의 탐욕으로 악용되고, 사람을 살리는 도구가 아닌 사람을 죽이는 도구로 사용되어 편리함의 이면에 이와 같은 사악한 의도가 인간의 영과 육을 뒤덮고 있다.

이러한 일련의 상황들은 온라인 공간을 통한 사단의 공격이라고 할 수 있다. 사탄은 인터넷이 소개된 초창기에는 게임 중독과 음란물과 같은 콘텐츠들을 도구화하여 영혼들, 특히 자라나는 십대들을 무력화하려고 노력하였고 이제는 더욱 진보된 다양한 신종 수법을 개발하여 무차별 공격을 가하고 있는 실정이다. 우리는 그저 손 놓고 바라보며 이 영역을 빼앗길 수만은 없다.

더불어 인터넷 뒤에는 각종의 세상 문화들이 내재되어 있는데, 프란시스 쉐퍼(Francis Shaeffer)는 현대의 예술, 음악, 문학, 영화, 철학, 신학 등은 하나님을 상실하고 절대성의 기준을 잃은 채 방황하고 있다고 말했다. 이러한 현상들 가운데 절대적인 진리를 상실한 사회는 결국 가치 판단의 기준을 잃은 채 염세주의적인 정신세계와 분열의 경향으로 빠질 수밖에 없게 된다고 파악했다. 따라서 이러한 사회적 현상들에 대하여 하나님의 창조력을 삶과 예술을 통해 발견하게 하고 강력한 영향력을 가지고 나아가야 한다고 권면했다(쉐퍼, 1984).

현재 우리는 이미 모든 덕목과 의미가 공격받는 포스트 모더니즘 사회 속에서 살아가고 있다. 교회는 이미 문화와 전통의 경계 사이에서 심각한 갈등과 시행착오 가운데 사라진 윤리적 기반을 되찾아 오려고 부단히 노력해 왔다. 이와 같은 인터넷상의 윤리적 실종 상황은 법에 근거해 바로잡을 수 있는 한계를 벗어나 있고 꾸준한 계몽과 사용자 스스로의 인식으로 그나마 조금씩 정화되고 있다. 패터슨과 피터 김이 1990년에 미국인의 성향을 설문 조사한 연구를 분석하여 내린 결론은 인간이 생각하기를 자신들이 스스로에게 있어서 '법'이라는 사실이다(웰스 2007:109). 사람들은 자신들이 곧 '법'이라는 개인주의적인 성향을 가지고 개인의 목적을 위해서 수단과 방법을 가리지 않는다. 그것은 비단 사회 속의 불신자뿐만이 아니라 그들에게 영향을 받아 세속화된 교회와 기독교인들에게서도 찾아볼 수 있는 개념이 되었다. 오늘날 사람들이 가진 윤리에 대한 생각은 '착하다'와 '나쁘다'의 개념이 곧 '성숙한', '미숙한' 또는 '생산적', '비생산적' 그리고 '사회 적응', '사회 부적응'으로 대체되어 있는 실정이다(웰스 2007:121). 결국 물질로 가치판단이 이루어지는, 맘몬(Mammon)이 지배하는 세상이 되었다. .

악한 영이 장악하고자 전략적으로 틈을 노리고 있는 인터넷 공간, 이곳은 현재 어느 한편으로는 소돔과 고모라와 같은 공간이 되었고, 신약시대의 고린도 같은 곳이요, 세상의 마지막 타락이 이루어지는 곳으로 원래의 창조의 참된 의미를 잃어가고 있다. 하지만 니느웨를 사랑하시는 하나님의 마음이 오늘도 이 어둠의 공간을 빛으로 조명하시어 이제 우리에게 그곳, 웹 공간을 원래의 목적대로 회복시켜 그것을 통해 선교하도록 명하신다.

그렇다면 사악한 방법을 동원해 웹을 통해 금전적 이익을 취하려는 이들이 존재하는 타락한 웹 세상에 그물을 던져서 무엇을 건져 낼 것인가? 우리는 먼저 그 안에서 허우적대는, 살려고 발버둥치는 하나님의 잃어버린 영혼들을 구원해야 할 것이다. 그리고 회복된 웹, 향기로운 웹을 도구화하여 선교해야 할 것이다. 또 다른 한편으로 웹 세상은 하나의 전방개척 선교지로 특별한 선교적 전략이 요구되고 있고 웹 기술은 교회적 요소로서 창의적으로 개발되어 전략적으로 선교와 목회를 위해 광범위하게 사용될 수 있다.

5) 하이터치-하이테크

'하이터치-하이테크'는 다른 이들과 친밀감을 높임과 동시에 기술을 더 많이 사용하려는 경향을 설명하기 위해 만들어진 관용 어구이다(포코크 2008:420). 첨단 기술을 통한 정보 교환은 시간이 흐를수록 발전하고 있으며 정보가 곧 힘과 권력이 되는 시대가 도래하였다. 정보를 다루는, 정보를 판매하는 기업이 세계 최대 기업 대열에 서 있는 시대이다. 구글(Google)이라는 이름은 오늘날 힘과 능력의 상징이 되었다. 마샬 맥루한(Herbert Marshall McLuhan)은 미디어를 정의하는 데 있어서 만화는 텔레비전으로 가는 입구로, 축음기는 천 개의 가슴을 축소시킨 장난감으로, 영화는 감겨진 세계로, 라디오는 부족의 북으로, 텔레비전은 작은 거인으로, 신 무기는 아이콘들의 전쟁이 될 것이라고 했다. 웹은 바로 이러한 현대 미디어의 총체적 존재라고 할 수 있다.

버추얼(virtual)은 전자적인 연결들을 설명하는 형용사이다. '가상 세계(Virtual World)'는 오직 컴퓨터나 컴퓨터 안에 코드화된 전자적인 부호 형태로만 존재함으로써 현실 세계와 구분된다. 일반적으로 인터넷 공간을 가상 세계로 이해한다. 인터넷의 경우 비록 컴퓨터, 연결장치, 그것을 사용하는 사람들이 포함된 현실 세계의 구성요소들이지만 그럼에도 인터넷을 거대한 가상 세계로 간주한다(포코크 2008:413).

하지만 개인적인 견해로 현재의 시각과 이해를 통해 이제 사이버(cyber)나 버추얼 리얼리티(virtual reality)라는 말을 웹과 인터넷에 관련하여 더 이상 사용하지 않는 것이 옳다고 생각한다. 온라인상의 현실적 활용성이 오프라인상에서 실제로 체험되기 이전의 막연한 개념이었던 사이버나 버추얼이 이제는 온, 오프라인 사이에서 액츄얼(actual)한 상관관계를 형성하며 인식되기 때문이다. 이전의 가상공간은 더 이상 가상공간으로 존재하지 않고 각종 디바이스와 프로그램 그리고 실제적 결과물들로 인간 현실과 생활에 보다 밀접하고 직접적인 영향을 끼치고 있다. 웹상의 '나'를 표현하는 아바타(Avatar)들은 점점 현실의 '나'와 더 가깝게, 실제적으로 표현되고 있는 추세이다. 내가 운영하는 웹 사이트는 곧 나의 정체성을 반영하고 나를 표현한다.

이러한 현실 속에서 아직도 크리스천들은 인터넷을 선교적 영역 그리고 선교를 위한 최적의 도구로 이해하는 데에는 견해를 달리하고 있고, 인식은 하지만 몸과 마음과 손이 그러한 사역의 속도를 따라가 주지 못하는 현실에 부딪혀 있다. 하지만 인터넷을 다루는 기술이 숨을 쉬는 것만큼 쉬운 일은 아닐지라도 전문가만이 할 수 있는 영역은 아니라는 것을 주지시킨다. 보통 선교사들이 현장에 배치될 때 언어와 문화에 대한 습득을 가장 최우선으로 한다. 지역별로 차이는 있지만 보통 2년 정도의 시간이 지나면 기본적인 생활을 위한 현지의 언어에 익숙해지고, 기본적인 학교 교육을 받을 수 있는 수준의 언어 사용 수준에 도달하게 된다. 그리고 여기에 덧붙여 이제는 인터넷을 통해, 웹을 통해 각 현장에서 현지인들과 대화하는 방법, 기술적으로 채팅하는 방법에 대한 연구가 필요한 시점인 것이다.

6) 써로게이트

영화 "써로게이트(Surrogate)"는 '대리, 대리자' 등의 의미를 가진 단어이다. 시간은 멀지 않은 미래로, 한 과학자가 인간의 두뇌와 기계의 무한한 능력을 결합하여 발명한 대리 로봇을 통해 인간이 나이를 먹어 몸은 노쇠해지지만 지식은 더 발전하는 점을 부각하여 혁신적인 '신 인간' 시스템을 사회에 널리 보급한다. 육체적 한계를 가진 인간들은 이제 로봇을 통해 육신을 보호받는 안전한 삶을 영위하게 된다. 그런데 어느 날 써로게이트가 공격을 당하고 이 시스템이 개발된 지 15년 만에 그 대리 로봇과 연결되어 있는 인간이 결국 살해되면서 이야기는 시작된다.

미궁에 빠진 살인 사건을 조사하던 형사 그리어는 자신의 써로게이트를 통해 수사를 하던 도중 자신도 살인 사건과 동일하게 대리 로봇이 치명적인 상해를 입어 목숨을 잃을 뻔하다가 간신히 생존하게 된다. 결국 그는 써로게이트에 의존하지 않고 노쇠하고 무기력한 자신의 육체를 가지고 수사에 나서게 된다. 그러나 그의 지혜와 판단력은 오히려 빛을 발한다. 결국 수사 과정에서 피해자가 다름 아닌 써로게이트를 발명한 과학자의 아들임을 알게 되고 그 살인 사건을 시작으로 전 인류를 멸망시키는 치명적 무기가 존재함을 인식한다.

결론적으로 첫 번째 살인 사건 이후의 살인 사건은 로봇과 인간이 연결되어 죽게 되는 사실을 인식하지 못한 개발자가 자신의 아들을 죽게 한 자신 스스로의 한계에 분노하여 모든 써로게이트와 인간을 함께 멸망시키려고 했던 것이다. 과학자는 스스로 죽음을 택하고 모든 써로게이트는 극적인 순간 작동을 멈추게 되어 그들과 연결된 인간은 대량 살상의 상황에서 구원을 얻는다. 그리어는 결국 인간 스스로의 존엄성에 대해 다시 한 번 생각하게 된다. 그리어는 써로게이트 뒤로 숨은 자신의 아내를 향해 "심장이 뛰고 소름이 돋는 느낌을 느끼고 싶다."라고 말한다.

이 영화는 "매트릭스(Matrix)"의 모티브와 현대 사이버 세계의 정체성에 대한 이슈를 다루고 있다. 영화 "매트릭스"는 현 시대의 이슈인 컴퓨터와 인간 사이의 관계성에 대해 생각의 문을 열어 준 영화이다. 그리고 그 이후에 나온 아이를 가질 수 없는 가정에 입양된 어린이 로봇의 눈물을 그린 영화 "A.I.", 감정을 가진 진화된 로봇을 표현한 "아이, 로봇"과 같은 아류작들이 쏟아져 나왔다. 본 영화에 사이버 공간은 등장하지 않지만 그보다 더 현실감 있는 오프라인상에 로봇을 출현시킴으로써 대리자, 사이버 공간에서의 아바타와 '나'와의 정체성에 대한 의견을 도출시키려 한다. 감독의 시각은 인간의 회복과 한계에 대한 수긍, 즉 하나님께서 원래 만드신 대로의 인간의 모습과 삶의 자세에 대해 역설한다. 영화 "써로게이트"는 능력의 한계를 이겨 내게끔 제작되었지만 결국 완전히 극복할 수 없는 인간의 한계를 오히려 표현하고 원리대로 사는 삶의 중요성에 대해 강조한다. 그리고 로봇으로는 표현될 수 없는, 온라인상에서는 구현될 수 없는 오프라인상의 인간미에 대한 회상과 그리움을 강조한다.

　그러나 커뮤니케이션에 대한 연구를 하는 연구자의 입장에서 새롭게 개발한 '웹 멘토링' 시스템은 인터넷과 웹 프로그램에서의 인간과 인간 사이의 영적 교감을 가능하게 한다고 생각한다. 또한 컴퓨터, 인터넷, 웹과 같은 인위적인 도구를 통해서도 온라인상의 교감은 형성될 수 있다고 믿는다. 요즘 시대에는 문자나 이메일로 서로 애정을 싹 틔우는 경우가 흔하다. 어쩌면 이것은 바빠진 현대인들, 여러 가지 일들을 동시에 이루어 내야 하는 변화된 생활 패턴에 따라 형성된 새로운 삶의 형태일 수 있다. 혹자는 이러한 가운데 복고로의 회기를 통해 조금은 더디 가지만 좀 더 인간다운 삶을 추구하자는 주장을 하기도 한다. 분명 기계가 모든 것을 해결할 수는 없다. 인간이 기계에 너무나 의존한 나머지 하나님께서 인간에게 부여하신 영역을 지키는 청지기적 사명을 망각해서는 안 된다. 기계는 사랑을 느낄 수 없고 믿음을 가질 수 없다. 하지만 크리스천들이 문화를 정복하고 정도를 지켜 가는 가운데에서 이러한 요소들을 하나님의 선물로 잘 활용한다면 삶의 질을 높이고 선교와 사역을 위해서 좋은 결과를 얻을 수 있다. 모든 것은 좌로나 우로나 치우치지 않는 가운데에서 이루어져야 함을 더욱 깨닫게 하는 영화이다.

4. 블로그-기초적 웹 선교

한국의 경우 보통 청소년층이나 대학생 연령의 사용자들은 '싸이'에 익숙해 있다. 지역을 옮겨 미국에서도 '싸이월드'는 이제 막 이민 온 한국 청소년들에게나 알려져 있는 한국형 커뮤니티 형성 블로그(Blog) 사이트이다.

'페이스북(Face-book)'이나 최근 김연아 선수가 만들어서 주목을 받고, 가수 손담비를 사칭한 가짜 사이트의 개설 사건 등으로 유명한 '트위터(Twitter)'와 같은 미국제 블로그 사이트들도 인기가 있다.

참고로 트위터는 2006년 3월 미국 샌프란시스코의 벤처 기업인인 오비어스 코프가 오픈한 사이트로 '무료 소셜 네트워킹(Free Social Networking)'과 '마이크로 블로깅(Micro Blogging)' 서비스의 장점을 가지고 있다. 특징은 한 번에 140자 이내의 비교적 짧은 글만 올릴 수 있다는 점인데, 사용자가 글을 올리면 그 사용자의 얘기를 듣고자 한 다른 사람들의 트위터 웹 사이트는 물론 휴대전화나 무선 인터넷 단말기 등에 메시지가 뜬다. 물론 사용자는 자신의 글을 볼 수 있는 '친구'를 선택할 수 있다.

이 사이트가 미국뿐만이 아니라 한국에서까지 인기를 끌게된 것은 특히 해외 활동에 주력하고 있거나 해외 팬들을 염두에 둔 한국의 가수, 운동 선수들이 특히 트위터 활용에 적극적인 모습을 보이면서부터이다. 트위터는 기존의 양방향 커뮤니케이션의 기능을 제공하던 인터넷 커뮤니케이션 체계를 뒤집어 일방적인 표현, 자기가 하고 싶은 말을 내지르듯이 표현 가능하게 하여 오히려 인기를 끌고 있다. 인터넷 특성인 양방향 커뮤니케이션을 무시하고 일방적인 외침을 할 수 있도록 하여 성공한 웹 서비스 사례이다.

이와 같이 일본에는 일본에서 유명한 블로그 사이트가 있고 중국에는 중국에서 인기 있는 블로그 사이트가 존재한다. 한국의 싸이월드가 자국에서의 인기를 힘입어 미국 시장으로 진출했지만 결과는 예상했던 것 같이 좋지 않았다. 이것은 한국 사람의 정서에 맞는 블로그가 있듯이 각 나라 사람의 취향과 문화에 맞는 블로그가 존재한다는 사실을 알려 준다. 전 세계적으로 운영되는 블로그들을 자세히 들여다 보고 차이점을 비교해 보면, 물론 제공되는 언어가 다르다는 이유도 있겠지만 각 서비스별로 흐름과 웹 문화가 확연히 다르다는 것을 알 수 있다. 싸이월드는 자신을 드러내는 데 치중하는 서비스로 한국 청소년들의 기호에 맞는 반면 개인 프라이버시를 중요시하는 미국인들의 취향에 맞지 않는 웹 서비스이다.

표면적으로 볼 때에 화면을 구성하는 색이나 아이콘에 대한 사용자들의 취향 등이 다르고 제공하는 종목별 서비스도 회사 또는 사용자에 따라 추구하는 것과 목표로 하는 것이 다르다. 한국식 블로그 시스템이 아기자기하고 자신을 꾸미고 표현하게 하는 데에 치중한다면, 미국식 블로그는 대량의 네트워크 형성에 관심이 많고 회사들은 그것을 위한 서비스를 더 비중 있게 제공한다.

같은 언어를 사용하는 웹의 경우에도 연령, 직업, 가족배경, 학력, 지역배경 등의 차이를 극복할 수 있는 여러 가지 방법들이 개발될 수 있다. 예를 들면 취미나 동일한 관심거리를 통해 접촉점을 찾고 그 다음에 개인적인 친밀감 등을 표현함으로, 보다 편안한 관계를 웹상에서 형성할 수 있게 된다. 따라서 연령, 직업, 가족배경, 학력을 뛰어넘는 커뮤니티 형성이 가능하고 언어와 타 문화에 대한 이해가 첨가된다면 국경을 초월한 커뮤니케이션과 정보 교환 및 친분 형성이 가능하게 된다. 트위터 서비스는 미국제이면서도 오히려 한국인들의 정서와 잘 어울린다. 트위터는 마치 어린 시절에 동네 공터로 어린아이들이 나와 소리를 지르며 놀던 느낌을 주기 때문이다.

따라서 교회가 더 이상은 고립된 집단으로서가 아닌 인터넷이라는 도구를 통해 대중들과 교류할 수 있는 기반을 형성할 수 있다. 그것은 비단 선교를 위한 전략적인 방법론에 대한 이해가 아니라 신자이든 구도자이든 구분 없이 폭넓은 대상들과 진솔한 정을 나누고 그리스도의 사랑을 실천할 때 생각을 공유할 수 있는 도구로 받아들여진다.

우리가 흔히 사용하는 '저패니시(Japanesey)' '차이니시(Chinesey)'라는 말을 서양인들이 대상을 부를 때 사용한다면 그 안에는 경멸과 비난의 의미를 담고 있는 것으로 이해될 수 있다(그리피스 2006:69). 마치 우리가 '히스패닉(Hispanic)'을 '멕시칸(Mexican)' 또는 '맥짝'이라고 부르는 것과 동일하다.

이와 마찬가지로 인터넷을 사용하면서도 정작 그것을 선교 사역용으로 적용하려 할 때 일종의 하류 문화로 이해한다면 새로운 패러다임에 대한 거부감을 가지고 있다는 증거이다. 우리가 가지고 있는 무의식적인 혐오증(xenophobia)을 통해 웹에 대한 이해를 부정적으로 바라보는 시선이 사라지기를 기도한다. 지금은 웹 따로 오프라인 선교 따로 가야하는 시대가 아니라 모든 것을 융합한 다각도의 전방위적 선교 전략이 필요한 시대이다.

마샬 맥루한은 부족 시대 사람이 활자가 개발된 쿠텐베르크 시대 사람이나 컴퓨터가 개발된 전자 시대 사람보다 어쩌면 더 효과적으로 사람들과 결속할 수 있다고 주장하고 있다(그리피스 2006:74). 결속을 위해 자주 만나고 손을 잡는 일보다 더 좋은 방법은 없다. 하지만 21세기형 선교사는 원시적인, 원초적인 영역에 대한 친밀감도 형성할 줄 알아야 하고, 주어진 각종 도구를 잘 활용할 줄도 알아야 하며, 나아가 최첨단의 커뮤니케이션 기술에 대한 이해를 선교지에 나가기 전에 미리 하고 있어야 한다. 우리는 이처럼 현실과 상황의 문제에 봉착해 있다.

이러한 생각과 이해, 준비는 구체적으로 무엇을 무조건 시행하기에 앞서서 가져야 하는 생각이고, 시행착오를 통해서라도 시도될 수 있어야 한다. 그래야 다양하고 폭넓은 사고를 통해 현장 사람들과의 영향력 있는 관계를 형성할 수 있게 된다.

더불어 각 선교지의 웹 문화를 이해하고 배우는 일은 현장의 언어와 문화를 배우는 것과는 달라서 현장에 파송되기 전에 미리 숙지하거나 문화를 이해하면 좋고, 세계 공통으로 사용되는 툴(tool), 예를 들면 포토샵(Photoshop), 드림위버(Dreamweaver)와 같은 프로그램들을 다루는 법을 미리 학습하고 나간다면 현장에서의 웹 대화를 위한 적응 시간을 단축할 수 있다는 장점도 있다. 즉 파송 전 본국에서부터 필수적으로 웹에 대한 기술을 습득하고 파송된다면 현장에서 웹을 통해 현지인들과의 자유롭고 원활한 웹 커뮤니케이션을 구축하는 데 큰 도움이 될 것이다.

선교사 부부가 파송되는 경우, 주로 남편 선교사는 바깥일을 하고 아내 선교사는 안 살림을 맡아서 하는데 일반적인 견해로 남자들보다는 여성들이 사교적이고 친분을 만드는 일에 보다 능숙하게 적응한다. 더불어 여성들이 보다 섬세하고 꼼꼼한 장점을 갖고 있어 남편 선교사들보다 우선적으로 아내 선교사들이 이러한 인터넷 선교에 대한 이해를 충분히 한 상태에서 웹 커뮤니케이션과 웹 멘토링을 통한 현지인 사역자 멘토링, 인터넷 노방전도(전방위적 웹 전도) 등을 시행할 때 큰 역할을 감당할 것이다. 선교 현장에서 오프라인 사역과 온라인 사역을 기능별로, 각자 받은 은사대로 사역을 분담하여 서로 협력하여 섬길 수 있다.

웹 멘토링을 위해서는 단순하게 타자를 칠 줄 알고, 인터넷을 사용할 줄 알고, 이메일을 보내는 방법만 알아서는 안 된다. 서신을 통해 감정을 전달하고 감정을 끌어내는 기술이 요구되고 채팅이나 댓글을 통해 미묘한 감정 교류, 영적인 교류가 존재함을 인식하고 이를 지도하고 웹상에서 멘토링해야 한다.

웹을 통한 멘토링은 육체적인 노력을 요구하는 작업이라기보다는 감정 표현적 노력 및 섬세함을 요구하며 영적 무장, 웹 멘토의 영적인 리더십과 교류를 통해 임해야 하는 작업이라고 할 수 있다. 그래서 이러한 사역을 보다 센시티브(sensitive)한 여성 선교사들의 경우 더 유리한 조건을 보유하고 있다고 보는 견해도 있다. 물론 여성들보다 더 섬세하고 감각적인 남성들도 존재한다. 어쩌면 이러한 편견을 통한 역할 분담의 모습도 사라져야 할지 모르겠다. 우리가 사역의 남녀 구분 및 편견을 없애고 크리스천 모두가 웹 선교에 관심을 가지고 섬길 때 건강한 모델이 창출될 수 있다. 우리가 만인 선교사로서 하나님으로부터 부여받은 사람들의 마음을 만지는 능력이 웹을 통해 발휘될 때 그분의 나라는 더 빨리 도래할지도 모른다.

5. 전도를 위한 설득 기술

1) 사탄의 설득 기술

설득 기술은 원래 하나님의 것임에도 사탄에게 악용된다. 사탄은 아담과 하와 시대 이래로 징그러울 정도로 탁월한 설득 기술로 인간들을 악한 길에 서게 만들어 왔다. 그러나 이 설득 기술은 하나님의 것이기에 크리스천들은 전도와 선교를 위해 이 기술을 사용할 수 있도록 사탄으로부터 되찾아 와야 한다. 크리스천들은 모두가 탁월한 설득자가 되어야 하고 변증학(apologetic)의 대가가 되어야 할 이유가 있다. 더불어 인터넷 선교는 설득 기술과 밀접한 관계가 있다. 설득 기술은 선교적 웹 콘텐츠를 제작하는 기반이 되는 것이다.

1978년 11월 18일 남미 가이아나(Guyana)에서 짐 존스(Jim Jones)는 자신이 모집한 914명의 공동체에게 CIA가 자신들을 공격한다고 속여 공동체 스스로가 청산가리와 진정제가 든 과일주스를 먹게 하여 모두 자살하게 했다. 또한 'Children of God(COG)'이라는 단체는 복음을 전한다는 목적으로 여성들을 술집 등에 전전하게 하여 사람들을 유혹하여 설득시키는 '하나님의 매춘부'라는 그룹을 두고 있고, '아마겟돈 교회'는 사람이 정화되면 하늘을 훨훨 날 수 있다고 설득하여 실제로 그 말을 믿은 어떤 사람이 높은 곳에서 뛰어내려 사망한 경우가 있다.

이단들이 대중들을 속이는 첫 번째 원리는 사람을 격리시킨다는 점이다. 그들은 세상과 자신들이 다르다고 생각하게 하고 철저하게 분리시킨다. 두 번째로는 그들만의 특유의 정체성을 확립한다. 세 번째로는 자신들만이 오직 진리라고 합리화한다. 네 번째로는 자신들의 지도자를 철저하게 신뢰하도록 만들고 매력적인 사람이라는 인식을 갖게 한다. 다섯 번째는 신도 스스로 다른 사람을 전도하게 만든다. 여섯 번째는 신도가 쓸데없는 생각을 하지 않도록 하고 그 기회를 주지 않는다. 마지막으로 긍정적인 환상만 보도록 지속적으로 이미지 등 소스를 제공한다.

대개 이러한 설득은 교육 수준이 낮은 사람만이 인식하게 된다고 생각하나 사실은 그렇지 않다. 지적 수준과는 관계없이 영향을 받으며 이단은 특별히 의사, 변호사 등과 같은 사회 내의 리더십 집단을 집중적으로 공략하는 경우가 있어서 그러한 이단적 설득에 넘어가거나 넘어가지 않는 특별 범주는 없다고 볼 수 있다.

이미 널리 알려지고 성공적이었던 몇 가지 설득 기술의 예를 살펴보자. 나치는 대표적인 대중 선동과 설득의 예를 보여 준다. 그들의 설득 기술을 살펴보도록 한다.

① 대중 선전을 위해 각종 미디어 즉 신문, 방송 등을 장악했다. 뉴스도 오락 프로처럼 진행했다. 그들의 뉴스를 들은 사람들은 즐거워했고 감동하여 눈물을 흘리기까지 했다.
② 좋은 소식만 대중에게 전달하고 듣기 좋은 말만 했다. 당연히 언론 통제를 했다.
③ 불리한 언론 보도가 있으면 편견이라고 하며 여론을 조성하고 극단적으로 몰아갔다.
④ 역사적 상징, 마크, 기념물로 대중들의 자긍심을 자극하여 스스로를 포장했다.
⑤ 어린아이부터 어른에 이르기까지 유니폼을 입힘으로써 대중의 동질감을 고취시켰다.
⑥ 자국민들이 게르만 민족으로서의 선민의식을 갖도록 고취시켰다.
⑦ 인간이 항상 꿈꾸는 완벽한 세상, 유토피아에 대한 환상을 갖도록 했다.

이와 같은 나치의 성공적인 대중 설득 기술을 통해 돌이킬 수 없는 엄청난 비극이 창출되었다. 이러한 기술은 이미 널리 알려져 있고 현재에도 차용된다.

두 번째로는 스포츠 영웅에 헐리우드 스타였으나 전 부인, 니콜 브라운(Nicole Brown)과 그녀의 정부, 로널드 골드먼(Rpnald Goldman)을 살인한 혐의로 기소었다가 무죄 선고되었던 O.J. 심슨(Simpson)의 경우가 있다. 그의 탁월한 변호사 로버트 샤피로(Robert Shapiro)가 이끄는 드림팀 변호단은 심슨의 평결을 무죄로 이끌기 위해 사용한 원칙이 있는데 그것은 아래와 같다.

① 개인적으로 기자들과 좋은 관계를 유지시켰다. 곤란한 질문, 직접적인 질문을 기자들로부터 받을 때에도 동요하지 않도록 주지시켰다.
② TV에 등장하는 상황 즉, 뉴스 등에 비춰질 때 심슨이 가급적 멋있게 보이도록 최고급 슈트와 구두로 치장했다.
③ 심슨이 인터뷰 시 그의 뒷 배경에 신경 썼다. 그가 어떤 배경에 서는가에 따라 그의 이미지가 바뀌는 점을 고려했다.
④ 코멘트는 최대한 아꼈다. 그것은 그가 마치 구차하게 변명하는 것처럼 보이지 않도록 하기 위해서였다.
⑤ 심슨이 자신의 심경을 토로할 때 사운드 바이트(sound bite)에 신경을 썼다. 한 편의 드라마를 제작했던 것이다.

샤피로는 이와 같은 설득 기술을 사용하여, 전 세계 수많은 사람들이 TV 생방송으로 보았던 LA 브롱코 하이웨이에서 자신의 자가용으로 경찰차의 추격을 피해 미친 듯이 도망쳤을 때 피 묻은 옷을 입은 당시 심슨의 모습을 모두 다 잊어버리게 만들었다. 그러나 살인 혐의를 벗은 심슨은 결국 또 다른 범죄 행위로 33년 형을 언도받았다.

2) 설득을 위한 일반적인 테크닉

설득을 위한 테크닉의 첫 번째 예로 그렌펠룬의 테크닉을 들 수 있다.

이것은 어떠한 동질감을 이용해 상대방과 빠르게 친밀감을 형성하는 방법이다. 예를 들면 처음 만나는 사람이 자신의 고향에서 사용하는 용어나 단어를 사용한다면 그 즉시 "혹시 어디 출신 아니세요?"라고 물어보는 것이다. 이때 상대방이 맞다고 하면 급속도로 동질감을 형성하게 되고 그 상황을 통해 설득을 시도할 수 있다.

두 번째로는 죄책감을 이용한 설득 방법이 있다. 이 방법은 자신의 약점 또는 일반적인 약점을 통해 스스로의 감정을 죄책감으로 무기력화시키는 방법이다. 주로 설교자들이 회개를 촉구할 때 많이 사용하는 방법이다.

세 번째로는 이미지 변화를 통해 설득시키는 경우를 들 수 있다. 정치가로서 유명한 리처드 닉슨(Richard Nixon)은 자신의 이미지 변화를 통해 대통령으로 선출된 대표적인 사례라고 할 수 있다. 또한 한국의 모전 대통령의 경우도 흡사하다. 상업적인 면에서는 제품 포장을 통한 설득의 예를 발견할 수 있다. 나일론은 개발 이후 값싼 직물 이미지로 판매가 부진했으나 모산토, 에스티듀퐁과 같은 회사는 피에르 가르뎅, CK, 프라다를 설득하여 나일론으로 그들의 제품을 제작하게 했다. 결국 브랜드로 고급스럽게 포장한 결과 '라이크라(Lycra)'라는 현재의 고급 이미지가 탄생하게 되었다. 낙하산을 만드는 나일론 재질로 제작된 프라다 가방은 세계적 명품으로 불리며 고가에 판매된다. 울(wool)도 자연산이라는 마크를 통해 다른 재질보다 한층 고급스러운 직물이라는 이미지를 만들어 대중들을 설득하는 데 성공한 경우이다.

네 번째로는 '호혜의 법칙'이 있다. '호혜의 법칙'의 성공적인 예를 이단들의 경우에서 종종 찾아볼 수 있다. A. C 비크티브 단테는 가족을 버리고 '스와미 프라부파다(Swami Prabhupada)', 즉 크리슈나(Krsna)를 생각하는 국제 협회를 창립하고 '백투 갓 헤드(Back to Godhead)'와 '바가바드 기타(Bhagavad Gita)'를 판매했으나 실적은 저조하였다. 그 이유는 샤프란 색 옷을 입고 염주를 두르고 '굳-리치(Good-rich)' 샌들을 신은 채식주의 삭발자들의 강제적 판매 행위를 대중들이 외면했기 때문이다. 이 상황을 지켜 본 로버트 치알리니라는 관계자는 이들의 개인적인 매력과 호감도가 낮고 집단 이기주의의 느낌을 준다고 분석하고 호혜의 법칙을 적용시켰다.

'호혜의 법칙'은 아주 간단한 법칙이다. 기본을 지키자는 규칙이다. 즉 노상 방뇨 등, 사회 규범을 어기는 등의 행동을 자제하여 대중에게 혐오감을 주지 말자는 것이다. 공공의 질서를 준수하여 적이 되지 말자는 것과 같은 것이다. 그는 이 원칙을 통해 단체의 문제를 해결하는 데 아주 간단한 발상을 제안했다. 그것은 공항에서 만난 지친 여행자들에게 꽃 한 송이를 주는 일이었다. 그리고는 책자를 아주 고급스럽게 만들었다. 친절을 기꺼이 받은 지친 여행자들은 결국 헌금을 내고 책을 구입하는 행동으로 보답하였다.

다섯 번째는 설득하기 전에 신의를 지키는 것이다. 그것은 작은 약속으로 더 큰 약속을 얻어 내는 방법이다. 정직하게 행동하는 것을 설득의 기반 위에 둔다. 위선이 밝혀지면 태도 변화가 일어나고 걷잡을 수 없는 손실을 입기 때문에 언제나 진실되게 행동해야 한다. 이것은 특별히 그리스도인들이 가져야 할 필수 덕목이다.

우리는 이러한 방법들을 고려하여 하나님의 원칙대로 대중을 설득하는 방법에 대해 더 신중하고 치밀하게 연구해야 한다. 그들은 사람들의 영과 육을 망치는 지식을, 타락하게 하는 습관을, 하나님을 대적하는 방법을 전달하지만 크리스천들은 그렇지 않다. 이에 여러 가지 설득 방법을 동원하여 음지에 있는 그들을 양지로 이끌어야 할 것이다. 우리가 믿음을 가질 수 있는 것은 전적으로 주님의 은혜이다. 왜냐하면 상대방을 믿는 믿음을 갖는다는 것은 상대가 신뢰감을 주기 때문에 가능한 일이다. 만약 상대가 온전한 신뢰감을 나에게 주지 못한다면 그에 대한 믿음은 결코 내 마음 어디에도 존재하지 않을 것이다. 예수님의 설득 테크닉은 바로 진심으로 인간을 사랑하고 그들을 위해 십자가에 달리셨다는 것이다. 그냥 말로만 하신 일이 아니다. 우리는 이러한 주님의 마음을 가지고 믿지 않는 사람들을 인터넷 세상에서 설득할 수 있어야 한다.

참고로 집요하고 사악한 이단의 설득에 넘어가지 않는 열 가지 방법을 소개하고자 한다.

① 자신의 감정을 모니터한다. 영적으로 너무 약해 있거나 회복이 필요할 때에는 이단에 쉽게 속아 넘어갈 수 있다.
② 이단으로 의심되는 단체가 접근할 때 그 단체의 공신력을 확인한다.
③ 그들의 어떠한 제안에 응답하기에 앞서 먼저 이성적 사고를 한다.
④ 이단으로 의심되는 단체 지도자의 입술 말고 손을 보고 행동보다 말만 앞서지는 않는지 확인한다.
⑤ 그들이 전달하는 정보가 사실인지 꼼꼼하게 검증한다. 그들은 거짓을 서슴지 않는다.
⑥ 그들의 친절이나 나눔 그리고 제안에 '왜?' 라고 먼저 스스로 질문해 본다.
⑦ 그들이 제안하는 무언가가 너무 파격적으로 좋다던가, 너무 좋은 사례들이라면 우선 의심한다.
⑧ 이단으로 의심되는 단체에 대한 조사를 위해 여러 정보 루트를 확보한다.
⑨ 성령의 인도하심에 민감해야 한다. 계속 잘못되었다는 사인(sign)을 주심에도 귀가 막혔고 눈이 가려져 있으면 앞을 식별하지 못하고 소리를 구분하지 못한다.
⑩ 성경은 올바른 방향을 가리켜 주는 가장 확실한 나침반이다. 성경 말씀에 비추어 검증하고 기도한다.

6. 웹 기반 선교를 위한 영성

커뮤니케이션 기술, 설득 기술 등은 그 자체가 나쁜 것이 아니다. 단지 그것들이 악의 배경 가운데 사용될 때 악해지는 것이다. 랄프 윈터 박사는 "세상 악의 근원을 찾아 다스리고 치료하자."라는 말을 남겼다. 우리는 하나님께서 주신 재능과 달란트, 기술과 환경, 영성과 열정을 통해 세계 곳곳의 악의 뿌리를 근절하는 데 사명을 다해야 할 것이다.

영성이라는 용어는 인간의 영, 개인, 사회와 또 신적 영역과 특별한 전통 안에서 인식되는 것, 동과 서 사이에서의 경험과 성찰적 이해, 인간과 우주적 삶의 궁극적인 것으로 이해된다(필립스, 쿠트 2001:313). 과거 영혼과 육체의 이분법적인 이해는 종종 '영적'이라는 용어를 사회적으로 잘못되거나 이단적으로 해석해 교회 내에서 환영받지 못한 적도 있었다.

그러나 현대 교회의 핵심은 말씀과 영성의 균형 있는 발전에 있음을 수많은 교회들이 인식하고 있다. 그리고 교회에서는 영성 신학이 기반이 된 가운데 건강한 영성 사역이 활발하게 이루어지고 있다. 한국 선교학의 특이한 점 또는 강점으로 들 수 있는 것 중 하나로 통성 기도를 통한 영성 기도, 새벽 기도를 통한 영성 훈련 등을 들 수 있다. 한국 크리스천의 경우, 통성 기도를 하지 않으면 기도를 하지 않은 것처럼 느껴지는 문화가 형성되어 있지만 어떤 지역의 경우 시끄러운 통성 기도보다 묵상 기도를 통해 영적으로 더욱 편안하게 영성을 개발하기도 한다. 우리나라의 경우 목회자들이 교회 예배 시 통성 기도를 강조한 나머지 묵상 기도에 대한 이해와 발전이 더딘 편이다.

새벽 기도의 경우에도 농경 사회부터 유래한 우리나라의 새벽 기도 형식이 한국 이외의 또 다른 지역에서는 적합하지 않을 수 있다. 또한 농경 문화가 아닌 한국의 현재 사회 구조로도 새벽 기도는 적합하지 않다는 의견도 있다. 남미의 경우 주로 밤 집회를 통해 많은 사람들이 은혜를 입는다. 이렇게 각각의 영성을 위한 환경들이 존재하고, 영성 신학이 존재하고, 영성 훈련과 훈련을 위한 방법들이 존재한다.

현 시대에는 영적 융통성이 필요하다. 요즘에는 무조건 착하고 성실한 이미지보다는 까칠하고 버럭버럭 소리를 지르는 소위 비호감형 캐릭터가 인기를 얻기도 한다. 무조건 착하고 양보하는 것이 미덕인 시대가 아니라 아닌 것은 아니라고 주장하는 영성, 주변의 분위기를 맞추며 대화하고 생각하는 영성이 필요하다. 일방적으로나 맹목적으로 선을 행하는 것이 때로는 상대방을 불편하게 만들 때가 있다. 이 시대에는 주변 친화적인 영성을 소유하는 것이 필요하다.

인터넷 기반 첨단의 선교 사역에도 오프라인 선교 사역과 마찬가지로 '영성 신학'이 존재한다. 인터넷을 통해 전달되는 메시지, 정보들을 통해 영성이 전달된다. 인터넷상의 각종 콘텐츠와 프로그램을 통해 우리는 영성 훈련을 추구할 수 있다. 인터넷을 통한 묵상 훈련이 그 예이다. 매일 인터넷을 통한 묵상 운동은 이미 보급된 지 오래이고 큰 효과를 거두고 있다. 인터넷을 통해 하나님의 메시지가 전달되고 있고 영이 흐른다. 각종 이미지와 아이콘들은 크리스천들의 영성과 밀접한 관계를 가지고 있다. 웹상에, 컴퓨터에, 인공위성에 하나님의 영이 흐르고 성령께서는 임재하신다. 무소부재(Omni Presence God)하신 하나님이시다. 그것은 영혼들을 위한 관심이고 배려이고 사랑의 임재이다.

더불어 우리는 믿음 없는 '디지털 포비아(Digital Phobia)'들을 위해 섬세하고 구체적인 배려를 위한 자상한 영성을 겸비할 수 있다. '컴퓨 포비아(Compu-phobia)', '테크노 포비아(Techno-phobia)', '디지털 포비아(Digital Phobia)'라는 단어들은 신조어로 첨단 기기를 사용하는 것에 두려움을 갖는 사람들을 지칭한다. 우리는 이러한 상황에 대해 어떠한 그룹의 사람들, 즉 나이가 많거나, 또는 너무 어리거나, 교육을 받지 못했거나 너무 바빠서 이러한 새로운 시스템을 접할 수 없었던 사람들이 가진 컴퓨터, 인터넷, 웹 세상에 대한 두려움을 단절시키는 데 도움을 줄 수 있다. 그 일은 복음적 웹 콘텐츠를 인터넷을 통해 소개하기 위해 선행되어야 할 첫 번째 사역이 될 것이다. 여기에서 디지털 포비아의 고통에 동의하는 사람들은 미디어에 전혀 접근하지 않는 사람들(the truly unconnected people), 매체를 회피하는 이용자들(net evaders), 미디어 이용폭이 좁은 중도 탈락 집단(drop-outs), 간헐적 이용자(intermittent users)들이다. 그러나 그들이 가진 한계는 '디지털 통합(digital integration)'을 통해서, 단순화한 이용자 중심의 인터페이스(interface), 디지털 웰페어(digital welfare), 옛것(analog)과 새것(digital)의 만남을 통해 그리고 중재자의 영성 있는 지도(spiritual leadership) 가운데 단절된 간격을 축소할 수 있다.

이러한 배려들을 염두에 둔 가운데 인터넷을 통해 선교하는 선교사의 영성 훈련은 중요한 부분이다. 코스타스(Orlando Costas)와 데이빗 보쉬(David Bosch)는 선교사의 영성을 강조했다(필립스, 쿠트 2001:322). 인터넷 선교사도 마찬가지로 전방개척 선교지를 향하여 또는 현장에서 예수 그리스도의 복음을 전하는, 영적 전투의 한 가운데 거하는 군사이다. 한국 교회의 성장 요인 중 중요한 점은 부흥과 기도를 강조하는 것이라고 믿는다. 인터넷 선교를 위한 영성은 첨단 기술로부터 비롯되는 것이 아니라 모니터를 붙잡고 기도하는 중보 기도의 영성에서 비롯된다. 우리는 기술자로서만 나아가서는 안 된다. 사역을 앞에 둔 우리의 정체성은 영적 중보자이다. 그것은 사역을 위한 도구가 웹으로 바뀌었다 하더라도 변하지 않는 진리이다.

제2장 교회 성장 원리와 인터넷 선교

1. 교회 성장

1) 의의

오늘날 개신 교회, 특별히 한국 교회들은 괄목할 만한 성장을 해 왔다. 교회들의 외형이 거대해지고 교인들의 수가 증가하면서 지역 사회에 대한 봉사와 기여 그리고 선교를 위한 적극적인 움직임과 활동들이 이전보다 확연히 증가하였다. 우리나라는 전 세계 선교사 파송 순위 2위 국가로 기록되며 이에 따른 거룩한 부담감도 갖게 되었다. 또한 교세가 발전함에 따라서 몇 가지 부작용 및 문제점들이 발견되고 있는 가운데 교회 성장의 성경적 의의를 찾아 보자.

먼저 교회 성장의 성경적 의미로 교회 성장은 인간적인 의지의 발로가 아닌 분명한 하나님의 뜻이라는 점이다. 세상은 사탄의 계략과 음모 가운데 고통받고 신음하고 있다. 이러한 가운데 그들을 구원으로 이끌 하나님의 선교는 분명 하나님께서 궁극적으로 이 세상을 향해 원하시는 가장 중요한 일 중 하나이다. 이것은 인간이 주도권을 가지는 행위가 아니라 '하나님의 선교'라는 점이다(맥가브란 1897:56).

이것은 인간에 의해 주도되는 것이 아니라 '인간을 위한 하나님의 계획'으로 규정된다. 하나님께서 인간을 위해 주도하시는 일이다. 하나님께서 원하시는 이러한 일들 앞에 많은 사람들이 대안을 찾아왔고 그 대안에 대한 갈급함이 있었다. 그러나 하나님께서는 분명한 교회 개척과 성장 의지 가운데 다양한 대안을 제시하시고 실제로 적용시켜 오셨다.

성육신하신 예수 그리스도께서는 구원받지 못한 사람들에게 관심을 가지고 계신다. 교회 성장은 단순하게 교세를 확장시키는 개념이 아니라 이 땅에 하나님의 백성을 늘려가는 거룩한 행진인 것이다. 교회의 건물이 거대해지고 사람의 수가 늘어나는 것에 대해 사역의 초점을 맞추는 것이 아니라 개인 영혼의 구원에 대해 관심을 가지고 그 영혼들의 회복과 부흥이 진정한 교회 성장의 개념이라고 말할 수 있다. 웹 교회 개척, 인터넷 선교 철학은 이러한 의지 가운데 21세기형 교회의 한 형태로 패러다임의 전환을 가져 왔다.

2) 목적

교회 성장의 목적은 잃어버린 하나님의 영혼들을 선한 영역으로 되찾아 오는 것이다. 그것이 교회 성장 이론 등을 통해서 하나님께서 가장 원하시는 일이다. 어느 한 가지 교회 성장 이론이 절대적일 수 없다. 교회 성장 이론이 만약 하나님의 잃어버린 영혼들을 하나님께로 돌아오게 하는 데에 문제가 있다면 교회 내에서 그 교회 성장 이론은 언제든지 철폐될 수 있다. 우리가 이해하고 있는 현재 통용되는 교회 성장 이론이 현 시대에 있어서는 가장 효과적이고 포괄적인 확장 운동적 요소를 가지고 있을 뿐이다. 현실적으로는 이론만 가지고 접근했을 때 선교지 사역 현장에서 교인들의 수가 증가하지 않은 경우를 발견할 수 있다.

이러한 경우에는 보다 근본적인 문제를 파악하고 여러 가지 실제적 수단, 전략, 방법들을 동원하여 교회를 설립하고 교회를 성장케 하고 믿지 않는 사람들이 회심하도록 사역의 분명한 방향을 찾아야 할 것이다. 이러한 적극적인 행동 또한 교회가 취해야 할 하나님께서 기뻐하시는 움직임이다. 맥가브란(Donald A. McGavran)의 교회 성장 이론은 결코 화려한 미국의 어느 도시의 대형 교회에서 탄생한 것이 아니라 인도 중부의 초라한 마을, 다모(Damoh)에서 시작된 것이다. 맥가브란은 인도에서 태어난 인도인이었다.

생전의 맥가브란 박사 (맥가브란 아카이브)

교회의 성장은 결코 현세적 성장에 국한시키는 것이 아니다. 이 땅에서의 부흥은 저 천국에서의 부흥이다. 그러나 그 부흥의 개념이 물질적 부흥이나 사회적인 지위의 향상을 뜻하는 것은 아니다. 우리는 이른바 '고지론'에 대해 경계해야 하는데 이른바 급여를 많이 받는 일을 한다고 축복을 받은 것이고 자동적으로 하나님의 뜻을 더 많이 이루고 있다고 여겨서는 안 된다는 것이다. 고지론은 높은 지위나 성공한 기독교인일수록 하나님께 더 쓰임을 받는다는 입장이다. 그러나 이러한 고지론을 교회 성장 이론으로 착각하고 있는 부분들이 다분히 인간 중심적 신념이라는 점에서 기독교 내부에서도 논란이 많다. 교회 성장에 대한 이해가 이러한 고지론적 입장에서 양적 성장에만 관심을 가지고 목표가 설정되고 수립되어서는 안 될 것이다.

모 기독교 출판사의 M 잡지는 신학이 있는 목회, 목회가 있는 신학을 추구하며 목회자들을 위한 교육적 공헌을 해 왔다. 필자가 20대 후반 전도사 시절 그 잡지에 소개된 건축이 잘된 교회들을 볼 때마다 그렇게 잘 지어진 교회에서 사역하지 못하는 자신이 마치 성공하지 못한 사역자가 된 것 같은 마음을 갖게 되었다. 정기 구독하는 그 잡지가 서가에 쌓여갈 때마다 소망을 갖기보다는 무기력증에 시달렸다. 물론 개척 교회 탐방과 같은 코너도 있었지만 화려하게 소개된 목회자와 신학자들의 소개, 잘 지어진 교회 건물 사진을 보며 열등감에 시달렸다. 개척 교회 전도사가 설 자리는 없는 듯 했다. 15년이 지난 지금은 열등감이 없어질 법도 한데 아직도 근사한 교회 건물이 부담스럽다. 교회가 원래의 의미를 망각하고 추구해야 할 본질적인 성장에는 관심이 없고 추구하지 않아도 될 비본질적인 요소의 성장에만 관심을 가져서는 안 될 것이다. 이러한 성공 지향주의적인 교회 성장에 대한 이해로 인해 교회 성장의 원래 의미에 대한 부정적인 인식을 갖게 되는 것이다. 교회 성장학은 결코 교회의 양적 팽

창이나 부의 축적과는 관계가 없다. 하나님께서 주신 다양한 영역의 전문성을 통해 교회의 역할을 극대화하고 하나님의 지상 명령을 수립하기 위해 최선을 다하는 실제적인 행위에 기반해야 한다.

랄프 윈터 박사는 "내가 이 반석 위에 내 교회를 세우리니 음부의 권세가 이기지 못하리라.(마 16:18후)"는 말씀을 인용, "선교는 어둠의 왕국을 훼파시키는 데 있다."라고 강조했다. 그는 악과 싸우기 위해서는 전방위적 행동, 즉 미시적·거시적 차원의 접근이 필수적이라고 지적하고 선교 현장에서 만나는 모든 인간에 대해서는 선과 사랑으로 대해야 하는 반면, 말라리아나 치명적 세균과 같은 악에 대해서는 사랑이 아닌 결코 한 치의 양보도 해서는 안 되는 강력한 박멸이 필요하다고 말했다. 교회 성장을 위해서는 전쟁터에서 사용되는 작전 매뉴얼이 필요할 수도 있다. 교회 성장을 위한 우리들의 노력과 열정이 결코 축소되어서는 안 될 것이다. 진정한 교회 성장은 선교적 비전을 가지고 영혼들을 위한 회복의 기반 가운데 이루어져야 할 것이다.

2. 평신도 사역을 통한 인터넷 선교

1) 맥가브란과 첨단 기술

맥가브란 박사는 인도의 다모에서 선교사 집안인 가풍의 영향을 받아 인도인으로 성장했다. 그는 인도에서의 자라온 자신의 성장 및 생활 환경을 통해 자연스럽게 얻어진 기독교와 현지인들의 관계 가운데 수집된 정보를 소유할 수 있었다. 그리고 이러한 경험이 학문적 배경이 되어 훗날 발표된 교회 성장학을 완성할 수 있었다. 그는 그리스도를 믿지 않는 사람들이 인종적, 언어적, 계급적 장벽을 갖지 않고 믿음을 갖기를 원했으며, 이를 위해 각종 기술을 활용하고 기술 사용을 위한 다각도의 연구로 보다 적합한 복음전달의 방법을 통한 교회 성장론을 수립하였다. 그는 인도의 경우 카스트 제도가 쉽게 무너질 수 없는 사회적 구조라는 것을 깨달았고, 단순하게 카스트 계급 등 특정 계급들만을 위한 전략을 세우거나 동질 집단의 원리를 무시할 때 교회가 성장하지 못한다는 원리를 발견하였다. 따라서 마디가스(불가촉천민) 그룹은 그들대로, 카스트 집단은 자신들대로 고유의 집단 전통을 유지하게 하며, 동질 집단 원리를 통한 교회 성장을 장려하였다. 지금도 그를 기억하는 현지의 인도인들은 그를 서양 선교사로 이해하지 않고 인도인으로 간주한다. 이것은 교회 성장이 현대 기독교인들이 이해하는 대형 교회 운동의 맥락이 아니라 하나님의 자비 행위라는 것을 뒷받침한다. 특별히 맥가브란은 자신의 저서 『교회성장이해』(Understanding Church Growth)를 통해 우리가 해야 할 절박한 일들은(예를 들면 좋은 설교를 하는 것, 문맹자에게 글을 가르쳐 주는 것, 산아 제한이나 세계의 식량 공급을 위해 노력하는 것, 교회 행정을 효과적으로 하는 것, 기독교를 삶의 모든 영역에 적용시키는 것, 의사 전달을 위해 매스미디어를 사용하는 것, 그리고 그 밖의 수많은 활동들) 결코 죄악된 것이 아니라 선한 것이라고 주장한다(맥가브란 1987: 82). 실제로 맥가브란은 "사랑으로 구원받으라(Constrained by Love)"라는 제목으로 선교사 생활을 묘사하는 활동 사진을 제작하였다(레이너 1995: 36).

이것은 당시로서는 최첨단 기술을 사용한 전도 활동이라고 간주할 수 있다. 랄프 윈터 박사 또한 우리가 가지고 있는 물질에 문제가 있는 것이 아니라 악의 뿌리에 문제가 있음을 지난 강의들을 통해 피력해 왔다. 따라서 악을 근절하고 그 뿌리를 척결하는 것이 중요한 이슈이고 시대와 상황에 맞게 적합한 전략과 도구를 통해 교회를 성장시키는 것은 긍정적인 방안이라고 할 수 있다.

필자는 최근 인도에 위치한 맥가브란의 고향에서 놀라운 결실을 발견하였다. 그의 생가가 존재하는 다모에는 1950년대에 설립된 영화 제작소가 있다. 현재 선교부 사무실로 사용되고 있는 그 공간은 다양한 복음전파용 영화제작 스튜디오의 전신으로서 현재는 'MIDINDIA(Media Production & Training Center)'로 성장했다. 맥가브란은 생전에 인도 전체에 복음을 전하기 위한 근본적인 방법을 연구했는데 그 방법 중 하나가 바로 기독교 영화를 제작하여 보급하는 방안이었다. 이것은 결코 우리가 이해하고 있는 교회 건물을 통한 교회 성장 전략, '메가처치운동(Mega-church Movement)'과는 다른 모양의 것이다. 그것은 바로 무형의 교회를 통해서 교회를 성장시키는 전략의 시작인 것이다. 이렇게 당시의 매스 커뮤니케이션을 통한 복음 전파 방식, 교회 성장 방식을 적용한 방송국은 2010년 현재 대규모의 인터넷 방송국으로 발전되어 인도 전역에 인터넷을 통해, 비디오 테잎(video tape) 또는 DVD를 통해 그리스도의 복음을 전하고 있다.

다모의 MIDINDIA

결국 맥가브란의 교회 성장학은 현 시대 인터넷 교회 성장과도 밀접한 관계가 있음을 알 수 있다. 특별히 그는 인도인을 위해 제공되는 크리스쳔 방송, 각종 매스 미디어를 통해 전달되는 복음의 메시지가 북미 지역과 아프리카 지역인들에게 제공되는 콘텐츠와 문화적 배경이 동일해서는 안 된다고 지적하였다(맥가브란 1987:193). 이는 단순하게 언어 번역만하여 자막을 달아 선교지에 제공하는 한국 목회자들의 미디어 선교 또는 인터넷 선교 활동에 대한 지적이라고 할 수 있다. 맥가브란은 복음을 받아들이는 사람들의 피부빛깔, 능력, 수입, 교육에 현저한 차이가 있다면 그 사람들은 복음을 그들 동족에 의해 설명받을 때 더욱 잘 이해한다는 사실을 강조했다(맥가브란 1974: 285). 현대 사회에 있어서 인터넷은 전자 네트워크를 통해서 형성된 거대한 인간 집단들의 집합 단체라고 할 수 있다. 거기에는 또한 각종 동질 집단이 존재한다. 오프라인상의 '노방 전도'가 사라진 현 시점에서 인터넷상의 동질 집단의 구성 성격을 이해하고 그들을 위한 접근 연구를 통한 교회 성장은 이 시대, 즉 포스트모더니즘 시대를 위한 현실적인 방안이다. 우리는 맥가브란의 교회 성장학이 현 시대의 커뮤니케이션 도구의 총이라 할 수 있는 인터넷을 통한 실제적인 현대 교회 성장 방법을 조명하고 있음을 발견할 수 있다.

2) 평신도 사역 정신

랄프 윈터 박사는 그리스도인 모두가 선교 현장에 있다는 '선교 소명론'을 강조했다. 선교는 목회자나 선교사 등 소수 관심자의 전유물이 아니라 그리스도인 모두에게 주어진 소명이라는 것이다. 신앙과 삶이 분리된 이원론적 영성은 전통적 한국 교회가 가지고 있는 심각하고도 고질적인 문제이자 올바른 기독교 세계관의 부재 현상이라고 지적할 수 있다.

이러한 상황 가운데에서 평신도 사역 운동이 진행되고 있고 인터넷 선교를 통해 모든 크리스천이 적극적인 사역자가 될 수 있다는 비전은 새롭고도 신선한 제안이다. 이러한 방향성의 기독교 세계관에 대해 '삶 속에서의 영성'을 강조한 평신도 사역 이론의 세계적 석학, 폴 스티븐스(Paul Stevence) 교수는 인터넷 선교의 핵심 '세계관(World View)' 정립에 도움이 되는 이론을 부여한다.

전임 사역자의 개념은 단순하게 목사나 전도사, 선교사의 위치에만 부여되는 것이 아니라 모든 성도가 '매일 24시간씩 평생을 자신의 사역에 성실히 종사하는 것'을 의미한다. 하나님의 사역은 하나님의 관할 가운데에서 어떤 정규 신학 교육을 받은 또는 특별한 부르심을 받은 사람만이 사역자의 이름으로 하나님의 사역을 하는 것이 아니라 모든 크리스천이 하나님의 의지에 의해 전체가 '전임 사역자'로 부름을 받은 존재이므로 그들이 이 땅에서 사는 내내 '그 부르심'을 위해 성실하고 충실하게 살아야 하는 것이다. 이렇게 살아가는 기독교인의 '영성'이 곧 이 세상에서 크리스천들이 가지고 살아야 하는 '삶 속에서의 영성'이다.

교회 내에서 평신도들이 사역자로서의 한계를 극복하지 못하고 결국 직장을 그만둔 후 신학교로 향하게 되는 현상에 대해 생각해 보아야 한다. 교회의 사역은 목회학 대학원 과정을 마치고 목사 안수를 받은 교역자 그룹을 통해서만 이루어지는 것이 아니다. 로마 교회는 로마에서 온 나그네들, 즉 각종 직업에 종사하던 유대인들이 예루살렘에 와서 바로 예수 그리스도의 부활 사건을 성령의 강림에 의한 제자들의 방언을 통해 듣게 됨으로 세워지게 되었다.

더불어 사도행전 6장에 등장하는 스데반과 빌립 집사는 사도들이 말씀 사역과 기도 사역에 전념하기 위해 선출한 일곱 집사 중의 두 사람이다. 이들의 선출 기준은 잘 가르치는 것이나 말씀을 잘 선포하는 은사가 아니라 칭찬받는 사람들이라는 점이다. 그들은 끊임없이 성령이 충만했던 사람들이고 지속적인 봉사를 즐거워했던 적이 있는 사람들이었다. 이것이 바로 사역자를 세우기 위한 필수 요건이 된다.

'나는 이 땅에서 무엇을 위해 사는가?'라는 질문은 바로 '인간이 된다는 것은 무엇인가?'라는 질문과 같은 맥락의 질문이며 이는 다시 '하나님께서는 당신의 백성이 어떠한 삶을 살기를 바라시는가?'라는 구체적인 질문으로 바뀔 수 있다. 따라서 크리스천들이 하나님의 부르심, 즉 '소명(Calling)'이 무엇인지를 온전하게 이해했다면 삶의 목표를 정하는 중요한 질문에 대한 답을 정확하고 자연스럽게 얻을 수 있다. 소명은 어떠한 특별한 크리스천 또는 별도의 계시를 받은 사람의 전유물이 아니라는 것이다. 은사 또한 어떤 소수의 사람들만이 부여받는 것이 아니다. 크리스천은 누구나 한 가지쯤은 은사를 부여받는다. 아니 그 이상의 은사를 부여받은 사람도 있다. 선교 사역을 하는 데에 있어서는 분명 성령의 은사가 필요하다. 그리고 그 은사는 상황과 때와 장소에 맞게 잘 사용될 수 있어야 한다. 은사는 남용되어서는 안 되는 하나님의 선물이며 청지기 정신을 가지고 사용되어야 한다. 하지만 선교라는 개념을 한정한 가운데 은사를 제한하여 사용할 필요는 없다. 우리가 아프리카에 가서 손에 성경을 들고 수천 명 앞에서 설교를 할 때에는 은사가 필요하다고 생각하면서도 밥을 먹을 때, 친구와 놀이를 할 때, 학교에서 수업을 들을 때에는 은사가 꼭 필요 없다고 생각하는 사람도 있다. 하지만 그러한 평범한 때가 사역의 순간일 수 있다. 사역의 순간은 별도로 존재하는 것이 아니라 우리가 살아가는 삶의 터가 바로 사역의 현장이다.

스티븐스 박사는, 특별히 인간의 창조에 대한 이야기가 담긴 창세기에서 출발하여 요한계시록까지의 성경 전체를 통해서 대다수의 많은 크리스천이 삶의 목적에 대한 답을 찾을 수 있다고 했다. 그는 "하나님께서는 인간을 '전임 사역자'로 부르셨다."라고 말한다. 그가 말하는 '전임 사역'은 바로 일년 365일 24시간을 통해 한 사람이 일평생 동안 자신이 맡은 사역에 종사하는 것을 의미한다고 한다. 이것은 전통적인 사역관, 즉 한국 크리스천들이 지금까지 가져온 개념과 사뭇 다르다. 이것은 사역이 단순하게 한정된 일정한 장소나 시간 동안만 하는 것이 아니라 크리스천들에게 주어진 모든 시간 속에서 펼쳐 간다는 해석으로 이어진다.

이 말을 또 재해석한다면, 하나님께서 한 번 아버지가 되시면 그 존재는 우리를 향해 늘 아버지가 되시는 개념이지 일정 시간만 아버지 역할을 해 주시는 것으로 이해될 수 없는 것과 동일한 의미이다. 어떻게 사랑이 파트타임(part-time)으로 이루어지겠는가? 어떻게 사랑하는 일이 자로 대고 그은 것처럼 경계를 명확히 할 수 있는 일이겠는가? 하나님께서는 늘 인간과 깊은 교제를 갈망하시기 때문에 그것이 일정한 시간에 교회나 일정한 사역 단체 또는 프로그램에서만 이루어지는 것이 아니라 지속적인 사역을 통해 항상 교류하기를 원하신다는 원리이다.

쉽게 정의할 수 있는 교회 사역은 주로 하나님께 드리는 예배를 중심으로 교회 운영과 유지에 초점을 맞추어 이루어진다. 주일 성가대나 주차 봉사, 식당 봉사, 교회 학교에서 가르치는 일들, 각종 위원회 회의 참석, 선교지 비전트립(vision-trip) 준비, 연례 행사 수준의 봉사 활동 및 준비, 전도 행사 참석 등이 그 범주인데 이러한 사역들도 중요하지만 실제 사역은 교회 안에서만 이루어지는 것이 아니라 성도가 재충전받은 교회에서 벗어나 하나님을 알지 못하고 믿지 않는 영혼들이 있는 세상으로 나와 삶 속에서 복음을 전하는 일에 전적으로 충실한 삶을 뜻한다.

한국 교회의 현실을 들여다 보면 성도들은 주일 성례 및 교회를 위한 행정적 일들을 사역으로 간주하고 그 일들을 마치면 사역에 대한 자신들의 의무를 모두 수행했다고 믿는 경우가 간혹 있다. 하지만 실제 사역은 주일 이후에 있다. 주일은 안식의 시간이다. 주일이 안식하며 하나님과 교제하는 시간이라면 주중에는 사역하며 교제를 나누는 시간이다. 세상에 나가서 믿지 않는 이들을 만나고 복음을 전달하기 위해 자신이 받은 달란트와 재능을 사용해야 하는 것이고 이러한 원리 가운데에서 본다면 자신이 서 있는 바로 그 자리, 직장, 학교, 가정이 교회이고 사역지가 되는 것이다. 이러한 개념의 사역자들이 보다 많아져 각자의 선교지에 서 있을 때 하나님의 뜻은 충만하게 이루어질 것이다.

또한 전문 사역자라 함은 신학교에서 신학을 배우고 목회자로서 안수를 받는 사람에게만 국한되는 것이 아니고 모든 사람들이 자신의 영역에서 자신들의 전문성을 가지고 사역하는 것이 바람직한 성경관에 입각한 전문가에 대한 개념이다. 실제로 신학, 목회학을 전공한 목사나 전도사가 영화나 광고, 문학, 교육, 음악, 비즈니스, 상담에 대해 전문가에 비해 기술이 능통하지는 못할 것이다.

전문가들에게 성경적 적용점을 제시하고 영적 멘토링(spiritual mentoring)을 할 수는 있겠지만 각 분야에 대한 기능적, 전문적 지식관련 멘토링은 아무래도 어려울 것이다. 하지만 성도들은 수없이 많은 전문성을 가진 하나의 교회로서 세상에 나아가 자신들의 전문성을 통해 선교할 수 있다. 물론 설교에 탁월했던 평신도 사역자 스데반 집사처럼 탁월한 전문성과 함께 말씀을 전하는 데에도 능력이 뒤지지 않는다면 더욱 좋겠다. 전문성과 각 분야를 위한 성경적 적용점의 이해, 양쪽을 겸비하면 더 좋을 것이다.

특별히 복음이 차단되어 있는 전방개척 선교 지역의 경우 전문인 선교사만이 그 사역의 길을 뚫을 수 있는 현 시대의 선교적 현실을 바라볼 때 모든 성도들이 이러한 사역 철학을 가져야 하는 것은 오래 전부터 지속되어 온 하나님의 명령이다. 이전의 이해가 한정적인 사역 철학이었다면 이제 거기서 벗어나 비대해져 가는 한국 교회의 외적인 성장 구도를 탈피하여 일인 교회로서의 역할을 감당하고 역량을 발휘해야 할 시대이다. 그 부르심은 이미 시작되었다. 좀 더 세밀하게 귀 기울여 보자.

3) 전임 사역자

인간은 하나님과의 깊은 교제 안에서 살도록, 하나의 큰 울타리인 '인류 공동체'와 '신앙 공동체'라는 영역을 온전한 모습으로 세우도록, 하나님의 창조 사역에 함께 사역하도록 부르심을 받은 전임 사역자이다. 전임 사역자로서 하나님으로부터 임명받은 것이다. 전임 사역으로의 부르심은 '하나님과 함께 창조하는 일(Co-creativity)'에 대한 부르심이다. 즉 하나님과 함께 행하는 거룩한 공동 사역자로서 사는 삶이 바로 모든 크리스천들이 가져야 할 '온전한 삶'이라는 것이다.

이는 사역이란 것은 창조 세계의 잠재력을 발전시키고 땅을 원래의 모습으로 채우도록 부름받는 일로 표현될 수 있다. 이것은 바로 인터넷 선교사가 추구하는, 자신의 모든 삶을 통해 사역하고 헌신하는 사역 모델과 일맥 상통하는 부분이다. 우리는 좀 더 구체적으로 삶의 영역 속에서 자신의 달란트를 통해 역할을 감당하는 사람들을 만날 수 있다. 예를 들면 '도구를 만드는 사람들(Tool Makers)', '음악을 만드는 사람들(Music Makers)', '아름다움을 만드는 사람들(Beauty Makers)', '장난감을 만드는 사람들(Toy Makers)', 심지어는 '의미를 만드는 사람들(Meaning Makers)' 등으로 나누어지며 이들이 하는 모든 일들이 '하나님과 함께 창조하는 것', 곧 '창조 세계의 잠재력을 발전시키고 세상을 원래의 하나님께 지음받은 인간다움으로 채우는 행위'라고 이해할 수 있다(서장혁 2007:43).

　모든 피조물은 하나님으로부터 비롯되었다는 개념을 통해서 우리는 전임 사역자의 평생 사역관에 대한 이해를 할 수 있다. 예를 들어서 음악가의 개념은 하나님으로부터 나왔다. 세상 천지를 만드실 때 하나님께서는 아름다운 소리들의 하모니를 염두에 두셨다. 이른 아침 평원에 나갈 수 있는 기회가 있다면 자연이 내는 소리를 들어보라. 그 어떤 음악가가 만든 음악보다 아름다운 형용할 수 없는 음악을 들을 수 있다. 그것이 우리가 듣고 있는 음악의 시작이다. 인간의 음악은 단지 그러한 하나님의 음악적 창조 작업을 모방하는 행위이다. 건축가의 모델도 하나님으로부터 비롯되었다. 신약에 등장하는 교회는 하나님의 건축물로 인정되었다(마 16:18). 세상 만물의 설계는 완벽한 것이다. 예수님께서는 목수이셨고 성경은 기획적, 설계적인 요소를 담고 완벽하게 기록되어 있는 인류 최대의 베스트셀러이다. 하나님께서는 최고의 예술가이시며 각 분야를 창시하시고 주관하신다.

　실제로 창조의 능력은 하나님과 그분을 닮은 형상인 인간만이 가지고 있는 고유의 영역이다. 사탄은 하나님께서 만드신 창조물을 찌그러뜨리고, 오염시키고, 왜곡하고 범죄하게 유혹하는 능력만이 있을 뿐이지 창조의 능력을 가지고 있지 않다. 실제로 인터넷 선교가 이러한 창조적 개념을 기본으로 하는 것을 감안할 때 '만인 선교사주의'는 분명 인터넷 선교를 위한 기본적인 철학이 된다. 한국의 온누리교회는 이러한 평신도 사역의 사례가 풍부한 교회이고 평신도 사역을 위한 기반이 잘 준비된 교회이다. 교회가 'Act 29' 운동을 선포하고 신 사도행전을 새롭게 써 내려가는 마음으로 선교를 섬기고 있다. 오늘날 모든 성도들이 가져야 할 선교적 사명을 표현하게 하고 21세기 사도로서의 역할 수행을 통해 은혜를 경험하도록 격려하는 일종의 프로그램이다.

크리스천들은 이러한 이해를 통해 각자의 일터에서 사역들을 하면서도 인간의 삶을 향상시키고 더욱 아름답게 만드는 일과 선교적 정신을 통해 전 세계를 풍성하게 일구는 일, 그리고 하나님의 잃어버린 영혼들을 위해 구제하는 일 등 각색의 일들을 감당할 수 있다. 일과 사역이 분리되는 것이 아니라 각자의 위치에서 부르심을 받는 개념이다. 십자가를 보면 수직선만 있는 것이 아니라 수평선도 있다. 그와 마찬가지로 사역의 색과 모양, 역할이 다른 것이지 위치와 양, 인정 가치와 대우가 다른 것이 아니고 달라져서도 안 된다. 이에 효과적인 은사 배치, 웹을 통한 자신의 사역 개발을 위해 MBTI나 애니어그램과 같은 프로그램 등을 활용하는 것도 긍정적인 방안이다.

사역의 가치는 세상의 직업처럼 급여로 판단되는 것이 아니다. 이렇게 자신의 삶 모든 영역에서 하나님의 전임 사역자로 살아가는 것, 이것("삶 속의 영성"이라는 주제)은 인터넷 선교의 개념에 관심이 있고 이를 따르고자 하는 모든 크리스천들이 사역에 앞서 마음속에 새겨야 할 기본 핵심이다.

윌리엄 캐리(William Carrey)는 "내 직업은 그리스도를 증거하는 일인데 이를 위한 비용을 마련하기 위해 구두를 만듭니다."라고 누군가가 이렇게 말한다면 옳지 않은 것이라고 했다. 그 대신 "내가 복음 전하는 것도 하나님의 영광을 위해서 하는 일이요, 구두를 만드는 일도 하나님의 영광을 위해서 하는 일"이라고 말해야 한다고 했다. 무엇을 하든지, 누구를 섬기든지 주께 하듯이 하고 영광스럽게 여겨야 할 것이다.

크리스천들의 사역은 이렇게 건강한 세계관과 개념을 통해 든든하게 설 것이고, 인터넷 선교는 바로 성령님의 역사하심과 함께 이러한 모든 재능, 직업, 관심, 취미, 열정, 매너, 생각, 철학, 이해를 통해 사역을 할 수 있도록 인도하고, 엮어 주고, 다리를 놓아 주고, 효과적으로 이끌고, 도와주는 역할을 하는 조력 매체가 될 것이다.

# 제3장 크리스천의 인터넷 문화 공간 이해

1. 웹 문화 이해

　　우리를 둘러싸고 있는 각종 문화들에 대해 정의를 내리는 것은 쉬운 일이 아니다. 더불어 그 문화들을 기독교적 관점으로 이해한다는 것은 단순한 일이 아니다. 한 예로 영국의 문화 연구가 레이먼드 윌리암스(Raymond Williams)는 "문화는 영어에서 가장 복잡한 두, 세 가지 단어 중 하나다."라고 말했다(Williams 1976:87). 영어에서 컬쳐(culture)라는 단어의 근원은 '경작하다, 개간하다'라는 라틴어 꼴로레(colore)에서 온 말이라고 한다. 따라서 문화란 하나님의 피조계를 인간이 경작한 결과라고 정의할 수 있다. 하나님의 창조와 인간의 헌신, 하나님의 인도하심과 인간의 노력이 어우러진 결정체가 바로 문화라는 개념이다. 문화는 이렇게 단순하게 단정 지을 수 있는 것이 아닌데 인터넷 문화는 기존의 일반적인 문화에 신종 매체인 웹을 덧입히는 개념으로 우리에게 다가온다. 예를 들면 한 나라의 문화가 있다면 그 문화 속에 연령별, 계층별, 지역별 문화가 있고 인터넷 문화 또한 웹 공간 내에서 각 영역별로 별도의 문화 그룹을 형성한다. 그런데 한 가지 특성은 오프라인상에서 보이는 세분화된 특성을 인터넷 문화 속에서는 보다 보편화된 상태로 접할 수 있다는 것이다. 웹상에서는 연령별, 성별, 계층별 차이를 크게 느끼지 못한다.

일반적인 문화의 개념에 대하여 쥬디 길리스와 팀 미델톤은 "특정 시대나 집단의 특수하고 다양한 삶의 방식으로서의 문화, 그런 삶을 가능하게 하는 지적, 정신적, 심미적 발전의 원칙으로서의 문화, 높은 교양과 깊은 지식, 세련된 생활 등 고급 가치를 만들어 내는 행위나 실천의 결과로서의 문화를 생각할 수 있다."라고 말하였다(Giles, Middleton 1999:10).

이러한 문화 이해는 인터넷 문화에도 또다시 겹쳐지듯 적용된다. 인터넷은 이제 인간 문화의 욕구 충족과 문화적 표현의 극대화를 위해 사용될 수 있는 새로운 도구로 자리 매김하였다. 따라서 문화적 접근의 필요성을 느끼는 그룹에서는 그 실용성이 최대한 인정될 것이고, 그렇지 않고 문화를 배척하고 사회의 악으로 규정하는 집단에서는 인터넷과 같은 도구가 그들의 윤리적 최전방 저지선을 위협하는 공공의 적이 될 것이다.

한 예로 아프가니스탄을 장악했던 탈레반 집단의 경우 문화, 특별히 서구의 문화를 말살하고 문명을 적대시하여 그들이 정권을 장했을 때에 나라 안의 모든 책을 불태우고 교육 시스템을 파괴하였다. 서구 문화는 인간의 적이라는 명분으로 인간이 가진 문화적 욕구를 파괴하고 국가 내 문화적 DNA를 모조리 제거하는 만행을 저지른 것이다. 이것은 비문화적, 야만적 행위였다. 따라서 일단 문화를 규정하는 행위 자체가 문화적인 행동이라고 할 수 있다. 선교적인 입장에서 선교지의 문화를 이해하는 데 어려움은 바로 진화론적 문화 이론을 적용하여 개발도상국 등 일부 선교지의 문화를 아직 진화되지 않은 원시의 것으로 이해하는 오류를 범한다는 점이다.

문화 인류학을 연구하는 과정에서 많은 데이터들이 서구 중심의 편협한 시각 가운데에서 이해 관점을 가져 편견과 오해로 진화론적 문화 이론이 창출되었음을 깨달아야 한다. 이러한 변화적 발견 가운데 보아스(Feanz Boaz)와 크뢰버(Alfred L. Kroeber)의 미국 역사주의와, 레비-스트로스(Claude Levi-Strauss)로 대변되는 프랑스 구조주의의 이론 등은 이전의 획일화된 문화 이론을 다른 관점으로 바라보게 하는 데 기여하였다. 이들의 주장에 따르면 "문화란 인간과 자연 사이의 상관적 활동의 결과이며 따라서 사람들 사이의 접촉의 결과이기도 하다."라고 정의하였다(Schultze 2000:45-55).

이러한 개념으로 볼 때 오늘날의 문화에 대한 이해는 단순하게 규정지을 수 있는 것이 아닌 인간의 삶 전체를 포괄하는 총체적인 개념이다. 새로운 이해의 문화 인류학은 정신적인 영역뿐만이 아니라 물질적인 면까지 총망라한 모든 광범위한 영역을 문화의 영역으로 포함시켰다.

따라서 우리가 일반적으로 가지고 있는 문화 선교라고 하는 개념은 다소 모호한 이해이다. 문화를 통한 선교 접근이라는 두루뭉술한 시도보다 세분화된 영역 분류가 필요하다. 특별히 인터넷 문화를 통한 각 나라의 인터넷 선교 접근은 그 고유의 웹 문화를 올바르게 이해하지 않고서 시행되어서는 안 된다.

인터넷 선교를 단순하게 기술자, 작가, 웹 디자이너의 관점에서 또는 선교사, 목회자, 그리스도인의 어느 한 관점에서 편협하게 시작한다면 어떠한 한계점에 닿게 될 것이다. 인터넷 문화라는 테두리만 볼 것이 아니라 그 내부의 복잡한 메커니즘과 유기적인 관계를 이해할 때 비로소 인터넷 선교를 위한 길이 열릴 것이다. 특별히 인터넷 문화는 전 세계적으로 문화

평준화 현상을 구축하여 계층 간, 국가 간, 연령 간의 차이를 축소하고 장애를 극복시키는 장점이 있다. 이 점을 적극적으로 활용해야 한다.

물론 이러한 요소가 때로는 단점으로 작용될 때도 있다. 실제로 인터넷을 통한 전 세계적인 저급 문화의 대량 양산에 우려를 표명하기도 한다. 이렇게 문화와 인간과의 사이에 긴밀한 상관관계가 있는 만큼 문화가 인간에게 주는 파급 효과도 크다. 이에 대하여 화란의 기독교 철학자 반 퍼슨(Van Person)은 문화라는 용어를 문법적으로 이해할 때 명사적 용어가 아니라 동사적 용어가 된다고 정의하였다(Gamst, Nordeck 1976:4). 문화는 생동감 있는 요소로서 고정되어 있지 않은 상태로 흐르고 변화하며 파장을 통해 인간의 삶과 정신, 생활 공간에 파급되는 효과가 크다.

따라서 인터넷 문화를 도구화하여 역동적인 파동을 선교적으로 활용하기 위해서는 보다 깊은 이해와 통찰력이 필요한 것이다. 인터넷은 누구나 사용할 수 있는 문화적 도구일 수 있지만 결국 아무나 사용해서는 안 되는 도구라는 뜻이다. 생동감을 가지고 활력을 주는 것이라면 좋겠지만 그 생동감으로 사람의 영혼을 죽이는 것이라면 이것은 위험한 요소가 될 수도 있다. 또한 공해 속의 또 하나의 공해로 존재하여 사람들에게 희망을 주기보다는 해악적 요소로 전락할 수 있다.

여기에서 결정적으로 중요한 것은 각 나라의 문화의 뿌리가 각 나라의 세계관과 직결된다는 것이다. 문화는 결국 각 나라의 세계관을 반영하고 그 세계관 안에는 인간의 삶을 위한 근원, 목적, 방향들이 담겨 있다. 따라서 종교가 다른 경우 문화가 다른 이유도 세계관 안에 담긴 관점의 차이, 이해의 차이, 삶의 목적의 차이 때문에 그러하다. 종교에서 비롯된 다양한 세계관으로 인해서 문화의 기반이 형성된다. 세계관에는 세상에 대한 관점과 세상의 관점을 만들기 위한 근원적 관점이 담겨 있다고 제임스 H. 알튀스(James H. Olthuis)는 세계관의 두 가지 요소에 대해 말하였다(Olthuis 1989:29). 즉 삶에 대한 이해를 하는 부분이 한 영역이라면 문화를 만들고자 하는 욕구와 그를 통해 생성된 전략이 세계관이 가진 특성이라고 할 수 있다. 웹 문화 속에서도 이러한 세계관의 이해는 그대로 적용되어 욕구가 분출되고 삶에 반영되고 있다.

폴 틸리히(Paul Johannes Tillich)는 종교를 인간 영혼의 가장 깊은 차원으로 이해하고 있다(Tillich 1959:7). 따라서 인간이 문화를 통해 종교적인 표현을 시도하려는 것은 어쩌면 당연한 것이다. 이것은 인간의 기본적인 욕구와도 일맥 상통하는 것이다. 모든 문화의 기본에 이러한 욕구가 있다고 가정할 때 현 시대의 세속 문화에는 이미 맘몬신의 경제적 욕구가 종교화되어 자리 잡고 있음을 간과해서는 안 된다. 이러한 욕구를 사탄은 교묘히 이용하는 것이다. 따라서 타락한 세속 문화 그리고 세속 문화의 선두에서 가장 활발하게 이용되고 있는 전 세계 인터넷 문화에 회복과 치유의 역사가 일어 온전한 세계관으로의 회기가 우선적으로 필요한 시점이다.

또한 인터넷 선교 영역이 성경적인, 선교적인 가치관 없이 무턱대고 시행되어 양적 팽창을 초래하여 세속적 웹 문화와 동일한 양상을 초래한다면 결과는 심각해진다. 양적 교회 성장주의에 물든 마음이 오히려 웹 사역과 선교를 통해서 때와 허울을 벗고 그 무게감을 줄여서 원래의 가치를 찾는 데 일조해야 한다.

2. 인터넷 문화-신학적 이해

문화를 이해하는 일반적인 입장에서 크리스천들은 보편적으로 세속 문화를 사랑해서는 안 된다는 생각을 하고 있기에 뉴스 이외에는 TV를 시청하지 않는다든지, 대중가요 등을 청취하지 않는 등의 거부를 통한 경건 운동을 벌이는 경우가 있다. 우리가 사랑할 것은 인간의 세속적 영역에 속한 것이 아니요, 웹상의 문화들도 아닌 본질적으로 천국에 쌓인 것인데 그것은 바로 하늘의 문화이다. 그 분명한 선 위에 우리는 견고히 서 있어야 한다.

세속 문화 자체는 소유를 금해야 하는 것이지만 우리가 가져야 할 건강한 하나님의 문화는 이미 믿음 있는 우리 안에 소유되어 있다. 창조의 능력을 가지고 계신 하나님께서 문화를 창조하셨고 하나님의 아들과 딸로서 인간은 물려받은 유산을 가지고 문화들을 형성하였다. 문화는 하나님의 영역이다. 웹 공간 또한 하나님의 영광스런 땅이다.

사회 윤리학의 세계적 석학인 리처드 니버(H. Richard Niebuhr)는 그의 저서 『그리스도와 문화』(Christi and Culture)를 통해서 기독교인의 문화 이해 관점을 크게 문화와 대립하는 그리스도로, 문화의 그리스도로, 문화 위에 있는 그리스도로, 문화와 역설적인 관계 속에서의 그리스도로 그리고 '문화의 변혁자'로서 예수 그리스도로 정의하였다. 첫 번째로 문화와 대립하는 그리스도가 바라보는 세상의 개념은 악의 세력 아래 점령되어 있는 영역으로서 암흑의 지역이며 빛의 나라 시민들 즉 크리스천들이 들어가거나 거해서는 안 되는 영역으로 구분될 수 있다(니버 1998:67). 그 예로 요한일서 2장 15절을 통해 "이 세상이나 세상에 있는 것들을 사랑하지 말라. 누구든지 세상을 사랑하면 아버지의 사랑이 그 안에 있지 아니하니"라는 말씀을 들을 수 있다. 세상은 거짓과 미워함과 불신과 살인으로 점철되며 고유의 특징을 지속하는 곳이다.

찰스 도드(Charles Harold Dodd)의 번역에 따르면 세상은 정욕과 천박성과 허영, 그리고 유물주의와 이기주의로 가득한 이교 사회(Dodd 1946:42)로 표현된다. 따라서 이렇게 선과 악이 확연히 분리되는 이원론적인 시각과 개념을 통해 크리스천이 세상과 그 안의 대중 문화를 이해할 때에 괴리감이 형성되어 신 수도원주의 운동을 주장하거나 세속 문화 사용금지 운동 등을 벌이기도 한다. 미디어 금식 등은 미디어를 단절함으로써 헌신과 묵상을 이끌어 내는 것이기에 완전한 세상 문화 차단을 위한 노력이 아닌 차원에서 한시적으로 이루어지는 것이다.

한국에서 기독교 문화 사역으로 큰 획을 그은 단체인 모 단체의 경우 기독교 문화 수립이 발전되어 있지 않던 초기 무렵부터 세속의 문화에 대한 경고의 메시지를 던지고 세상 문화를 기독교 문화로부터 차단하는 역할을 담당해 왔다. 그러나 최근 『사단은 대중 문화를 선택했다』라는 책을 집필하지만 않았어도 오히려 치우치지 않은 마음 가운데 기독교 내 문화적 적응력과 기독교 문화 개발이 현재보다 많이 이루어지고 문화에 대한 이해가 현재보다 성숙해졌을 것이라고 대표는 회고한다.

단체 시작의 취지는 좋았지만 공격적 전투적인 슬로건 등이 세상의 문화와 기독교 문화를 보다 부드럽게 어우를 수 없게 했던 아쉬운 부분이다. 분명히 그리스도의 정신과 세속 문화는 물과 기름처럼 융합될 수 없다. 그러나 등지고 가는 듯한 모습의 결과로, 문화에 대립한 그리스도 운동으로 말미암아 일어난 해결하기 곤란한 문제는 자연의 창조주, 역사의 지배자, 그리고 피조물에 내재한 영과 기독교인 공동체 안에 있는 영, 이런 이들과 예수 그리스도와의 관계성에 문제가 생겼다는 점이다(니버 1998:103). 예수 그리스도 사랑의 카테고리 밖에 놓여지거나 버려지는 영혼은 결코 존재하지 않는다.

두 번째로 문화의 그리스도로 이해하는 입장이다. 이것은 문화를 적용시키는 데 있어서 마치 카멜레온과 박쥐와 같은 모습으로 문화의 최고 가치를 기독교 이상과 동일시하거나 조화시키고자 하는 관점이다. 리처드 니버(Richard Niebuhr)는 문화적 그리스도인은 반문화적 그리스도인이

흑백 논리로 세계를 보고 배척하고 분리하는 것과 달리 대범하게 받아들이는 것이 큰 장점이라고 이해하였다(신국원 2002:102). 사랑과 포용의 그리스도는 결코 문화와 등을 지고 있는 분이 아니라 대중과 대화하고 호흡하며 대중과 함께 음식을 나누고 그들의 언어로 이야기하며 그들이 이해하기 쉬운 문체와 대화 내용을 채택하시는 분이다. 이러한 모습이 바로 세상의 문화와 적절히 융합된 그리스도의 모습이다. 어쩌면 성육신적인 그리스도의 모습을 말하고 있는지 모르겠다.

이러한 시각 속에서 사회와 대중 문화와 소통하는 그리스도는 세상의 문화 속에서 큰 긴장감을 가지고 있지 않다. 그러한 선택은 자유와 보편성에 대한 개념이지 결코 방종이 아닌 것이기 때문에 비난의 여지는 없다. 물질은 세속적인 것으로 여겨 크리스천들이 등한시할 것이 아니라 세상 속의 상업적 흐름 속에서 균형과 조화를 이룰 때 건강한 영향력이 형성될 것이라고 본다.

그런데 이러한 이론은 일부 크리스천들뿐만 아니라 비기독교인들까지도 반대론을 제기했다. 문화적 기독교가 목적하는 바가 불신 사회 특히 어떤 다양한 그룹 즉, 지식층, 정당, 예술가 그룹 또는 근로계층 등에 복음을 전파하는 것이라면 결국에는 어중간한 입장을 취할 수밖에 없게 된다. 아무리 그리스도의 문화를 그러한 보편적인 계층에게 적용시키려 해도 그리스도와 그의 십자가의 거침돌은 세상 문화 속에서 보편화될 수 없다.

아무리 노력해도 두 개의 그림이 결코 하나로 어우러지지 않는다. 그러므로 문화적 기독교인도 결국 다른 모든 기독교인들이 부딪히는 한계선인 세상과 싸우는가 아니면 세상과 짝하는가 하는 결단의 영역에 봉착하지 않을 수 없다(니버 1998:138). 니버는 애매모호한 문화적 기독교가 오히려 극단적 기독교보다 사람들을 위험하게 인도하여 예수 그리스도의 제자로 삼는 데에 더 약점을 갖게 한다고 말했다. 실제로 이러한 맥락의 이해는 자유주의자들, 근본주의자들 예를 들면 바르트(Karl Barth) 같은 학자들뿐만 아니라, 듀이(John Dewey)와 같은 실용주의자에게도 배척을 받았다(신국원 2002:103).

세 번째로 문화 위에 존재하는 그리스도로서의 이해이다. 이 시각은 문화와 등지고 있는 그리스도로서의 모습도 아니고 문화와 함께 융합된 그리스도의 모습도 아닌, 흑과 백 어느 편에도 서지 않는 일종의 회색적인 사고를 가진 그리스도로서 이해를 하는 것이다.

이 유형의 특징은 기독교와 문화를 이것 아니면 저것이라는 극단적인 택일로서 규정하는 것이 아니라 둘다의 관계로 보는 어중간한 견해이다. 즉 그리스도께서는 양쪽의 문화 위에 서 계시며 양방향 모두의 입장을 이해하시는 분으로 묘사된다. 여기에서 문화는 하위에 두고 기독교가 확고히 우위를 차지하는 한 양자를 긍정하고 종합하려는 시각이다.

예를 들어 중립적 교회(the Church of the Center)는 반문화적 극단주의자와 문화에 그리스도를 적용시키려는 문화주의자 쌍방 모두의 의견을 거부해 왔다(니버 1998:150). 이러한 중립성에서 발생한 신념 중 하나가 극단적인 위치를 배격한 가운데 어찌 되었든 하나님께 복종해야 한다는 원리이다. 이러한 견해는 하나님의 융통성(flexibility)과 인간의 우유부단함 사이에서 갈등하는 모습이라고 할 수 있다.

이러한 이해를 통해 종합적으로 탄생한 문화는 기독교의 이름으로 옹호되고 세상 문화에 대한 무비판적 차용은 많은 부작용을 야기하였다. 미국의 역사가 마크 놀(Mark Knoll)은 『복음주의 지성의 스캔들』이라는 저서를 통해서 개신교는 세상적인 것과 신앙적인 것을 구분한 후 전자는 세상에 맡기고 교회는 복음 전파에만 매달렸다고 말했다. 이는 문화를 세상에 내맡긴 것이요, 결국은 기독교의 지성도 세상에 의해 형성되는 결과를 초래하게 된 것이라고 지적했다(신국원 2002:113). 교회는 대중 문화를 비판하면서도 실제로는 수준 있는 고급 문화보다 쉽게 창출되고 많은 사람들에게 적용 가능한 대중 문화를 차용해 왔다. 실제로 교회 문화는 격조를 표방했지만 결국 모양새는 대중 문화에 더 가까웠다. 결과적으로도 세상 위에 군림은 하지만 실제적으로 변화시키지는 못하는 모델이 되었다고 말할 수 있다.

네 번째는 문화와 역설적인 관계 속에서의 그리스도와 문화를 이해하는 관점이다. 여기서는 그리스도와 문화 양자의 이중적, 불가피적인 권위를 인정하는 개념이다. 그러나 동시에 양자 간의 상반성도 긍정적으로 평가하며 결국 하나님의 초자연적 구원을 바라며 갈등을 이기라고 격려하는 입장이다.

이러한 어중간한 입장을 니버는 '위대한 양서류'라고 명명하였다. 이 세상에는 세상의 문화와 그리스도의 문화가 공존할 수밖에 없으나 선을 향한 기로 가운데 믿는 자들이 선택의 포인트를 가지고 있다는 견해이다. 니버는 이 유형의 그리스도인들을 이원론자라고 부르며 행위를 '본질'과 '방법', 두 가지 방향으로 구분하였다. 이원론자들이 문화 생활 안에서 준수해야 할 법칙은 교회와 독립적이어야 제대로 기능을 발휘할 수 있다고 믿는다(신국원 2002:114-115). 교회에서는 교회의 법대로 세상에서는 세상의 법대로 살아가는 원리이다. 이원론에 대한 결론으로 일시성 또는 유한성을 죄와 긴밀하게 관련시킴으로써 창조와 타락을 매우 가깝게 접근시켰다는 점이다(신국원 2002:119). 현재 한국의 기독교인들이 가장 갈등하고 있는 부분이기도 하다.

마지막으로 문화의 변혁자로서 그리스도를 바라보는 견해이다. 이 입장은 이원론과 달리 창조를 구속의 서론 정도로 여기지 않고 본질적 성경의 주제로 이해하는 데서 기인한다. 이러한 창조론은 신학적으로 구속 사역과 창조 사역을 동등하게 이해한다. 예수 그리스도는 구속자이심과 동시에 창조자의 일원이 되는 것이다(신국원 2002:125). 그리고 그리스도를 각자의 문화와 사회 안에 있는 인간을 변혁(conversion)시키는 분으로 이해하는 시각이다. 그는 인간을 향해 문화에서 떠나라고 말씀하시는 분이 아니라 문화를 떠나서는 자연도 없으며 사회를 떠나서는 인간이 스스로 회심하거나 우상 숭배의 길에서 벗어날 수 없다고 말씀하시는 분이다. 즉 세상의 문화 속에서만이 건강하고 참된 선택과 신앙의 정도를 걸을 수 있도록 도움을 받는다는 원리이다(신상언 2000:317).

우리는 이와 같은 세상의 문화를 이해하고자 하는 견해들 속에서 선교를 위한 긍정적인 방향과 융통성 있는 실제적 전략을 찾아야 한다. 때로는 세속적인 문화를 배격하는 가운데 찾아야 하는 것이 바로 잃어버린 하나님의 인터넷 문화이다. 때로는 복음이 세상의 옷을 입고 나갈 수 있는 것도 하나의 원리이다. 여러 가지 검증 앞에 겸손하고 비판하거나 판단하려 하지 않는 마음을 소유하려는 실제적 행동이 선행되어야 할 것이다.

3. 선교를 위한 문화 이해

지난 수년간 상황화(contextualization)라는 말은 토착화(indigenization)나 적응(adaptation)이라는 말보다 더 선호되었다. 토착화라는 말은 기독교의 메시지를 전통적인 문화 양식과 연계시키려는 경향이 있는데 이것은 젊은 세대들의 세계화, 현대화와 충돌을 일으킨다. 현재 한국에 뒤늦게 토착화의 개념을 가지고 국악 찬양을 예배에 도입하려 한다면 젊은이들은 반발하게 될 것이다. 이것은 오히려 시대에 역행하는 시도이다. 선교사의 문화에 수용된 복음이 다시 선교지로 전달되는 개념으로 '적응'이라는 말은 가치를 잃게 된다. 상황화라는 용어는 복음이 과거에 형성되었지만 동시에 미래를 바라보는 총체적 맥락 속에 위치한다는 특징이 있다(뉴비긴 2005:11).

원래 인간의 문화는 각 나라별 문화로 구별되던 것이 아니었지만 언어의 변화로 지역적 흩어짐을 경험하게 되었고 그로 인해 각 지역별 문화가 형성되게 된 것이다. 그러나 이러한 개념 가운데 각 민족들이 가지고 있는 신의 개념이 하나님의 개념과 동일하다고 볼 수는 없다. 문화를 이해하되 문화 이해를 구실로 한 종교적인 혼합주의가 존재해서는 안 된다.

어떤 크리스천이 불교 신자이었다가 개종을 하고 말하기를, 자신이 비록 불교 신도이었지만 늘 마음 속에는 하나님께 소원을 빌었다고 말하며 자신이 막연하게 하나님에 대한 믿음을 소유하고 있었다고 말했다. 하지만 그의 삶 가운데 말씀을 통한 회심이 없었고, 말씀을 통한 회개가 없었기 때문에 삶에서 변화가 나타나지 않았다. 막연히 신에게 의지하고자 하는 갈급함만이 있었던 것이다. 그것은 믿음이 아니다.

이렇게 광범위한 믿음의 확신 가운데 막연히 신을 경외한다 하여 그것이 하나님에 대한 열망이라고 할 수는 없다. 지성적 믿음은 말씀을 통해 일어나며 그를 통해 열매가 있고 변화가 수반된다. 변화 없고, 열매 없는 믿음은 참 믿음이라고 할 수 없다. 물 한 그릇 떠 놓고 그저 복받기를 비는 것은 기복신앙적 행위이다. 이러한 이해를 통해 각 나라별로 우상들이 존재하는데 이것이 결국 하나님의 한 원류라고 이해하는 것은 부적절하다. 그러한 신들을 통해 벌어진 것은 대량의 살육이고 타락이다. 인간을 살리는 영이 아니라 죽이는 영인 것이다.

열매가 아닌 인간을 파멸시키는 문화가 그러한 신들, 악한 영들을 통해 형성되어 왔다. 결코 하나님의 형상이라고 이해할 수 없는 이미지를 하나님의 자리에 대입시킬 수는 없는 것이다. 그리고 그러한 형상들은 인터넷 세상에 광범위하게 만연한 채 달콤한 이미지로 변모되어 인간의 영혼을 파괴하고 있다.

이 시점에서 상황화를 위해 노력하고 선교지를 포용하는 선교적 입장과 자세를 이해하는 데 있어서 깊이 있게 생각해야 하는 과제가 있다. 그것은 바로 일반인들이 현장 밖에서는 결코 이해할 수 없는 그 선교적 상황과 입장에서 복음 전파를 위한 이상과 개념, 문화와 삶의 패턴에 대한 포용의 한계가 어디까지이고, 받아들이고 품을 수 있는 구체적 행동 양식이 무엇인가 하는 것이다. 그 선교적 입장이란 것은 결코 약삭빠른 융통성을 발휘하라는 입장은 아닐 것이다. 크리스천은 어떤 상황에서든지 순결하고 정의로워야 한다.

그런데 융통성의 이름으로 애매모호한 선교적 입장, 너그러운 문화 포용 정책, 정책 잃은 상황화라는 것이 때로는 선교를 더 어렵게 만들 수 있다. 결국 선교 정책은 영토 확장에 있는 것이 아니라 한 영혼이라도 온전히 믿을 수 있도록 하는 배려 가운데 진실된 열매를 기대하며 준비되는 것이기 때문이다. 따라서 세속 문화 수용을 통한 기독교 문화 전수에 대해서는 깊은 지혜와 뛰어난 순발력이 수반되어야 할 것이다.

내부자 운동은 무슬림의 신분을 변경하지 않고 자신이 살아온 공동체 속에서 단지 그리스도를 믿으며 이전 그대로의 무슬림으로 살아가는 삶의 형태를 뜻한다. 인도네시아의 경우 종교의 자유는 있지만 포교의 자유가 없으며 무슬림이 개종을 하게 되면 자신이 살던 고향과 삶의 터전을 떠나는 제약을 받게 된다. 하지만 이러한 제약 때문에 예수 그리스도를 믿는 것을 감추는 것을 어떻게 이해할 것인가? 문화적인 이해를 위해서라면 하나님에 대한 기도 방식이 다르고, 물려받은 종교적 유산이 다름으로 인해 행동의 차이가 있을 수 있다. 그러나 접근 방법에 있어서 우리의 믿음을 시험하는 것은 중요하다. 웹 선교, 인터넷 선교를 시행하는 데 있어서도 이러한 선은 분명히 그어져야 할 것이다. 그들의 옷을 입는 것과 중요한 핵심 가치를 잃지 않는 일 사이에서 분명히 지켜져야 할 선이 있다.

4. 영적 이해-영적 리더십

인터넷 선교를 이끄는 영적 지도자는 자신의 공동체 속에서 인도해야 하는 다양한 사람들을 만나게 될 것이다. 멘토가 멘티를 스스로 선택하는 경우도 있겠지만 소위 성령께서 인도하시는 사람을 붙여 주시는 영적인 과정을 통해 자연스럽게 관계가 형성되고 관계가 지속된다. 교회 성장은 질적 성장, 양적 성장, 개척 성장 및 선교적 성장으로 정의 내릴 수 있다. 우리는 무조건적인 성장을 추구하는 것이 아니라 하나님께서 받아들이실 수 있는 납득할만한 성장을 이루어야 한다. 무조건적 성장이 긍정적인 것만은 아니기 때문이다.

지난 20-30년간 미국 교회에서는 교회 성장 운동의 바람이 불었고 이 운동의 핵심 사항인, 달라진 세상에 적합한 방식으로 복음을 전해야 한다는 취지에 따라 심리학, 경영학 기술, 첨단 과학 등을 도입하여 전도를 활성화하고 부흥시킨다는 이론을 체계화하였다. 이에 발맞추어 교회들은 각종 다양한 이벤트와 프로그램을 개발하였고 미디어의 발전으로 TV, 위성, 인터넷을 통해 대중 문화의 형식을 따른 찬양 집회 등이 변화를 가속화하였다. 하지만 이러한 외부적인 성장과 그를 위한 연구 이면에는 인간이 성장하는 데 있어서 영적, 지적, 사회적, 신체적 영역이 균형 있게 발전하는 것을 건강한 성장이라고 믿는 이해가 존재해야 한다.

영적 지도자에게는 이러한 이해가 바탕이 되어야 한다. 또한 예상치 못했던 각기 다른 계층, 연령, 성별, 다른 문화적 배경, 가족 배경, 학력, 지적 능력, 감각, 재능, 직업, 언어 등을 소유한 또는 사용하는 사람들을 인도하기 위해서는 인터넷 선교를 효과적으로 이끌기 위한 영적 지도자가 소유해야 할 덕목에 대해 생각해 보아야 한다. 예영커뮤니케이션의 김승태 대표는 글로벌 리더십들이 가져야 할 덕목을 아래와 같이 소개한다.

① 흉내만 내지 말고 국제화에 대한 피상성을 넘어 제대로 준비하라.
② 글로벌 리더가 되려면 설득 커뮤니케이션에 능해야 한다.(언어감각, 말하기, 읽기, 쓰기, 에티켓을 터득하라)
③ 자신의 전공 분야에 있어서 실력 있는 전문가가 되라.
④ 자기 인생의 구경꾼이나 조연이 되지 말고 주인공이 되라.
⑤ 비좁은 국내의 기업에만 취업에 열 내지 말고 세계를 보라.
⑥ 글로벌 리더가 되기 위한 파워 네트워킹을 구축하라.
⑦ 우리의 인생은 기회의 바다이다. 인생은 도전하는 자에게만 기회의 문을 열어 준다.

여기에 더불어 가장 중요한 것은 지도자가 영적인 상태를 건강한 상태로 유지하는 것이고 다양한 경험과 내가 모르는 지식을 위한 탐구 그리고 편협하지 않은 시각을 통한 포용력을 갖는 것이 수반되어야 한다는 것이다. 그러한 노력은 현대 기독교 문화와 언어만을 주장하고 고집하는 편협한 영적 지도자가 되지 않도록 도움을 주는 길이다.

특별히 이러한 마음은 전방개척 선교지의 '미전도 종족(Unreached People)'들을 위한 배려가 될 것이다. 그러한 건강한 균형이 기반된 가운데 각 사람들의 생각과 상황의 각 분야를 올바로 인도할 수 있을 것이다. 그리고 하나님의 기름 부으심이 배려된 관계 속에서 조화롭게 흐를 수 있도록 해야 할 것이다.

　영적 리더십을 통한 하나님의 기름 부으심은 크건 작건 형성된 공동체가 서로 간의 아름다운 관계로 변화되는 것이 증거가 될 수 있고, 이를 통해 우리는 격려받고 관계를 지속할 수 있다. 그 아름다운 변화는 반드시 하나님의 뜻 안에 있는 향기이어야 할 것이다. 현대 기독교 선교계에서 종합적 해답이 부재한 이유에 대해 문화에 대한 이해가 부족해서 인지, 의식이 부족해서 인지 명확한 해답을 찾을 수 없다. 하지만 긍정적인 것은 이러한 새로운 방향에 대해 관심을 갖기 시작하고 마음을 열고 손가락을 바라보는 것이 아니라 그 손이 가리키는 방향을 바라보려고 한다는 점이다.

5. 적합한 교회 이해

1) 성경적 교회로

　무슬림 전문 선교 단체인 프론티어스의 창설자 밥 쇼그렌(Bob Sjogren) 목사는 "고양이와 개의 신학(Cat and Dog Theology)"에 대한 세미나를 진행하고 있다. 이 신학은 간단한 농담에서 근거한다. 요약하면 개는 '당신이 나를 귀여워하고 먹여 주며, 보금자리를 주고 사랑해 주는 것을 보니 당신은 신이군요.'라고 생각하고 고양이는 '당신이 나를 귀여워해 주고 먹여 주며, 보금자리를 주고 사랑해 주는 것을 보니 내가 신인 것이 분명해.'라는 견해차를 보인다는 것이다(목회와 신학 2006,9:43). 이 이야기를 통해 우리는 하나님에 대한 우리의 신앙관을 점검할 수 있다. 예배는 하나님을 위한 것이다. 예배가 진정으로 지향하는 대상과 목적은 바로 그리스도의 구속 사건에서 절정에 이른 하나님의 구원의 역사에 대한 감사와 찬양이다. 그런데 요즘의 소위 구도자 예배는 인간 중심, 즉 인본주의적인 색채가 강하다. 구도자들을 위해 성만찬이 사라지고 인기 없는 예전적 예배를 대신하여 쇼(show)와 같은 예배가 드려지고 있다. 이에 우리는 본질을 잃지 않고 구도자들을 배려할 수 있는 예배를 디자인해야 한다.

현대 교회의 세 가지 대표적인 요소로 예배, 양육 그리고 성도 간의 교제를 들 수 있다. 현대의 크리스천은 실제로 교회의 구성 요소를 건물 자체로 보는 것이 아니라 교회라는 이름으로 이루어지는 실제적인 사역과 영적인 교류를 교회의 요소 또는 내용이라고 간주하고 있다. 어떠한 시각에서는 교회의 요소를 외형적 요소로만 의미를 최소화하여 다소 편협하게 이해해 왔다.

한국 교인들의 이상에 맞는 붉은 지붕과 높은 종탑이 있는, 커다란 네온 십자가가 세워진 건물, 나무 현판이 문 앞에 걸린 모습을 교회라는 개념으로 이해하여 선교지에 한국형 교회 건물을 세우는 것을 선교적인 사명으로 생각하던 시절도 있었다. 필자 또한 부친께서 개척 교회를 시작하신 20살 무렵 종탑을 세우고 나무 현판을 교회 문 앞에 걸 때의 감동과 눈물을 기억한다. 그것은 분명 감격의 시간이었다. 그러나 20년도 더 지난 지금 되돌아 보면 그것이 무슨 감격이었나 생각된다. 그 지역에는 이미 20개도 넘는 교회가 세워져 있었다.

실제로 교회는 두세 사람이 모인 곳이라도 예수 그리스도의 이름을 증거하고 하나님의 일을 도모하는 곳이라고 할 수 있다. 이러한 개념에서 교회 건물의 외형적인 요소를 통해 교회의 개념을 제한시키는 것은 지극히 비성경적인 이해라고 할 수 있다. 성경 어디에도 교회 건물 건축을 위한 구절은 없다. 구약의 성막과 성전에 대한 구절을 교회 건물 건축을 위해 갖다 붙여서는 안 된다. 교회 건물이 없다고 교회가 존재할 수 없는 것은 아니다. 성경에서 가르치는 최초의 교회는 예수님의 주변에 모여 앉아 음식을 나누는 식탁 공동체에서 비롯되었다. 교회는 말씀을 나누고 교제를 나누는 일을 위해 기능적인 서비스를 제공하는 곳이면 적합할 것이다. 회당 개념, 성전 개념의 교회, 초대 교회 이후의 신약적 교회의 외형적 모습은 시대에 맞추어 다소 변모되어 왔다. 새로운 교회를 이해하는 개념으로 볼 때 'Worship Service'라는 말은 맞지 않는다. 이것은 예배를 신자의 모든 삶 속에서 추구하게끔 하는 것이 아니라 주일에 한 번 교회에 나와서 에너지를 공급받게 만드는 모습으로 한정시키기 때문이다. 그보다는 '예배 모임(Worship Gathering)'이라고 표현하는 것이 더 적합하다. 이 말은 주일 예배가 세상 가운데 흩어졌던 예배자들의 모임이라는 개념을 준다(Kimball 2004:2).

현대 교회도 외형적으로는 지극히 시대에 부합하는 적합한 모델로서 같은 한국 교회 커뮤니티 내에서도 현재에는 다양한 외형과 구조의 교회들이 건축되고 지향되고 있다. 한 예로 학교 강당이나 체육관과 같이 기능적이면서 경제적인 건물을 임대하여 운영하거나, 기능적 구조의 설계를 통해 문화 공간과 체육 시설을 설비하여 지역 사회에 공헌하는 다각적인 교회가 늘고 있다. 교회 건물을 통해 예배하고, 양육하며 각종 사회 공헌적인 프로그램을 통해 사역을 섬기는 교회가 늘고 있다. 이제는, 교회를 건물로만 생각하는 고정관념을 버리고 창의적이고 실용적인 형태를 추구하는 교회들이 늘어나고 있는 상황이다. 이머징 교회 운동이 비판하는 모던 교회의 특징은 3 B's(building, budgets, and bodies)로 건물, 예산, 거대한 몸짓을 들 수 있다(Kimball 2004:15). 이제는 그러한 모던 교회적 사고에서 벗어나야 한다.

분명 교회라는 개념은 공간을 뛰어넘는 영적인 공간의 개념으로 우리는 이해할 수 있다. 또한 세상으로 찾아가는 교회의 개념이 있을 수 있다. 서울 온누리교회의 경우 M2라는 소위 잘나가는 나이트클럽을 청년 공동체에서 임대하여 정기적으로 주일 예배 사역을 섬긴 경우가 있다. 그곳은 외형적으로는 나이트클럽의 모습을 하고 있고, 각종 퇴폐적인 흔적을 가지고 영적으로도 혼탁한 지역이었다. 그러나 교회 공동체를 세움으로 외형적으로는 교회의 모습이 아니지만 교회가 있어야 할 곳의 정의를 우리에게 알려 주는 사례라고 할 수 있다. 영적인 교회를 혼탁한 지역 가운데 만들어 감으로 교회의 역할을 다시 한 번 생각하게 하고 도전 의식을 고취시키고 있다. 그곳은 나이트클럽이지만 교회였다. 교회는 믿는 자보다 믿지 않는 자를 위한 공간으로 배려되어야 한다.

또 다른 사례로 커피 체인점인 스타벅스(Starbucks)에서의 성경 공부도 찾아가는 교회, 지역 사회에 스며드는 교회의 모습으로 새로운 모델을 제시한 예라고 볼 수 있다. 이러한 현 시대 추세 가운데 인터넷 교회를 단순하게 교회에 대한 외형적 정보를 주는 곳으로만 생각하기보다는 각각의 성도들을 웹을 통한 멘토링으로 찾아가서 양육하는 개념으로 생각한다면 다양한 교회의 모델을 제시할 수 있다.

이머징 교회의 특징 가운데 한 가지는 웹 사이트 목회에 관련한 것이다. 현재에도 수많은 기독교 사이트들은 교회로서 역할을 감당하기 위해 만들어져 있다. 웹 사이트를 통해 말씀과 상담, 교육을 위한 각종 자료들이 제공되는 가운데 이와 더불어 웹을 통한 개인들의 멘토링을 시행할 때 현대인의 상황을 고려한 긍정적인 교회 모델을 개발할 수 있게 된다. 사회 구조의 변화와 각 가정의 맞벌이 시대에 이미 사라진 노방전도와 구역예배의 개념을 이제는 웹상에서 추구하고 웹 교회를 통해 모더니즘 시대에 맞추어진 습성을 포스트 모더니즘 시대에 맞게 대처하는 방안을 제시해야 한다.

2) Web-Church의 원리

　웹이 교회가 되는 첫 번째 원리로 말씀이 중심이 되는 웹 사이트를 근거로 들 수 있다. 이머징 교회 목회자들의 설교 방법은 내러티브, 즉 이야기 방식이다. 이에 크리스 씨아이(Chris Seay)는 목사를 이야기꾼이라고 표현하였다(Seay 79). 웹 기술의 개발과 저장 매체의 개발을 통해 이제는 동영상 같은 콘텐츠를 대중에게 전달하는 것이 쉬워지고 그 속도도 빨라지고 있다. 인터넷을 통한 예배의 실시간 중계로 서로 은혜를 폭넓게 나눌 수 있고 또 인터넷상의 성경 공부 콘텐츠 등으로 영적 교육 효과를 높일 수 있다. 최근에는 말씀을 더욱 쉽게 이해하도록 돕는 각종 자료들이 웹 콘텐츠로 전환되고 있다. 어린이들에게는 게임 형식의 성경 공부 프로그램들이 개발되고 있다. 이렇게 성경 말씀을 보다 알기 쉬운 방법들로 전개해 전달하는 점은 웹 사이트를 교회로서 인정할 수 있는 근거가 된다. 말씀을 보다 쉽게 대중들과 나누는 채널이 되는 것이다.

　두 번째로 예식을 섬길 수 있는 방법이 있다. 웹상에서 지도하는 매뉴얼에 따라 성만찬과 같은 예식을 웹상에서 함께 섬길 수 있다. 한 예로 성만찬과 같은 경우 인터넷 교회의 예배에 참석하는 성도가 인터넷에 접속 가능한 어느 지역에서든 성찬을 위한 떡과 잔을 미리 준비하여 웹상에서 진행되는 웹 공동체의 성찬식 순서에 맞추어 예배를 드리며 예식을 섬길 수 있다는 원리이다. 전방개척지와 같이 종교의 자유가 제한되는 지역의 가정 교회 성도들도 웹 공동체가 함께 하는 성찬 예식에 동참할 수 있다. 예수 그리스도를 기념하는 일이 오프라인상에서 점차 소홀해지는 것은 안타까운 현실이다.

　세 번째로 교제가 이루지는 웹 교회로서의 원리이다. 웹상에서 성도들은 서로를 격려하는 댓글, 리플(reply)을 통해 교제를 나눌 수 있고 이러한 나눔 같은 상호 작용을 통해 실제적인 영적 분위기를 형성하게 된다. 시간과 공간의 제약을 받지 않는 상호 커뮤니케이션을 통해 성도들은 영적 격려와 위로를 받을 수 있다. 이러한 사역을 위해서는 전문적인 기술이 요구되는 것은 아니지만 웹에 대한 어느 정도의 이해와 예절, 교회로서 웹 사이트에 대한 기본적인 지식이 보유되어야 하고, 웹상에서의 영적인 공격 및 영적인 충만감에 대한 이해가 분명해야 한다. 그래야 실제적인 사역이 이루어질 수 있다.

네 번째로는 양육이 이루지는 영역으로서의 웹 교회이다. 일반적으로 이멘토링(E-mentoring)으로 알려져 있는 온라인 멘토십은 학교에서 교수와 학생 간에 전자 디바이스를 근간으로 한 커뮤니케이션을 통해 지도하고 지도받는 시스템을 말한다. 보통 이메일을 통해 정보를 주고받는 규모로 전자 멘토링(electronic mentoring) 시스템이 통용되고 있으며 주로 강의를 일방적으로 수강하는 데 익숙한 레벨(level)보다는 스스로 리서치(research)하면서 학업하는 학부 이상, 상위 레벨의 학업 단계에 이러한 시스템이 적용되고 있다.

교회의 웹 멘토링 시스템은 교육적 웹 멘토링과는 달리 웹 사이트를 통해 영적 양육을 추구하는 것으로 이메일을 통해 멘토링을 하는 것보다 섬세한 서비스를 멘토와 멘티들에게 제공할 수 있다는 장점을 가지고 있다. 사용자들은 웹 사이트를 통해서 원활한 웹 멘토링을 위한 각종 카테고리와 정리된 데이터베이스(data-base)를 제공받을 수 있다.

웹 멘토링 데이터베이스는 사용자들의 멘토링 히스토리(mentoring history)를 통해 오픈 퍼블리싱(open publishing)된 자료로 연구를 겸할 수 있게 함으로 보다 객관적인 지도와 영적 에너지를 공급받을 수 있다. 또한 웹 멘토링의 장점으로 시간과 공간의 제약을 받지 않는다는 점이 있어 앞으로 변화하는 시대 속에서 일대일 양육 시스템 등을 실제적으로 활성화할 수 있는 기반이 된다.

　네 번째로 전도와 선교가 이루어지는 영역으로서의 웹 교회이다. 선교지, 특별히 전방개척 선교지에 우리가 생각하는 개념과 외형을 가진 오프라인 교회를 설립하는 일은 이미 불가능한 일이다. 법적으로 교회 설립 자체를 금지하는 국가에서 복음 전파와 선교 활동이 공식적으로는 불가능한 것이라고 말할 수 있다. 그러나 실제적으로 그러한 국가에 거주하지 않아도 전도와 선교를 할 수 있는 시스템이 있는데 그것이 바로 인터넷 교회의 개념이라고 할 수 있다. 그리고 이러한 인터넷 교회는 사용자들이 접속을 스스로 선택할 수 있는 여지가 있기 때문에 내부자 운동과 같은 윤리적 문제에 봉착할 필요 없이 떳떳하고 당당하게 전도용으로 사용될 수 있다.

　선교지에서는 어떠한 기독교적 주제나 도움을 주기 위해 자발적으로 제작 운영되는 소위 "사이버 사랑방" 사이트가 존재한다. 사람들은 깊은 관심을 가지고 자신들의 언어로 운영되는 사이트에 접속하고 스스로 참여하였다. 그것이 자국의 사람이 운영하는 사이트이건 그렇지 않건 상관이 없다. 사람들은 그곳의 온라인상의 모임을 통해 정기적으로 이메일을 주고받고 각자의 글에 답글을 달고 스스로도 정기적으로 글을 올리기 시작하였다. 그 안에서 서로를 위한 치유의 역사가 일어나고 격려와 감동이 넘쳐나기 시작했다. 이러한 모임은 더 확장되어 그 나라 각 지역의 관심 있는 사람들이 모이기 시작했고 가끔은 다른 나라의 사람들이 참여하기도 하였다. 이러한 사이버 사랑방을 통해 이전에는 발견할 수 없었던 진정한 제자도를 느꼈다고 고백하는 사람도 있었다. 영성 있는 사이트가 만들어졌고 웹을 통한 영성은 지속되었다. 이 사이버 사랑방은 현재에도 활발히 운영 중이다.

이렇게 현지인들의 언어와 문화 그리고 현장의 웹 문화를 이해한 상황 가운데 교회로서의 역할이 가능한 웹 멘토링 시스템을 통해 원격으로 제자를 양육하고 영육 간의 강건함을 위한 지혜와 지식 그리고 영적 에너지를 장기적으로 제공할 수 있다. 이러한 근거를 통해 웹 교회는 선교사의 보안 및 이용자의 권리를 보호하고 존중하면서 운영될 수 있는 탁월한 수단으로서의 신 개념 교회라고 할 수 있다. 또한 선교를 위한 재정 남용을 막고 현장에 이양할 수 있는 사역 형태를 충분히 구현할 수 있다.

3) 웹 멘토링을 통한 교회 개척 운동

미국 파사데나(Pasadena)에 위치한 풀러신학교의 선교대학원 은퇴 교수인 로버트 클린턴(J. Robert Clinton)은 그의 저서 『관계』(Connecting)에서 멘토링은 한 사람이 다른 사람에게 하나님께서 주신 자원들을 나눔으로써 영향을 끼치는 일종의 관계적인 경험이라고 정의하고 있다(박건 2006:12). 이러한 시각에서 멘토링은 일정한 관계에 의하여 한 사람이 다른 사람에게 장기간 또는 단기간 규칙적 혹은 불규칙적인 모든 관계를 포함하여 영향을 끼치는 과정으로 정의 내릴 수 있다.

멘토링은 멘토십(mentosrhip)으로 불리기도 하고 리더십(ladership), 제자도(discipleship), 펠로십(followership)으로 언급되기도 하며 같은 범주에서 연구되기도 한다. 멘토링은 일반 기업, 학계 등에서도 사용되는 지도 방법으로 교회에서는 제자 훈련으로 자리매김되고 있다. 또한 멘토링은 집중적 그리고 간헐적 멘토링으로 구분될 수 있으며, 집중적 멘토링은 어떠한 프로그램을 통한 구체적인 멘토링 시스템을 기반으로 하고 간헐적 멘토링은 관계 형성을 근간으로 한다. 여기서 교회는 구체적인 집중적 멘토링 시스템을 구축할 수 있는데 이러한 시스템을 웹상에 구축할 경우 웹 멘토링 시스템이라고 정의할 수 있다.

쉽게 교회의 웹 멘토링 개념을 설명한다면 어떤 집단을 대상으로 묵상 나눔을 인터넷을 통해 하고 서로의 은혜와 영적인 감동을 주고받으며 삶의 방향을 제시하고 성경적 지도를 하는 것을 한 예로 들 수 있다. 웹을 통한 성경 공부도 일종의 웹 멘토링의 일환이 될 수 있는데 웹 사이트의 게시판을 통해 자유로운 댓글을 남김으로써 충분한 학습 효과를 거둘 수 있다.

조금 더 개인적인 멘토링을 원한다면 멘토와 멘티 사이의 개인적인 웹 채널을 통한 개인 상담을 통해 웹 멘토링을 할 수 있다. 각 웹 사이트는 관리자 페이지가 별도로 존재하는데 관리자 모드를 통해 여러 단계의 사용자가 원하는 사용 단계를 설치함으로써 한 개의 홈페이지로 다수를 위한 개인적인 상담을 가능하게 한다.

대부분의 전방개척 선교지의 경우 드러내 놓고 교회를 설립하거나 전도 활동을 할 수 없다. 그러나 웹을 통해 회원을 모집하고 지속적인 상담과 요청자에 대한 성실한 답변을 통해 관계를 형성할 수 있고 지속적인 양육이 가능하다. 웹을 통해서도 영적인 감정과 은혜를 전달할 수 있다. 이미지와 음악 등이 사용자들의 영적 몰입을 돕기도 한다. 모니터를 통해 성경 말씀을 읽는 것은 우리가 성경책을 읽을 때 얻는 감동과 동일하다. 오히려 최근 신세대들에게는 종이에 펜으로 글을 쓰는 것보다 웹 사이트 게시판에 타이핑(typing)으로 글을 남기는 것이 더 익숙하고 스크린(screen) 또는 모니터(monitor)를 통해 전달되는 문자나 영상에 더 친밀감을 느낀다. 이러한 매체가 은혜나 감정을 전달받는 데 오히려 더 적극적으로 활용될 수 있다. 그들은 문자로 대화하고 데이트하며 그러한 디지털 결속이 결혼까지 이어지기도 한다.

요점은 웹상에서 멘토가 보여 줄 수 있는 영적 권위와 전문적인 역량이다. 멘토는 보통 어떤 기관이나 전문영역의 리더로 상위 수준을 보유하고 있어야 한다. 또한 멘토는 자신이 연구하는 학문에서 경험과 공적을 보유하고 있어야 하고, 영향력을 가진 사람이어야 한다. 그리고 멘티의 개발에 특별한 관심과 애정을 가지고 있어야 하며 관계 형성을 위해 시간과 열정을 아끼지 않는 사람이어야 한다. 즉 자신의 삶을 통해 보여 줄 수 있는 사람이어야 한다. 결코 사이버 공간의 가상 리더십이 아닌 것이다. 멘토의 역할은 웹의 콘텐츠와 같은 역할을 하는 것이다. 결국 양질의 콘텐츠가 건강한 멘토와 멘티 사이의 관계를 형성하게 한다.

이를 위해서 정보와 감정을 전달하는 데 있어서 웹이라는 커뮤니케이션 도구의 본연의 성질과 문화를 정확하게 이해한다면 이는 양육과 교육을 위해 공헌할 것이다. 이제는 기존에 인식되는 공간의 개념만으로 교회를 개척하는 시대가 아니다. 온라인 세상은 가시적이며 감정을 전달하고 많은 사람들의 삶의 일부분이 되어 있다. 온라인을 통한 교회 개척 운동을 인식하고 받아들이며 현실적인 대안들이 더 많아져야 한다.

조지 패터슨(George A. Patterson)의 교회 자발적인 "배가운동론"을 통해 보면 수동적이고 목사 중심적인 교회는 목사 중심 체제로 교회가 운영되어 심하게는 목사가 성도를 지배하는 구조로서의 교회 형태가 구성된다고 말했다. 그러나 역동적인 교회 내에서는 상호 작용이 일어나게 되어 담임 목사가 전 교인의 유대 관계를 촉진시킴으로 새로운 지도력의 핵심들이 지속적으로 형성되는 그림을 가지게 된다(윈터, 호돈 2000: 431)고 하였다.

이러한 모델이 21세기형 모바일 교회, 즉 고정되어 있는 교회가 아닌 역동적으로 팽창하는 모습의 교회 형태라고 말할 수 있고, 선교 지향적인 선교형 교회가 되는 것이다. 웹 멘토링 시스템은 이렇게 최소 단위의 교회를 개인과 개인이 웹이라는 공간을 통해 형성하고 현실화함으로써 기존의 교회가 주는 교육과 양육을 지원하면서 독립적 사역을 감당케 하는 역할을 도와준다.

4) 유니버설 대화 수단과 교회

개인적으로 인터넷 선교와 대중 커뮤니케이션(mass communication)을 융합하여 생각할 때 빠질 수 없는 용어가 유니버설(universal)과 하이브리드(hybrid), 퓨전(fusion) 그리고 크로스 오버(cross-over)이다. 인터넷은 유니버설한 문화이고 유니버설 커뮤니케이션을 가능하게 하는 일종의 신종 언어와 같은 개념이다. 이 언어는 마치 바벨탑 사건 이전, 인류가 같은 언어를 사용하고 같은 문화를 공유하던 시대의 회기와도 같은 것이라고 할 수 있다.

네 문화, 내 문화가 아닌 공통의 분모를 가진 문화를 통해 생각을 나눔으로써 세계는 하나가 된다. '맥도널드화(McDonaldlization)'로 점철되는 미국 문화 수출로 세계 어디에서든지 미국의 티셔츠, 청바지, 신발, 패스트푸드(Fast-food)를 경험하게 되는 것이다(테일러 2008:42-43). 부정적인 측면도 있지만 이를 긍정적인 면으로 이해한다면 이러한 조류를 통해 서로 간의 공통적 이해 분모가 형성됨으로 견해차가 줄어들어 싸움과 전쟁, 다툼과 분열이 줄어드는 세상이 될 수도 있다는 점이다. 그것은 단순한 기술적 능력으로 이루어지는 것이 아니라 어떠한 유니버설 마인드를 바탕으로 한 복음적 콘텐츠가 창궐할 때 꿈은 현실로 이루어진다.

이러한 생각의 근간은 인터넷이라는 시스템과 웹 프로그램 군으로 기본적 골격과 구조를 이루게 되지만 실제적인 힘은 그 기능들이 전달하는 콘텐츠를 통해 사상과 사고가 구축되고 발생되는 것이다. 이러한 관계는 결코 기계적인 관계라기보다는 영적, 심리적 상관관계로서 인간의 영과

혼, 실제적 삶에 영향을 미친다. 인터넷을 통해 우리는 현실적인 커뮤니케이션을 하기 때문에 이것은 프로그램적, 기계적인 요소라기보다는 생명체적, 유기적인 존재로서 형성된 관계로 이해할 수 있다. 즉 기계의 힘은 빌리지만 사실은 인간의 마음이 융합된 시스템이라고 이해할 수 있을 것이다. 컴퓨터는 스스로 무언가를 창조하거나 생각하지는 않는다.

문제는 이 유기적인 커뮤니케이션 툴(communication tool)을 교회 내에서 하나님께서 원래 우리에게 주신 원리대로 제대로 활용할 수 있을지이다. 교회 내의 웹 사용 빈도는 이전보다 비교적 높아지고 선교나 사역을 위한 활발한 연구와 개발이 진행되어 왔다. 그러나 이제는 세상을 주도하고 인도하며 미래적 제안을 제시하는 수준에 이르러야 한다. 그것은 오프라인상에서 세속적인 술집과 타락이 가득한 음란한 공간 즉 사단의 영역이 문을 닫고 그 자리가 하나님의 영토로 회복되는 역사를 보는 것과 같은 원리이다.

5) 하이브리드와 교회

길거리에 나가면 보다 경제적이면서 친환경적인 하이브리드 자동차가 인기를 끌고 있다. 하이브리드와 크로스 오버의 개념은 수평적 구도 가운데 수직 구도가 접목된, 혼합적인 문화 요소로 대중 문화를 더욱 대중 문화답게 만든다. 사도행전 17장 26절에서 하나님께서는 "인류의 모든 족속을 한 혈통으로 만드사 온 땅에 살게 하시고"라고 말한다. 이처럼 하나님께서는 우리를 한 혈통으로 지으셨고 각자의 독특한 문화를 주셨고 또한 이를 발전시켜 풍성하게도 하셨다.

"발레리나를 사랑한 비보이(B-boy)"라는 연극이 있다. 힙합과 정통 발레의 아름다운 융합을 남녀 간의 사랑이야기를 통해 표현해 내고 있다.

그리고 힙합 댄스를 하는 거리의 흑인 아이들에게 고급 사교 댄스를 가르쳐 두 장르의 하모니, 각기 다른 영역의 아름다운 조우를 보여 준, 할리우드 배우 안토니오 반데라스(Antonio Banderas)가 주연한 "테이크 더 리드(Take the Lead)"라는 영화도 있다. 이렇게 영화와 연극계에서는 '차별' 또는 '차이'라는 한계를 뛰어넘어 아름다운 하모니를 만들자고 관객들에게 메시지를 던지고 있다. 세상의 삶에서는 고전과 최신, 고급과 저급, 동과 서, 흑과 백이 만나 이제는 아름다운 하모니를 이루는 데 대중들의 관심이 증폭되고 있다.

조합이 아름다운 하모니를 낸다. 따라서 하모니를 위해 조합하는 것이고, 필요에 의해 함께 하는 것이 이러한 만남을 위한 이해가 된다. 모든 문화가 한 통에 담겨 혼합되어야 하는 것은 아니다. 각 나라의 문화는 존중받아야 하는 것이고, 각 모양의 문화가 존중이 된 가운데 아름다운 것들, 성경적인 것들, 하나님 보시기에 합당한 것들이 함께 발전하는 개념을 가져야 할 것이다. 이것이 성경적 하이브리드에 대한 이해라고 생각한다.

인터넷이라는 도구를 통해 문화를 공유하는 시대 속에서 이제 '내 문화', '네 문화'의 개념과 영역이 사라지는 상황이다. '보수'와 '정통'은 더 이상 자신들의 목소리를 높이지 못하고 오히려 설 자리를 잃어 결국 점점 대중들과 화합하며 그들의 눈높이에 맞춰 가려 한다. 이전에는 생소하게 들리던 동양인들의 음률이 서양인들에게는 신선하게 받아들여지고 그러한 문화 포용력 가운데에 융통성 있는 교류와 커뮤니케이션이 가능하게 된 것이다.

거리에는 이미 타이 음식, 일본 음식, 서양 음식, 중국 음식, 베트남 음식 등 각종 세계 음식 문화가 일상화되었다. 그리고 하이브리드 음악, 크로스 오버 음악, 퓨전 음악이라는 장르를 통해 우리는 힙합 음악 속에서도 한국의 음률을 찾아볼 수 있게 되었다. 그럴 때에 힙합은 결코 우리

민족과는 다른 검은 피부의 사람들이 태평양 건너에서 부르는 음악이 아니라 또 한편의 우리 음악이 되는 것이다. 전통 성악가가 팝송을 부르기도 한다. 자라나는 십대들은 우리의 전통보다는 이러한 현세적 흐름에 더 관심이 많다. 이러한 경우 민족주의적 성향의 기독교인들을 위해서는 국악 찬양을 개발할 수도 있겠지만 신세대 청소년들을 위해서는 오히려 힙합 찬양을 개발해야 한다. 그리고 그러한 음악들이 웹 교회를 통해 제공될 때 교회의 문턱은 청소년들에게 보다 낮아지게 될 것이다.

한국의 역사에 있어서도 이러한 음악적 문화접근의 시도가 있었다. 한국 교회 역사 초기 평양중앙교회를 개척할 당시, 다수의 신도들이 처음에는 복음을 접하고 교회에 등록하기보다는 교회에서 들려 나오는 아름다운 소리를 배우고 싶은 마음에 등록한 경우를 발견할 수 있다. 서양 선교사들의 개념으로 한국에서의 음악(music)을 뜻하는 단어는 소리(sound)이고, 이는 소위 한국인의 소리 즉 '창'과 동일하다는 개념이 있다는 것을 발견하였다(곽안련 1994:343).

한국 사람들의 음악에 대한 관심이 교회 음악에 관련된 참여를 유도하고 교회 문화를 비교적 이질감 없이 받아들이게 하는 요소가 된 것이다. 그들이 듣기에 오르간의 소리는 생소한 것이었지만 아름다웠고 그 아름다움 안에 말씀의 능력이 있어 사람들에게 감화를 주었다. 타인의 것이었지만 감미로웠고 매력적이었다. 서양인들의 오르간 소리에 반해 교회를 찾은 이들도 많았다. 그 소리를 배우고 싶어했다. 인터넷은 이렇게 각 나라의 고유 문화를 한데 섞어 장점을 혼합하고 편만하게 조율한 문화를 생성하는 도구라고 할 수 있다.

6) 하이브리드와 상황화

전방개척 선교지에서는, 예를 들면 인도네시아에서 현지인들에게 친근한 '감부스'나 '가물라' 또는 아랍 음악, 인도네시아의 대중 음악 등과 같은 음률로 찬양을 제작할 수 있다. 가장 대중적인 현지 음악 장르로 찬양을 제작하여 보급한다면 보다 효과적인 접근 방법이 될 것이다.

최근에 개척된 선교지에서는 단순히 서구식 찬송가를 번역하는 사역을 중지하겠다는 의견이 제시되기도 한다. 태국 남부에서는 코란을 첨탑에서 낭송하는 것처럼, 신약 성경을 말레이 방언인 파타니 어로 낭송한다. 곡조는 친근하지만 가사는 코란이 아닌 성경 내용이다. 한국의 경우에도 "부흥"과 같은 찬양은 한국적인 정서가 가미된 복음성가라고 할 수 있다. 어떠한 극단적인 상황화 학자의 경우 불교 신자들을 위해 목탁을 치며 불경을 외우듯이 성경 말씀을 녹음해 보급해야 한다는 의견도 있다. 성경적 콘텐츠를 제작하는 데 있어서 내용은 성경으로, 그 옷은 현지의 것을 입는 개념이다. 트로트 찬송이 존재하지 말라는 법은 없다.

다른 한편으로 한국의 경우 기독교 역사 초창기에 서양 선교사들에 의해 오르간과 서양식 찬양이 보급되었다. 처음에 그것은 대단히 어색한 문화였지만 어느새 그것은 한국 교회 역사의 한 부분이 되었다. 그리고 이제는 한국 교회의 전통이 되어 교회 음악을 위한 악기는 오르간과 피아노가 되었다. 드럼과 베이스 기타와 같은 리듬(rythm)과 비트(beat)를 만드는 악기를 보수적인 크리스천들이 거부하는 것이 현실이었다.

현재 한국에서 우리 민속의 음률을 찾아 교회 음악을 만들고자 하는 시도가 있지만 이는 이미 현재 상황과는 동떨어진 시도이다. 어떤 상황화적 음악 목회 사역에 대한 의식을 가진 찬양 사역자의 경우 한국 음악의 원류에서 우리 조상들이 하나님을 믿었다는 것을 발견할 수 있다고 주장한다. 한 예로 아리랑과 같은 한국의 전통음악에서 "아리"가 바로 "엘" 즉 하나님을 뜻하는 것이 아닌가 하는 의견도 있지만, 이미 서양식 교회 음악이 익숙한 상황에서 우리 음악의 원류에 따라 교회 음악을 보급하고자 하는 것은 오히려 현재 한국에서 필요한 복음적 상황화를 거스르는 일이 된다. 그러한 의견은 오히려 상황화보다는 종교를 통한 민족주의적인 해석에 가깝다고 볼 수 있다.

민족들마다 소유하고 있는 신에 대한 개념을 하나님과 연결시키는 부분 또한 이해하는 데 어려움이 있다. 예를 든다면 기독교가 전파되어 있지 않은 시절에 우리 어머니들이 예수 그리스도와 교회에 대한 개념을 가지고 있지는 않았지만 정결한 물 한 그릇 떠놓고 휘영청 떠오른 둥근 달을 향해 두 손 모아 빌며 가족들의 안위를 지켜 주길 기도하던 행위를 모두 하나님께 드렸던 예배라고 간주하고 이해할 수는 없다. 각 나라별 신에 대한 음악적 행위가 모두 경건하다고 이해될 수는 없다는 것이다.

이전에 한국을 방문한 선교사들을 통해 보급되었던 서양의 찬양과 노래들은 우리 선조들이 듣기에는 참으로 어색하고 불편한 것이었다. 음계가 다르기 때문이다. 그러나 지금은 온음계에 익숙해져서 오히려 고유의 민속적 음률로 찬양을 바꾸는 것이 어려운 상황이 되었다. 그렇다면 우리나라와 같이 이미 타 문화가 자 문화가 된 상황에서는 자신들의 고유의 음악을 지키는 것보다는 유니버설 문화를 존중하는 것이 더 선행되어야 한다. 그리고 문화 제국주의에 의해서건 그렇지 않건 전 세계는 유행을 주도하는 문화, 힘을 가진 문화에 의해 지배받는 추세이다. 상황화와 현실과의 사이에서 융통성을 발휘해야 한다.

우리의 것을 중요하게 여기는 만큼 타 문화에 대한 존중감과 경외심을 잃지 말아야 한다. 민간인 외교 사절단을 양성하고 전 세계인들과 네트워크를 형성하는 A단체의 경우, 민간 외교 차원에서 특별히 청소년들에게 세계인들과 웹상에서 네트워크를 구축하게 하여 무한한 비전과 가능성을 선물한다. 그런데 A단체와 같은 단체의 성격이 때로는 일본과의 영토권 문제와 같은 정치적인 이슈로 치우치고 대립 감정 등이 팽배해지는 것을 볼 때 초기 설립 시 선교적 배경을 가지고 태동하였지만 현재로서는 선교와는 무관한, 오히려 선교적 커뮤니케이션을 하기에 장애가 되는 단체로서 여겨지는 것이 아닌가 한다.

이와 같이 다른 이들에게 불쾌감을 주는 언어와 습관, 이상과 신념에 대한 고집을 버려야 할 것이다. 돼지고기를 먹는 일은 방글라데시인이나, 파키스탄인들에게 불쾌감을 주는 행동이므로 파송된 선교사들은 섭취의 자유가 있음에도 불구하고 돼지고기 섭취를 삼간다. 맥도널드는 전 세계에 중국이든 뉴욕이든 깨끗한 화장실과 튀긴 감자가 딸린 빅맥(Big Mac) 세트를 제공한다. 하지만 한편으로는 마이애미에 있는 '작은 하바나(Little Havana)' 대리점에는 스페인 풍으로 지붕을 올리고, 뉴질랜드 지역에서는 스포츠 스타 이름을 따 '로무 버거(Lomu Burger)'라는 햄버거를 출시함으로 주변 문화에 응답한다(테일러 2008:43). 또한 로마의 맥도널드 인테리어는 로마에 어울리는 감각으로 실내 디자인을 하는 등 메인 콘텐츠는 통일성을 가지고 유지하지만 그 외의 것은 각 나라에 맞는 분위기를 연출하는 배려를 아끼지 않는다.

따라서 오히려 복음주의적인 입장에서 교회 음악 상황화를 현 시대에 맞게 추구한다면 교회 음악이 우리 고유의 것을 추구한 모습이 되거나, 서구 교회에서 물려받은 음악적 형식을 탈피하고 장점을 규합한 전 세계인들이 융합할 수 있는 하이브리드화된 음악이 우선될 수 있다. 즉 한국 내 각 연령층 세대 간의 문화를 이해하여 그들에게 친근한 교회 음악을 제작, 웹상에서 보급하는 것이 이제 와서 한국의 토속적 음악을 불러내어 일반적인 교회에서 음악화하려는 운동과 시도보다는 나을 것이다. 그것은 자기의 것을 무시하고 등한시하며 사대주의적인 입장에 서는 마음이 아니라 남을 이해하고 다른 나라의 문화와 생각을 이해하고 그들의 편에서 네트워크를 형성하고자 하는 마음에서 기인한다. 이러한 중립적인 마인드가 21세기 차세대 선교를 위한 마인드이다. 상황화가 필요한 곳에서는 상황화를, 할리우드 식의 대중 문화가 필요한 곳에는 최신 문화를 맞추어 가는 것이 적합한 방법이다.

7) 민족주의, 다문화주의 그리고 다민족사회

민족주의는 다양성을 무시하고 통일성을 강조한다. 이러한 민족주의가 팽배한 가운데에서는 개인이나 소수 부족의 의견은 완전히 무시당한다. 나치가 그러했고, 중국 공산정권이 그러했고, 보스니아의 내전이 그러했고, 중앙 아프리카의 부족 간의 전쟁이 이를 입증한다. 반대로 다문화주의는 개인의 권리를 최고로 여기며, 공동체를 희생시켜 다양성을 강조한다. 이러한 관점을 가진 국가들을 예로 든다면 인도, 파키스탄, 방글라데시, 이전의 소비에트 연합 공화국들, 캐나다 그리고 미국을 들 수 있다. 한 국가 내에 여러 가지 민족 그룹이 존재하고 그들로 인해 다양한 문화들이 존재하게 된다. 한국의 경우 단일민족국가로서 고유한 민족적 철학과 문화를 지켜왔다. 그러나 현재에는 다양한 외국의 문화가 소개되고 노동력의 유입을 통해 다민족사회로 변화되고 있다. 이러한 상황 가운데에서 비롯되는 상호 존중과 협력이 규칙이 되고 있다(밀러 1999:239). 이전에는 외국인들을 대하는 것이 어색했던 한국인들의 매너가 현재는 많이 변화되었고, 한국인들은 외국인들을 포용하고 그들과 함께 살아가는 방법을 배워가고 있다.

하나님께서는 이 세상의 모든 나라들이 하나님께서 계획하신 대로 이루어지고 모든 나라를 축복하기를 원하신다. 모든 나라와 족속을 제자 삼기를 원하신다. 이러한 사회 구조의 변화 가운데 주변을 돌아보면 쉽게 다양한 민족을 만나고 그들의 문화를 접할 수 있게 된다. 이에 분명한 평등주의 정신을 가지고 하나님의 사역을 위해 마음을 나누고 힘써야 할 것이다. 날마다 변화하는 세계화의 조류 가운데 기독교는 쇠퇴하고 있다. 이러한 가운데 창의적 접근 방법, 공동체 의식 그리고 모두가 함께 드리는 예배를 진정으로 사모하는 마음이 필요하다.

6. 인터넷 교회 개척 비평

이제는 더 이상 인터넷을 목회와 선교를 위한 도구라고 특별하게 피력하지 않아도 될 만큼 사람들의 인식 특히 크리스천들의 인식 속에 인터넷은, 사람과 사람을 잇는 도구이고 커뮤니케이션을 위한 탁월한 도구라고 여기고 있다. 인터넷이 선교를 위해 부흥해야 한다는 노력과 생각 가운데 인터넷은 선교를 위해 어느 정도 발전되었고 부흥하고 있다고 생각한다. 교회 개척과 교회 성장이 인터넷상에도 괄목할 만한 성장을 이룬 것이다. 하지만 이것은 어떤 면에서 볼 때 양적인 성장이고 부흥이지 결코 본질적인 성장과 부흥이라고 단정하기는 무리가 있다고 본다. 오프라인 교회 성장의 문제점이 지적되는 것과 마찬가지로 온라인 교회의 대형화 추세와 양적인 성장에 비판을 가하는 날카로운 의견들이 존재한다.

이것은 오프라인 교회의 대형화, 세속화, 물량공세화 등의 비판이 이미 나온 시점에서 시작된 온라인 교회 부흥 운동이었기 때문에 문제는 더욱 심각하다고 생각한다. 이제는 인터넷 선교와 교회의 부흥은 교회 개혁 운동과 맞물려 있는 상황이라고 믿는다. 성경적 원리에 의거한 보다 성경적인 교회 건물의 양식과 문화적 규범에 얽매이지 않는 의미를 전달하는 초대 공동체의 모습을 온라인 교회를 통해 새롭게 재건할 수 있다. 아직도 미주의 어떤 교회에서는 교회 내 예식의 형식 문제 때문에 안타깝게도 교회가 갈라지기도 한다. 우리가 생각하는 교회의 형태 즉 종탑이 있고 그 위에 십자가를 올려야 교회로 인정하는 그 마음 때문에 선교지에 교회가 세워지는 것이 불가능한 상황이 연출된다. 교회의 본질은 겉으로 드러나는 장식적 요소나 외형이 결코 아니다.

    교회 개척, 교회 부흥 등 오프라인 교회의 개념을 온라인 교회를 새롭게 세움으로써 수립할 수 있다. 교회라는 개념을 어떤 오프라인상의 공간적인 요소로 이해하기보다는 형태와 교회 유산을 배재한 영적인 공간으로 받아들인다면 보다 성경적인 교회가 창출되고 아직 믿지 않는 사람들이 온라인 교회를 받아들일 때보다 편하고 친밀할지 모른다. 어쩌면 어떤 지역에 대해서는 교회라는 이름조차도 하나님께서 원하시는 이름이 아닐지도 모른다. 회당, 모임, 친교의 자리 등 여러 가지 이름이 이미 정형화된 기독교 문화를 대신하여 자리할 수 있다.

    많은 사역자들이 간과하는 부분이지만 인터넷 교회의 성장은 일반 오프라인 교회의 성장 요인과도 긴밀하게 맞물려 있다. 교회 성장의 한 카테고리 내에서 교회 웹 사이트들도 성장해 왔다. 성숙한 유산을 물려받을 수 있다. 그런데 실패 요인까지 그대로 답습을 하는 경우도 있다. 오프라인 교회가 성장하면 인터넷 교회도 함께 동시 성장한다. 그 통 안에 담긴 콘텐츠에 능력이 있기 때문이다. 설교, 성도들의 커뮤니케이션들이 콘텐츠화되어 전달되고 이것이 교회를 성장케 하는 요인으로 이어진다. 그렇다면 다른 한편으로 인터넷 교회가 성장하면 오프라인상에서의 교회도 성장할 수 있는가? 그리고 가장 중요한 문제는 이러한 온라인상의 교회 성장을 어떻게 성경적으로 이해하고 성경적인 가치를 찾는가 하는 것이다.

대한민국 인천 공항을 통해 입국을 하다 보면 수없이 많은 붉은 네온 십자가의 행렬에 놀라움을 금할 수 없게 된다. 어떤 사람들은 이제 교회의 홍수 시대 속에서 산다고 말하기도 한다. 한 지역에 수십 개의 교회가, 심지어는 한 건물에 몇 개의 교회가 공존한다. 그렇다고 신학교에 입학하고자 하는 신학도의 수가 줄어든 것도 아니다. 아직도 소명을 받은 이들은 신학교로 목회지로 선교지로 향하고 있다. 이러한 상황 가운데에서 인터넷을 검색하면 수없이 많이 세워진 교회의 수만큼, 수많은 인터넷 교회 홈페이지가 검색된다. 정보 홍수 시대이고 온라인상에서도 교회의 홍수 시대이고 기독교 정보의 홍수 시대라고 말하기도 한다. 상황이 어찌 되었건 교회 설립과 교회 성장은 하나님의 대 위임령에 의거하기 때문에 오늘도 진행된다.

맥가브란은 교회 성장의 개념을 '생물학적 성장(Biological Growth)', '이동 성장(Transfer Growth)', 그리고 '개종 성장(Conversion Growth)'으로 분류했다. 생물학적 성장이란 기독교 가정에서 소위 모태신앙으로 탄생하는 경우를 뜻한다. 이동 성장이란 어떤 교회에서 다른 교회로 이동 또는 병합되는 성장을 뜻한다. 그리고 개종 성장은 순수하게 믿음을 갖지 않는 비신자들이 예수 그리스도를 새롭게 믿고 세례를 받아 교회의 출석 교인 수가 성장하는 경우를 의미한다. 맥가브란은 이러한 개종 성장을 통한 세계 선교가 가장 긍정적인 순수한 교회 성장 방법이라고 주장하였다(McGavran 1990:71-72). 이러한 맥락에서 온라인상의 교회의 선포와 교회적 활동 영역의 증대 그리고 부흥은 순수한 교회 성장 측면에서도 고무적인 것이다. 다만 목적 없는 항해에 대한 우려를 표명하는 바이다.

1995년 한국에 인터넷이 소개되기 전에는 상상조차 하기 힘들었던 온라인 교회, 인터넷 교회, 인터넷 선교의 영역들이 아직까지 복음을 전달받지 못하거나 지속적인 성경적 교육의 부재로 갈급함을 가지고 있는 영혼들에게 오프라인 교회보다 더 효과적인 결과를 가져올지도 모른다고 예상한다. 이제 한국의 교계는 예식과 형태를 중요시하는 마음에서 벗어나, 보다 실제적이고 현실적인 교회의 모습을 가지고 세상에 나가서 거부감 없는 그리스도 공동체로서 거듭나야 할 때이다. 그 요청은 웹 교회, 인터넷 교회에도 마찬가지로 적용된다.

 제4장 성경이 말하는 커뮤니케이션

1. 구약 시대 스크린-돌판

    성경은 인간과 인간, 인간과 하나님과의 커뮤니케이션을 위한 책이며, 정보 확산 원리 가운데 기록된 책이라고 할 수 있다. 또한 성경은 하나님과 인간과의 커뮤니케이션을 중요하게 다루고 있다. 하나님께서는 인간과의 효과적인 커뮤니케이션을 위해 부단히 노력해 오셨고 여러 가지 다양한 효과적인 방법을 통해 세상을 운행해 오셨다. 천지창조 후 아담과 하와 시절에는 직접 인간들에게 나타나시고 음성을 들려 주셨다.

    당시의 커뮤니케이션은 이 세상에서 오직 하나님과 아담, 하와하고만의 대화가 존재했기 때문에 대중 매체와 같은 커뮤니케이션의 방법이 필요치 않았을 것이다. 하나님과 인간과의 대화는 필수적인 것이다. 하나님께서 동물들이나 식물들과 대화하시지는 않았다. 동물과 식물은 소중하고 역시 하나님께서 창조하신 것들이지만 하나님의 존재와 언어를 이해하고 그분과 커뮤니케이션을 하기에는 너무나 하등한 존재들이기 때문이다. 오직 하나님의 형상을 닮은 인간이 하나님과 대화하고 교제를 나눌 수 있었고 하나님의 말씀을 들을 수 있고 이해할 수 있다.

하나님께서는 가인과 아벨 시대까지도 직접 임재하셔서 인간들과의 개인적인 커뮤니케이션을 하셨다. 그런데 모세의 시대에 이르러서 하나님께서도 대중 매체를 통한 인간과의 커뮤니케이션을 시도하기 시작하셨다. 대화를 해야 하는 사람들의 수가 이전보다 많아졌기 때문이다.

대중적 커뮤니케이션을 위한 그 첫 번째가 바로 십계명이 새겨진 돌판이었다. 당시에 가장 변하지 않고 오랫동안 정보를 유지할 수 있는 수단으로서의 돌판은 인간들이 정보를 오랫동안 보존하기에 유용한 것이었다. 그것은 무척이나 비주얼(visual)한 것이었고 하나님께서 주신 메시지를 지속적으로 눈으로 보고 머리에 기억하게 하며 마음에 새기기에 충분한 것이었다.

하나님께서 때로 구름기둥과 불기둥 등 천지 만물을 통해 보다 시각적인 언약의 메시지를 던져 주시기도 했지만 때로는 이렇게 어떠한 매체를 통해 지정된 대상들만이 알 수 있는 방법으로 메시지를 전달하시고 그들의 피드백(feed back)을 기대하셨다. 인간들이 가장 알기 쉽게 고안된 그 커뮤니케이션 첫 번째 방법으로 전혀 애매모호하지 않고 분명하게 인간의 언어로 메시지를 담고 있어야 하며, 두 번째로는 하나님으로부터 발신되고 인간에게 수신된 것이라는 것이 분명해야 하며, 세 번째로 다수의 인간들이 그 내용을 알고 이해할 수 있도록 고안되어야 하는 점을 담고 있다.

돌판은 구약 시대에 있어서 컴퓨터의 모니터와 같은 역할을 한 것이다. 돌판은 그 자체로 복제 능력, 즉 탁본을 할 수 있었기 때문에 종이와 잉크만 있으면 대량 복제를 가능케 하는, 자체 휴대가 가능한 인쇄 기계, 휴대용 프린터라고도 볼 수 있다. 물론 당시는 종이와 잉크가 인간들에 의해 개발되기 전이지만 이미 당시에도 잉크와 종이를 만들 수 있는 재료들은 자연 속에 존재하고 있었다. 따라서 하나님께서는 인간들을 위해 정보 전달을 위한 근거, 정보 확산을 위한 준비를 이미 예비해 놓으셨다.

돌판은 돌판 그 자체로 많은 사람들에게 하나님의 말씀을 전달하는 중요한 도구가 되었다. 그 돌판을 근거하여 하나님의 말씀은 여러 가지 매체를 통해 다시 기록되고 대중들에게 전달되어 왔다. 하나님께서는 당신의 메시지가 인간들에게 애매모호하게 전달되기를 원치 않으신다. 하나님께서는 당신의 메시지가 소수의 인간 그룹들에게만 제한적으로 전달되기를 원하지도 않으신다. 하나님의 마음이 오해될 여지나 근거를 만들지 않으신다. 온 세상의 모든 사람들이 모두 접할 수 있는 가장 대중적인 메시지 전달 방법을 채택하시고 실제로 실행하신다.

우리에게는 성경이 주어져 있고 현대에는 인터넷이라는 도구가 그 옛날 돌판의 역할을 대신한다. 돌판이 양피지로, 양피지는 종이로, 종이는 인터넷상의 텍스트 파일로, 텍스트 파일은 동영상으로 전환되어 보다 널리, 보다 빠르게 대중적으로 전달되고 있다. 돌판의 한계는 양피지를 통해 해결되었다. 양피지는 분명 돌판보다 가벼우며 날마다 축적되는 하나님의 메시지를 기록하는 데 보다 탁월한 도구가 되었다. 양피지를 통해 기록된 내용들은 그 질긴 가죽만큼 오랫동안 보존되어 후세들에게 잘 전달되었다.

양피지의 한계를 뛰어넘은 혁신적인 정보 전달과 보존을 위한 도구는 종이와 독일의 쿠텐베르크가 개발한 활자였다. 종이와 활자를 통해 인류의 커뮤니케이션 기술이 발전하였으며 이로 인해 발전 학문이 쌓이고 지식이 축적되었다. 성경의 보급으로 사회가 변혁되고 개혁이 일어났다. 인쇄술의 개발을 통해 일부 계층에만 보급되던 성경이 유럽 전역에 널리 보급되었다. 종이와 활자는 오랫 동안 사용되었으나 결국 또 다른 한계를 맞이하게 되었다. 그리고 그 한계에 대한 도전으로 수동 및 전동 타이프의 개발, 컴퓨터 기술 및 인터넷 기술이 개발되었고 이러한 기술은 인간 커뮤니케이션을 극대화시킬 수 있는 최고의 영역으로 자리매김하였다.

종이와 활자는 수많은 선교 단체 들을 통해 선교를 위한 도구로 활발히 사용이 되었으나 인터넷은 아직 그렇지 못하다. 그러나 하나님의 말씀이 돌판에 새겨져 전달되었던 것과 마찬가지로 인터넷을 통해 돌판에 새겨졌던 하나님의 말씀이 전달될 때 하나님의 손으로 창조된 인터넷이라는 도구의 본래 개발 의도를 깨닫게 될 것이다.

하나님께서 당신의 말씀을 인간들에게 새겨 주실 때 금강석, 즉 다이아몬드를 사용하지는 않으셨다. 하나님께서 만약에 당신의 메시지를 새기시는 데 단단한 금강석을 사용했다면, 분노한 모세가 무지하고 어리석은 인간들을 향해 하나님의 말씀이 새겨진 얼마 되지 않은 따끈따끈한 그 돌판을 산 아래로 집어 던졌을 때, 그것이 아무리 모세의 힘으로 강력하게 던져졌다 할지라도 결코 깨지지 않았을 것이다. 그 돌판은 그저 평범한 돌판이었다. 남자 어른이 높이 들어 집어 던지면 깨져 버리는 그러한 돌판, 산에 오르면 흔히 볼 수 있는 평평하고 넓적한 돌판이었다. 하나님께서는 마음만 먹으시면 말씀이 모두 기록될 수 있을 정도 크기의 금강석을 구해 말씀을 새기신 후 모세에게 전달하셨을 수도 있으셨다. 커다란 금강석에 레이저와 같은 광선을 쏘아 글을 새기는 일이 하나님께 어려운 일이겠는가?

하지만 하나님께서는 그렇게 하지 않으시고 평범하고, 인간들 스스로 그 내용을 오래 간직할 수 있고 복제가 가능한 돌에 말씀을 새기셨다. 그것은 양각이 아닌 음각으로 보다 쉽게 복제가 가능하게 배려되었고, 손

재주가 있는 인간이라면 스스로 원본 돌판을 보고 대량 복제가 가능하게끔 고안되었을 것 같다.

하나님의 메시지는 결코 중세의 가톨릭 신부들이 그랬던 것처럼 특별한 사람, 특별한 그룹만이 접하고 누릴 수 있게 주신 것이 아니라 누구든지 받아들이고 접하고 누릴 수 있도록 배려되었다. 그 메시지가 비록 누구나 복제가 가능하게 평범한 돌판에 기록되었다 하더라도 그 안의 메시지의 가치가 하락되거나 변질되지는 않는다. 그 메시지의 가치는 돌판이든 흙 위에 쓰여져 있건 변질되거나 바뀌지는 않았다. 그것은 생명을 살리는 값어치를 가지고 있다.

하나님께서는 그 메시지가 사람들에게 부담 없이 다가가기를 원하시고 오히려 보다 쉽게 널리 대중적으로 복제되어 사용되기를 원하신다. 커뮤니케이션 기술이 돌판에서 시작하여 컴퓨터와 인터넷을 통해 발전되었지만 기본적 원리인 동일하고 보다 쉽게 널리 복음을 전하고자 하시는 하나님의 의지는 돌판이나 인터넷이나 동일하게 담겨 있다. 십자가 위에서 흘리신 피가 인간의 편협함과 오만함, 제도와 권위에 가려져 그 가치가 상실되기를 원치 않으신다.

고대 이스라엘 사람들은 그 말씀이 새겨진 돌판을 결코 다른 돌에 복제하려 하지는 않았을 것이다. 복제를 했다 하더라도 원래의 말씀이 기록된 최초의 그 돌판을 특별히 보관하여 하나님의 고결함을 경외하였을 것이다. 하지만 결국 그 말씀은 그들의 마음 판에 새겨져 후세들에게 전달되었다. 그 돌판은 오히려 복제되어 보다 많은 사람들에게 폭넓게 전달되어야 하는 사명을 담고 있었다.

할리우드의 유명 영화 감독 스티븐 스필버그(Steven Spielberg)가 만든 "레이더스(Raiders)"라는 영화는 주인공이 잃어버린 성궤를 찾는 과정을 그리고 있다. 성궤에는 모세의 십계명 돌판이 들어 있었다. 그런데 주인공이 성궤를 찾고 악당이 그 성궤를 발견한 후 빼앗아 성궤를 열자마자 그의 몸은 고무처럼 녹아 버리고 만다. 하나님의 정결하심과 인간의 악이 만나면 일어나는 현상을 그린 것이지만 실제로 그 돌판을 현 시대의 우리가 만지고 있다 하더라도 고무처럼 녹는 일은 없을 것이다.

그 대신 그 말씀을 통해 마음에 정결함을 입는다. 사람을 살리는 말씀이 되는 것이지 결코 죽이는 말씀이 되는 것이 아닌 것이다. 그 돌판의 말씀들은 하나님의 의도대로라면 쉽게 복제되어 널리 읽혀져야 하는 것이다. 그것이 하나님께서 모세에게 돌판을 통해 메시지를 전달하실 때 주신 사용 팁(tip)이라고 생각한다. 하나님의 복음의 메시지는 결코 어렵거나 복잡하지 않게 누구에게나 가서 닿는 언어로 전달되기를 원하신다. 단순하지만 깊이가 있으며, 널리 다양한 종류의 사람들에게 수용이 가능하지만 품위가 있으며, 소박하지만 매력적인 것, 하나님의 영과 사랑, 생명과 구원이 가득 담겨 있는 그것이 복음이기를 원하신다.

컴퓨터의 기초가 되는 반도체, 칩들은 주로 실리콘(규소: SI; silicon)과 게르마늄(Ge; germanium), 즉 돌로 만들어진 것이다. 하나님께서 십계명이 새겨진 돌판을 모세를 통해 인간들에게 주셨을 때 지금의 컴퓨터를 주시지는 않았지만 그때 당시에도 컴퓨터의 존재는 이미 알고 계셨다. 긴 시간의 흐름을 통해 전달 도구의 맥락, 정보 확산의 원리는 그렇게 이어져 왔다.

2. 영적 검색창-선지자

하나님과 인간 사이를 잇는 메신저의 역할은 선지자들이 감당하였다. 커뮤니케이션이 완전히 단절된 시대는 존재하지 않았다. 하나님께서는 침

묵하시는 것 같았지만 침묵 가운데 교류하셨다. 하나님께서는 인간에게 나타나셔서 인간과 함께 보다 섬세한 커뮤니케이션을 구축하고자 노력하셨다. 역사와 시간이 흐르면서 인간의 대표자를 통해, 돌판을 통해, 구름기둥, 불기둥 등의 이적을 통해, 예언들을 통해, 예수 그리스도를 통해, 말씀을 통해, 성령을 통해 인간들과 커뮤니케이션을 하고 계신다. 선지자는 그 당시 인간들에게 하나님의 뜻을 알려 주는 검색창과 같은 역할을 하였다. 인간들이 어떤 상황에 대해 숨 막히도록 궁금해할 때, 또 그들이 나아가야 할 방향, 삶의 목표를 잃어버리고 헤맬 때 선지자들은 하나님의 말씀을 받아 인간들에게 전달하는 역할을 감당하였다. 어느 한 번이라도 인간들이 그 검색창에 궁금한 사항을 입력했을 때 답을 주시지 않은 적은 없었다.

커뮤니케이션을 위한 방법이 바뀌었을 뿐이지 커뮤니케이션의 질이 떨어진 것은 결코 아니다. 하나님과 인간과의 커뮤니케이션은 태초에 아담이 하나님과 직접 만나 대화할 때나 현재처럼 성령의 중재하심을 통해 대화를 나누는 것이나 다를 것이 없다.

이러한 맥락 가운데 현대 사회의 수많은 미디어 도구들은 하나님과 인간 사이의 대화에 도움을 주고 있다. 문화 위에 존재하는 그리스도께서, 문화 속에서 변혁을 이루시는 그리스도를 통해서 이러한 세계관을 이해할 수 있다(신국원 2002:108-112). 문화는 하나님과 인간의 사이를 단절하는 도구가 아니다. 단지 그것이 사단의 전략으로 왜곡되어 사용되는 것이지 원래의 목적대로라면 이것은 하나님과 인간을 잇는 대화의 도구로 사용되야 한다. 하나님께서는 영화를 통해, 글을 통해, 음악을 통해 TV 드라마를 통해서도 메시지를 전달하고 계신다.

또한 하나님께서는 인간과 인간 사이의 커뮤니케이션이 하나님과 인간 사이의 온전함같이 동일하게 건강해지기를 소원하신다. 오늘날 우리의 커뮤니케이션을 건강하게 만드는 데에는 구비된 성경 공부를 위한 여러 자료라든지, 묵상 자료들이 도움을 줄 것이다. 이것은 단순한 타이핑 작업으로 여겨지는 것이 아니라, 21세기를 사는 현대인들에게 고대의 선지자들이 외쳤던 예언적 내용과 같은 하나님의 콘텐츠가 될 수 있고, 삶을 인도하는 지침서가 될 수도 있다. 또한 인터넷 선교사는 현대를 사는 디지털 선지자로서의 역할을 감당한다. 복음을 전하는 우리는 지금 이 시간에도 선지자로서의 역할을 감당하고 있다. 하나님의 뜻이 궁금하다고 자신의 삶에 대한 궁금한 일들을 네이버 검색창에서 검색하지는 말고 대신 성경을 통해 찾기를 바란다.

3. 예수님의 대중 커뮤니케이션

1) 비유를 통한 대중소통

성경적 진리는 분명한 내러티브(narrative)의 형태를 가진다. 예수님께서는 논문을 강의하신 것이 아니라 이야기를 하셨다(존스톤 2003:115). 예수님의 정보 확산의 원리, 성육신적인 대화 기술 중 특이한 것은 자신의 메시지를 주로 예화를 통해 전달하시기를 즐겨하셨다는 점이다. 도드(C.H Dodd)는 "비유란 진리를 추상적으로 생각하기보다는 구체적인 모습으로 보는 마음의 자연스러운 표현이다."라고 했고, 헌터(A.M Hunter)는 "비유란 한 영역에서 명백한 것이 다른 영역에서 명백하다는 가정 아래에서 자연과 일상 생활로부터 이끌어 낸 비교"라고 했다. 또한 래드(G.E. Ladd)는 "비유는 도덕적이며 종교적인 진리를 전달할 목적으로 일상 생활에서 소재를 이끌어 낸 이야기"라고 했다. 예수께서는 제자들이 시골 문화에 익숙한 것을 아시고 대화의 목적상 농업 용어를 다수 사용하셨다(와그너 1971: 37). 비유적인 메시지 전달은 수신자 중심의 눈높이에 맞춘 교수 기법인 것이다. 비유(parable)는 예수 그리스도만이 사용하신 고유의 정보 전달 방식이 아니다. 구약 성경에서도 비유는 사용되었고 유대 랍비들에게 있어서도 비유는 효과적인 정보 전달 및 가르침을 위한 일종의 대중적인 교육 방법이었다. 비유는 예수님 당시에 존재하던 효과적인 정보 전달 기술의 한 영역이었다. 한 예로 마태복음 13장에 나타난 예수님의 비유 사용에 대해 데이크(F.J. Dake)는 몇 가지 비유 사용의 긍정적 의의를 말하고 있다.

비유는 진리를 흥미 있는 형태로 계시해 주고 많은 흥미를 일으킨다(마 13:10-11,16). 새로운 진리들을 흥미를 가진 청중들에게 알려 준다(마 13:11-12, 16-17). 신비한 진리를 이미 알고 있는 사물들과 비교함으로써 알게 해 준다(마 13:11). 관심 없는 청중들에게 진리를 감추고 내심 반역하게 한다(마 13:11-15). 진리를 사랑하는 자들에게 진리를 더하게 하고 더욱 사모하게 한다(13:12)(Dake 1963:88). 이러한 정보 전달 방식의 일종으로 구약 시대에는 비유와 함께 이야기를 통한 전달 방식이 메시지를 전달하는 기술적인 요인으로 작용하였다. 구약의 이야기 전달 방식을 통해 당시 사람들은 그 이야기를 들었을 때 흥미를 갖게 되고 한 번 듣고 나서도 쉽게 잊혀지지 않게 되었다. 심지어는 그 내용과 구절들을 지속적으로 암송할 수 있게 하는 탁월한 전개 방식으로 인해 의도적으로 채택된 것이다.

예수님의 비유는 그것을 들은 모든 사람들에게 폭넓게 진리를 전달한 후에 그 진리를 더욱 명확하게 밝히기 위해서 예증으로 사용된 것이다. 무한하신 하나님께서는 인간의 유한한 한계에 하나님 나라의 장엄한 계시를 전달하기 위해 인간들에게 친근한 것들로 낮아져 전해야만 하셨다.

이를 통해 전달의 역사 속에 분명 그 비밀의 메시지를 적극적으로 드러내기 원하시는 하나님의 계시적 목적이 있음을 알 수 있다.

그의 메시지 전달 방법은 하늘에 속한 자신의 시각에서 이야기를 풀어 나가는 것이 아닌 낮은 인간의 시각과 수준에서 이야기를 전개하는 지극히 성육신적인 것이었다. 이것이 예수님의 커뮤니케이션 원리 중 가장 근본이 되는 부분이다. 복음은 어떤 특별한, 특정한 사람들에게 제한적으로 전달되는 것이 아니라 누구나 광범위하게 들을 수 있는 매체로 전달되어야 했다. 당시 사람들이 이해할 수 없는 개념의 설교가 아닌 친근하고 실제 생활 속에서 등장하는 사물들의 비유, 이야기를 통해 천국의 진리를 나타내셨다. 예를 들면 흔히 볼 수 있는 자연물인 '꽃', '새', '씨', '밭', 인간관계인 '주인과 종', '친구', '목자와 양', '임금과 신하', 관습인 '파종', '아이들의 놀이' 그리고 예수께서 가상하여 만드신 상황인 '포도원 농부' 등 당시 사람들의 상식 수준에서 충분히 이해할 수 있는, 실제의 삶에서 취해진 주제들을 통해 사람들이 개념을 갖기 어려운 내용의 이해를 도왔다(Fore 1990:12).

이것은 단순한 이론들을 나열한 것이 아니라 예수님의 이야기를 통해서 청중들은 메시지의 핵심 개념에 대한 이해를 비주얼하게, 마치 영화를 보듯이 전달받을 수 있었던 것이다. 이것은 복음을 보다 폭넓게, 효과적으로 메시지를 전하고자 하신 예수님의 의지를 구체화한 것이다. 말씀이 육신이 되어 오신 예수님께서는 문화의 한 가운데에서 사셨고 그 문화를 사랑하시고 존중하셨다. 예수님을 따르는 사람들은 함께 행동할 때 당혹하거나 괴리감을 느낄 수 없었는데 그 이유는 바로 문화적 도구들을 일상적으로 사용하셨기 때문이다. 결혼식에 참석하셔서 하객들과 자연스럽게 어울리셨고 축제와 파티에서는 신나게 즐기셨다. 공동체 내에서 외톨이로 지내신 것이 아니라 파티(party)의 주인공으로 사람들을 더 없이 행복하게 하셨다.

인터넷을 통해 소개되는 최근의 복음적 콘텐츠들을 보고 있노라면 마치 예수님 시대로 돌아간 듯한 착각을 일으킨다. 글자를 쉽게 접할 수 없었던 당시의 대중들을 위해 마치 그림책을 펼쳐 보이듯이 예수님께서는 파노라마와 같은 이야기를 들려 주셨다. 당시의 이야기꾼은 지금의 영화나 드라마 연속극의 주인공과 같은 존재였다. 예수님께서는 청중들에게 조직신학을 강의하지 않으셨다. 인간의 지식화는 중요하고 바람직한 것이지만 문자는 지식을 만들고 그 지식은 예배와 말씀을 화석화시켰다. 이에 인터넷은 다양한 계층 간의 문화를 배려하면서 성경 내용을 기반으로 한 성경적 표현 방법인 비유적, 이야기적 콘텐츠를 창출하는 데 최적의 도구이며 세상 사람들의 문화 한 가운데로 인도하는 지름길이다. 인터넷 문화는 하류 문화로 여겨져 교회 역할을 하는 데 배척될 것이 아니라 성육신적인 커뮤니케이션 도구로 받아들여질 수 있다.

인터넷 콘텐츠를 통한 메시지의 형상화는 다양한 기법들을 통해 성경의 내러티브를 그대로 옮겨 올 수 있다. 현재까지 개발된 가장 탁월한 문화적 콘텐츠 표현 도구인 것이다. 찰스 크라프트(Charles Kraft)는 수용자의 정서, 권리, 능력, 성격, 환경 등을 고려하지 않고는 복음을 올바로 전하지 못할 것이라고 했다(Kraft 1991:25). 인터넷 교회에도 성령은 임재하시며 이를 통해 각 계층별, 분야별로 적용 가능한 메시지 및 시스템들과 비주얼한 웹 콘텐츠 개발은 이 시대를 사는 사람들의 감성에 접근하는 성육신적, 문화 변혁적 교회 개척의 한 방안이 될 수 있다.

인도인의 시각으로 묘사된 그리스도(맥가브란 아카이브)

2) 네트워크를 통한 대중소통

예수님의 메시지 전달 기술 중 두 번째로 강조된 점은 네트워크 형성을 통한 메시지 전달 방식이다. 그리고 복음은 청중들의 입을 통해 전달되었다. 예수님의 말씀은 당시의 사람들이 쉽게 기억하고 타인에게 전달하기 좋은 상태로 전달되었다(요 4:39-42). 복음은 사람들의 입을 통해 퍼져 나갔고 예수님을 직접 만나서 그 이야기를 듣지 못한 사람이라도 충분히 이해하기 쉽도록 제 삼자가 전달받을 수 있었다.

　실제로 예수님을 직접 만나서 그 이야기를 들은 사람보다 이야기를 들은 사람에게 간접적으로 전달받은 이들의 수가 더 많았다(눅 12:1). 이것은 일종의 네트워킹을 통한 전달 방식이다. 예수께서는 사람들이 직접 본인에게 찾아와 자신의 설교만을 들으라고 강요하시지 않고 이렇게 네트워크를 통해 군중이 모이고 복음이 전달되는 것을 막지 않으셨다.

　그 복음을 들어도 이해하지 못하는 사람도 있었겠지만 특별히 어떤 그룹의 사람들에게 전달되는 것을 금한 사례는 없다. 때로는 오천 명이(막 6:30-44), 때로는 사천 명이 예수께로 모였다(8:1-10). 그보다 더 많이 모였을 수도 있었다. 모이는 수에 대한 제한은 없었다. 단 제자들이 제자들을 파송할 때 당부하시기를 복음의 씨를 유대, 이방, 사마리아에 사는 사람들에게 뿌리도록 지역을 명하셨고, 그중에 마치 열매 없는 무화과나무 같은 곳에 시간과 노력을 쏟지 않도록 당부하셨다(마 10:5-6, 눅 9:5). 각지에서 예수님의 복음과 그분의 치유에 대한 정보를 네트워크를 통해 전달받은 사람들은 예수님이 어떤 분인지도 알지 못하는 가운데에서 그를 만나기 위해 찾아왔고, 옷자락이라도 붙잡으면 자신들의 문제가 해결될 것이라는 믿음을 가지고 나왔다.

　복음 전파의 원리는 이렇게 어느 특별한 사람, 특정인들만을 위해 제한적으로 전달되는 것이 아니라, 다수의 네트워크를 통해서 보다 많은 사람들에게 전해지는 특징이 있다. 만약 복음을 전하는 데 어떠한 조건이 있다면 그것은 복음을 들어보지 않은 사람들에게 가서 전하는 것이 최우선 순위라는 것이다. 사도들은 한 지역만을 위한 복음전파에 목적을 둔 것이 아니라 땅 끝까지 이르도록 각지로 이동하였다.

누가복음 9장에는 제자들을, 10장에는 칠십 인을 세워 복음 전파를 위한 네트워크 구축을 위해 여러 마을을 두루 다니면서 곳곳에서 전하게 명하셨다. 현재 인터넷은 일종의 무형의 교회로서 상호 커뮤니케이션 채널을 통해 광범위한 네트워크 구축을 가능케 하는 교회로 개척될 수 있다. 네트워크 형성 기능은 인터넷이 가진 가장 큰 장점 중의 하나이다. 대형 인터넷 네트워크 형성을 통한 커뮤니케이션은 개인과 개인, 다수의 대중과 개인, 다수의 대중과 다수의 대중이 서로 소통하고 신속하게 정보를 주고받는 데 기여한다.

3) 양방향 대화를 통한 대중소통

또 다른 예수님의 대중 커뮤니케이션 기술에는 일방적 주입식 교육이 아닌 양방향 대화 기술이 있다. 예수님께서는 자신의 가르침을 일방적인 선포로 그치는 것이 아니라 제자들에게 질문을 하여 대답을 들었고, 사람들의 요청을 접수하는 통로를 만들어 두셨다.

한 예로 누가복음서 9장 18, 20절에는 예수께서 제자들에게 "사람들이 나를 누구라 하느냐?" 그리고 "너희는 나를 누구라 하느냐?"라는 질문을 하신다. 예수께서는 일방적인 선포보다는 제자와 스승 사이에서 자연스러운 대화가 이루어질 수 있도록 하셨고, 제자들의 질문과 그들이 가진 궁금증에 대한 답을 주기 위해 창구를 열어 놓으셨다. 그리고 말씀을 들은 사람들이 스스로 생각하고 결론을 택하게 하셨다. 예수님의 대화 원리는 이러한 것이다.

성경적 원리로서, 어떠한 사회에서든 복음을 전하는 데 있어서 일방적인 전달에만 그치기보다는 청중들의 의견과 생각을 듣고 그에 대한 답을 주는 복음 전달 체계, 정보 확산의 원리가 필요하다. 예수님의 교회

개척을 위한 대화 방법은 일방적인 것이 아닌 서로가 교감을 얻는 방식이었다. 전방개척 선교지를 대상으로 한 인터넷 교회는 양방향 커뮤니케이션을 가능케 하고 현지인들과 현실적으로 호흡하는 역할을 감당할 수 있다. 믿음은 주입식 교육으로 발생하는 것이 아니고 믿음을 갖게 하는 일은 아무도 강요할 수 없는 일이다. 하나님이시라 할지라도 어느 누구에게든지 강제로 믿음을 부여하고 주입시키실 수 없다.

4. 바울의 대중 커뮤니케이션

바울은 예수님의 사례와 비슷한 맥락이지만 좀 더 전달 범위를 확대한 원거리 커뮤니케이션 기술과 소통 전략을 통해 정보 확산의 원리를 구축하며 교회를 개척한 사례를 보여 준다.

1) 서신을 통한 원격 소통

바울은 대중들에게 복음을 전달하는 데 다양한 정보 전달 기술을 적용했다. 그의 기술은 좀 더 진보적이고 광범위하며 조직적이고 테크니컬(technical)하다. 바울의 정보 전달 방법, 그 첫 번째로 서신을 통한 정보 저장 및 복음 전달 방식을 들 수 있다. 서신은 여러 가지 형태의 기록 문서를 가리키는데, 고대 문서들 중에는 다양한 종류의 사업 문서, 행정, 사법 문서, 정치, 군사 보고서, 개인 서신과 공문서가 포함되어 있다(아가페 1991:812).

바울은 사도들의 복음서와 같이 복음을 기록하여 서신 형태로 전달하였다. 바울의 편지들의 특징을 살펴보면 헬라 시대 영향권에 있었지만,

그래도 유대적인 인습이 많이 들어 있으며, 그만의 독창적인 형식을 가지고 있었다. 바울에 의해 발전된 서신 형식은 교회의 정책과 가르침과 권면의 소통을 위한 장르로 정착되었고 멀리 떨어져 있는 교회를 함께 묶는 역할도 담당하였다(아가페 1991:813).

그는 예수님의 공생애 기간 동안 직접 만나본 적은 없지만 성령을 통한 영적 네트워크를 통해 메시지를 받았다. 그는 자신의 체험을 통해 더욱 영적 네트워크 구축과 원격 정보 전달 방법에 확신을 가졌을 것이다. 그는 자신이 받은 복음을 타인들에게 전달하는 데 있어서 '기록함'으로 그 효과를 극대화하였다. 그가 가르치고 전했던 내용들은 현대까지 전달되고 있는데 이것은 바로 바울의 서신을 통한 정보 전달력과 당시 기술의 공로라 할 수 있다. 바울은 우편제도라는 당시의 첨단 정보 전달 체계를 사용하여 전방위 복음 전파를 시도했다(Larkin 1998:73). 바울의 서신은 하늘의 메시지를 인간들에게 전달하고 피드백을 받는 중요한 역할을 감당하는 도구였다. 당시 우편 시스템은 잘 개발되어 있었다. 또한 발신자가 자신의 메시지에 대한 보안을 지키기 위해 편지 겉봉에 인장을 사용한 봉인을 하였다. 그리고 지정된 메신저들(messengers)을 통해 서신이 전달되었다.

정보 전달을 통해 양육된 대표적인 교회의 근거를 성경에서 찾아 본다면 첫 번째로 데살로니가 교회를 꼽을 수 있다. 데살로니가 교회의 성도들은 불신자들로부터 많은 핍박을 받았다. 하지만 그들은 거기에 흔들리지 않고, 오히려 다른 지역의 성도들에게 모범을 보이는 신앙생활을 하였다. 그것도 바울이 3주밖에 사역하지 아니한 교회였기에 더 감동스러웠던 것이다.

바울은 짧은 시간에 교회를 개척하고, 자신이 맡은 선교지를 떠났지만 원격 양육 방법인 서신을 통한 교육을 통해서 교인들을 지속적으로 성장시키고 관리하였다. 바울은 한 곳에 머무르는 직무와 그에 맞는 사역 기능을 가진 선교사가 아니었던 것이다. 거주 그리고 비거주의 기능적인 측면, 원격 그리고 직접 지도 사역의 개념적 측면 등에 대한 이해의 사이에서 바울은 비거주 선교사, 원격 지도 목사로서 지역에 교회를 설립하고 그 교회에 부흥을 맛보게 하고 떠난 후 거주 담당 선교사를 파송하고 당시 정보 전달 기술인 서신을 통해 원격으로 자신이 개척한 교회의 성도들을 돌봤다.

고린도후서 7장을 통해서 바울은 그동안 악의 침체에 빠져 있던 고린도 교회가 회개한 것에 대해 기뻐하는 마음을 강하게 표현하였다. 지속적인 정보 수집과 정보 제공 및 네트워크 형성이 이러한 총체적 결과를 가능하게 하였을 것이다. 바울은 서신을 보냈을 뿐만 아니라 그들로부터 서신을 받기도 하였다. 그가 받은 서신들은 현재 존재하지는 않지만 존재 사실은 입증된다(브루스 1985:287).

바울이 어디에 있던지 그는 서신을 통해서 각 지역의 상황과 영적인 상태에 대한 정보를 받아 기도하고 권면의 말과 서신을 통해 양방향 원격 지도를 유지할 수 있었다. 회당과 여타 장소의 집회에서도 일방적인 강연이나 설교 방식보다는 양방향 대화 방식으로 복음을 전했다(바인 2004:24). 그의 서신을 통해 발견할 수 있는 정보는 아주 세세한 것으로 양방향 교류를 통한 원격 멘토링, 즉 양육에 대한 관심과 노력을 보여 준다.

2) 국제 네트워크 구축을 통한 소통

두 번째로 바울 또한 예수님과 마찬가지로 네트워크 형성을 통한 복음 전달 기술을 발전시켰는데 그는 보다 국제적이었다. 바울은 인종적으로서가 아닌 지역적으로 복음전파 대상을 선정하였다(보쉬 2000:210). 바울은 지역적 선교 전략을 가지고 네트워크를 형성했다. 지역의 분류를 통해 나누어진 사람들은 복음을 전달받고 양육, 교육받았으며, 바울은 네트워크 간의 상호 교류를 통해서 성도들을 지도했다. 바울의 선교 비전은 당시로서는 첨단 안목의 세계적인 것이었다(보쉬 2000:210).

바울은 로마의 시민이라는 입장에서 국제적인 네트워크 구축이 용이한 장점을 가지고 있었다. 바울의 신학에서 주목할 것은 이방인들에 대한 복음이다. 그는 이방인들을 이해하는 열린 마음을 가지고 접근하였다. 로마를 향한 바울의 여정이 그러했고, 이방인들과의 지속적인 네트워킹을 통해 전 세계를 향한 복음 전파의 의지를 표현하고 시작을 선포하였고(Senior 1983:183) 그들의 문화를 통한 대화를 추구하였다.

바울의 교회 개척 방식은 보다 폭넓고 많은 타 지역 사람들을 전도 대상으로 한 방식이었다. 3차에 걸친 그의 전도 여행, 즉 로마를 거쳐 스페인으로 가고자 했던 그 열정을 통해 증명될 수 있다. 바울의 국제적 의사전달 감각과 예비된 신분은 지속적인 커뮤니케이션을 통해 광범위한 지역 사람과의 네트워크 관리 및 양육을 용이하게 하였다. 바울의 이방인들에 대한 관심은 그들에 대한 정보 수집 열정과 무관하지 않다고 본다.

현대 사회 속에서 국제적인 커뮤니케이션을 어렵게 만드는 요인으로 각 문화를 바라보는 개인과 집단의 선입견, 고정관념(stereotype)을 들 수 있다. 때로는 어떠한 이익과 이데올로기에 관련하여 세계화를 거부하는 오류 가운데 거할 수도 있다. 지난 9·11 사태 이후로 무슬림을 일종의 테러리스트 집단으로 바라보는 일부 크리스천들의 이슬라믹 포비아(Islamic Phobia) 현상은 어쩌면 바울의 선교 마인드와 반대로 대치되는 것일지도 모른다. 이러한 배경이 배제된 가운데 활용되는 인터넷은 바울이 그랬던 것처럼 지속적인 네트워크 관리, 확장 및 양육 그리고 네트워크 같이 양방향 커뮤니케이션을 가능하게 한다.

3) 데살로니가 교회 사례

인터넷 선교의 인터넷 교회가 교회로서의 역할을 감당할 수 있다는 근거를 들 수 있는 교회의 모델을 성경에서 찾아 본다면 첫 번째로 데살로니가 교회를 꼽을 수 있다. 데살로니가 교회는 바울과 실라(행 17:1-2,10)가 제2차 전도여행(50-53년) 때인 A.D 51년경에 세운 교회로 알려져 있다. 이 교회를 설립한 기간은 세 안식일(행 17:2) 정도로 굉장히 짧은 시간에 교회를 설립하게 되었다. 바울은 제2차 전도여행 때 실라, 디모데와 함께 소아시아를 거쳐 그리스로 들어가 복음을 전했다. 데살로니가에 들어간 이들은, 3주 동안 유대인의 회당과 야손의 집에서 성경을 강론하며 예수를 그리스도라 전하자 경건한 헬라 인의 큰 무리와 적지 않은 귀부인들이 그들 가운데에서 믿게 되었다. 데살로니가 도시의 특징으로는 마게도냐 지방의 주요 도시들 가운데 하나로, 필립의 양자였던 카산더(cassander)가 B.C 315년에 건설하였고 도시 이름은 자기 아내의 이름을 따서 데살로니가라 불렀다. 당시 무역으로 활발하고 수많은 인구가 살았던 이곳은 자유 도시이기도 하였다.

데살로니가 교회의 특징은 믿음의 역사, 사랑의 수고, 소망의 인내가 있는 교회(살전 1:3), 많은 환란 가운데서 성령의 기쁨으로 도를 받은 교회(살전 1:6), 마게도냐와 아가야 지역 모든 믿는 자의 본이 되는 교회(살전 1:7), 하나님의 말씀을 받을 때 사람의 말로 아니하고 하나님의 말씀으로 받은 교회(살전 2:13), 바울이 환란 가운데서 요동치 않도록 하기 위해 디모데를 보냈던 교회(살전 3:1-3), 형제 사랑이 넘쳤던 교회(살전 4:9), 규모 없이 행하는 자로 인해 책망을 받았던 교회(살후 3:11)로 깊이 타락했던 지역이 변화됨으로 복음전파에 더 큰 영향력을 가지게 된 것을 특징으로 볼 수 있다. 이러한 데살로니가의 특징들은 현대 우리 시대 도시 사회가 가지고 있는 일반적인 특징들을 포함한다고 볼 수 있다.

데살로니가 교회의 긍정적인 면으로는 비록 3주간의 짧은 사역이었지만 마게도냐와 아가야 지역 교회의 모든 믿는 자의 본이 된 점, 환란 가운데서도 흔들림 없이 믿어 바울의 가르침을 지킨 점, 형제 사랑에 대해서 바울이 할 말이 없을 정도로 칭찬을 받은 점 등을 들 수 있고 부정적인 면으로는 극단적 종말주의로 인해 규모 없이 행하고 일만 만드는 자들이 있었다는 점(살후 3:11), 그리스도께서 곧 재림하신다고 말하고 다니면서 자신이 할 일은 하지 아니하고, 남의 일에 참견하여 문제를 일으키는 사람들이 있었다는 점이다.

이러한 여러 가지 정황들이 오늘날 우리에게 주는 교훈은 데살로니가 교회의 성도들은 불신자들로부터 많은 핍박을 받았다는 것이다. 하지만 그들은 거기에 흔들리지 않고, 오히려 다른 지역의 성도들에게 모범을 보이는 신앙생활을 하였다. 그 때문에 바울은 매우 흡족해하였다. 그것도 바울이 단 3주밖에 사역하지 아니한 교회였기에 더 감동스러웠던 것이다.

우리가 이 데살로니가 교회를 통해 생각해 보아야 할 것은 선교 방법에 대한 우리들의 이해이다. 예를 들어 데살로니가 교회가 단기 선교의 한 모델이 될 수 있고 단기 선교의 실제적 예를 보여 준 예시라면, 즉 짧은 기간에도 교회가 설립되고 교회로서 기능을 발휘할 수 있다고 볼 때 단기든 장기든 어떤 선교 방법만이 우세하다는 결론은 배제할 수 있는 것이다. 단기 선교의 부정적 측면을 평가하기에 앞서 단기 선교 자체가 나쁜 것이 아니라 단기 여행을 빙자한 준비 없는 선교에 문제가 있는 것이라는 점에 포커스를 맞추어야 한다. 즉 이 말을 다른 시각으로 해석해 보면 인터넷 선교나 직접 선교 어느 한쪽을 택하는 일이 중요한 것이 아니라 장기간의 오프라인 선교도 잘못하면 문제가 되는 것이고, 원격이고 비거주 선교이지만 인터넷 선교도 상황에 맞게, 정도를 지켜 계획하고 섬긴다면 교회 성장을 위한 방법으로 선택이 가능하다는 것이다. 최고의 선교 방법은 현지의 상황에 맞게 디자인된 것이다. 선교 방법론에 대한 논쟁이 끊이지 않고 있는데 이로 인해 고통받게 되는 곳은 결국 선교현장이다.

 제5장 **이머징 처치를 어떻게 볼 것인가?**

1. 포스트 모던 시대의 새로운 교회 모델

『목적이 이끄는 삶』의 릭 워렌(Rick Warren)은 예배, 교제, 제자 훈련, 목회, 복음 전파가 그리스도인들의 삶의 목적이 되어야 한다고 말한다. 그러나 시대가 바뀌어 가면서 이전에 교회를 찾던 신자들의 발걸음은 늘어나지 않고 오히려 줄어가고 있다. 이러한 현상은 결국 교회가 시대를, 시대의 감성을, 시대의 생각과 종교적 열망에 대한 요구를 읽어 내고 있지 못하고 있다는 증거가 될 수 있다. 이에 대한 대안으로 시작된 신흥 교회 운동, '이머징 처치 운동(Emerging Church Movement)'은 미국, 영국, 호주, 뉴질랜드에서 일어나고 있는 새로운 교회 운동이다. 이머징 처치는 선교적 교회로서의 가능성을 가지고 포스트 모던 시대에 맞는 새로운 교회 패러다임을 가지고 세속과 교회의 경계를 넘나들며 보다 성경적이고 교회다운 교회를 추구하고자 노력한다.

이머징 처치의 시작은 1986년 Gen-X 교회인 캘리포니아 주 LA의 작은 도시 포모나(Pomona)에서 개척된 뉴송교회(New Song Church)를 들 수 있다. 이 교회의 설립 이후 크고 작은 비슷한 형태의 교회들이 설립, 운영되었다. 그러나 이러한 교회들은 어쩌면 1960년대의 새로운 패러다임의 교회 운동, 빈야드교회, 갈보리채플 등의 형태에 외형적 옷만 갈아입은 모습이라고 할 수 있다. 문화의 본질을 추구하지 않고 교회적 용어를 현대 문화에 맞게 바꾼다고 시대의 흐름을 쫓아갈 수는 없다.

1993년에는 교회 안의 교회(Church-within-a-Church)의 형태로 이전의 Gen-X 교회와 비슷하지만 프로젝트 형식의 예배와 진행으로 많은 수의 성도들이 모이는 결과를 낳게 되었다. 온누리교회의 '열린 새 신자 예배' 등이 이와 같은 교회 내의 또 다른 형식의 교회이다. 제1부 예배는 전통적 예배로 드리지만 저녁 7시에는 구도자 예배로도 불리는 '열린 새 신자 예배'를 통해 전통적 예배와는 전혀 다른 파격적인 형식의 예배 구조로 드라마, 영상 등이 설교를 대신하기도 하여 새 신자들 또는 불신자들이 교회와 예배를 친근하게 느끼게끔 그들의 문화적 눈높이에 맞게 예배를 디자인하였다. 실제로 수많은 새신자들이 교회에 대해 어려움을 느끼는 부분이 기독교 용어(예를 들면 성령, 삼위일체, 보혈, 대속, 성육신, 강림, 은사, 방언, 기름부음 등), 제도적 용어(집사, 장로, 목사, 성도, 세례, 성만찬, 축도, 안수 등), 기독교 예배 형식, 찬송가의 운율과 가사 등을 들고 있다. 한 교회 내에서도 각각 다른 영역에 소속된 신자들이 출석하기 때문에 이러한 맞춤형 예배를 디자인하는 것은 성육신적 배려이고 예배의 기본이 되는 일이다.

또한 90년대 초 영국에서는 '신세대 목회팀(NGM: New Generation Ministry)'이라는 이름으로 12-18세 사이의 빈민 청소년들을 배려하기 위한 목회팀을 각 지역으로 파견하였고 이 팀들은 점차 셀 교회 형식으로 발전하게 되었다. 특징으로는 기존의 교회 행정 양식에서 탈피하여 현장 리더들에게 교회 운영 권한을 부여하고 실제적으로 참여하는 젊은 이들에게 자율권을 행사하게 하여서 보다 참여도 높고 젊은이들의 눈높이에 맞는 예배를 구상하고 현실화하게끔 도움을 주었다. 예배 형식은 시대를 지나면서 점차적으로 당시의 문화 속에서 변화되었다. 이러한 일종의 교회 변혁 운동은 각 시대마다 있어 왔고 현재의 교회들의 모습으로 발전되기에 이르렀다.

에디 깁스(Eddie Gibbs)와 라이안 볼거(Ryan K. Bolger)는 이머징 처치에 대해 "이머징 교회는 포스트 모던 문화 가운데 있는 교회를 의미한다. 이머징 교회의 정체성을 젊은이들의 교회(Gen-X Church)로만 여기는 것은 잘못 이해하는 것이다. 이머징 교회는 포스트 모던 문화 안에서 일어난 선교적 공동체이며 그들이 처해 있는 시간과 공간에서 신실한 믿음을 추구하는 예수의 제자들로 구성된 공동체이다(Gibbs and Bolger 2005:28)."라고 말했다.

현대의 구도자 예배와 이머징 교회를 비교해 보면 첫 번째로 구도자 예배가 '워십 서비스(Worship Service)'의 개념으로 설교와 음악 중심으로 편안한 프로그램을 제공한다면 이머징 교회는 '워십 서비스'의 개념이 아니라 함께 모이는 개념으로 설교와 음악 이외의 모든 요소를 예배화한다. 두 번째로 구도자 예배는 현대적 편리성을 추구하고 이머징 처치는 경험적이고 영적인, 때로는 신비적인 것을 추구한다. 세 번째로 구도자 예배는 스테인 글라스(stain glass)와 같은 옛날 것 교회적인 요소를 제거하고 스크린으로 대체하지만 이머징 교회는 스테인 글라스의 영성을 오히려 되살린다. 네 번째로 구도자 예배는 십자가 등 기독교가 가지고 있는 종교적 아이콘을 제거하지만 이머징 교회는 이를 다시 복귀시킨다. 다섯 번째로 구도자 예배는 무대, 극장과 같은 세팅을 선호하지만 이머징 교회는 응접실과 같이 안락하고 편안한 분위기를 추구한다. 여섯 번째로 구도자 예배는 예배에서 어두움을 제거하지만 이머징 교회는 어두움을 영성을 위해 사용하기도 한다. 일곱 번째로 구도자 예배의 핵심은 설교이지만 이머징 교회의 핵심은 함께 나누는 경험을 중요시한다. 여덟 번째로 구도자 예배는 설교자와 워십 인도자가 예배를 이끌어 가지만 이머징 교회는 설교자와 워십 인도자가 회중과 함께 연합하며 인도한다. 아홉 번째로 구도자 예배는 현대적 첨단 기술을 활용하는 반면 이머징 교회는 전통적인 요소 또는 신비주의적 요소를 경험하게 하는 빈티지 예배를 장려한다. 끝으로 구도자 예배는 구도자들이 교회에 적응하도록 돕는 예배이지만 이머징 교회의 예배는 모든 대중이 적응하도록 돕고 소그룹으로 보다 친근함을 나누는 공동체로 장려하는 색채가 강하다.

이러한 가운데 인터넷 선교, 인터넷 교회 개척의 의의는 이러한 구도자 예배와 이머징 교회 운동 사이에서의 맥락으로 해석될 수 있다. 이머징 교회 형식은 그 자유로운 특성상 다양한 형태로 발전하고 있어서 결론적으로 어떠한 형태의 교회의 모습으로 구축될 것인지는 아무도 모른다. 그러나 분명한 것은 인터넷이라는 도구가 현 시대의 사람들에게는 뗄래야 뗄 수 없는, 문화를 만드는 데 도움을 주고 문화적 교류를 이끌어 내는 도구로써 교회와 예배 구성에도 막대한 영향을 끼친다는 점이다.

20년 전만 해도 생소했던 인터넷을 통한 영상 예배, 예배 시 성경책을 찾지 않고 스크린을 바라보는 형태의 예배는 오늘날의 신자들에게는 익숙하다. 영상을 통해서는 은혜를 받지 못할 것 같았던 시절이 지나가고 이제는 영상으로 예배를 드리건 그렇지 않건 관여치 않고 은혜를 받는 신자들이 늘어나고 있다. 또는 설교를 대신하여 드라마로 예배가 진행되는 것에도 사람들은 어리둥절해하거나 놀라지 않고 오히려 감동을 받고 있다. 은혜를 받았다는 표현이 분위기가 좋았다라는 말로 바뀌고 있다.

우리는 인터넷의 각종 콘텐츠 제작 방식을 통해 예수님의 설교 방식인 비유적 표현 방식을 가장 잘 구사, 실현할 수 있다. 이머징 교회 목회자들의 설교 방식은 내러티브 방식이다. 이야기는 쉽게 기억할 수 있고, 재미있다. 인터넷을 통해 제공되는 성경을 근거로 한 다양한 이야기들은 현 시대 사람들에게 익숙한 플래시 애니메이션, UCC 동영상, 스토리 게임 등으로 전달되어 진리를 마음에 새기는 데 도움을 줄 것이다. 그렇게 예배를 위한 문화가 바뀌고, 형식이 바뀐다고 해서 영성이 바뀌는 것은 결코 아니다. 스크린으로 예배를 드리거나 인터넷으로 예배를 드린다고 해서 은혜를 덜 받는 것이 아니다. 그것은 결코 인터넷으로만 예배를 드리라는 말이 아니라 인터넷으로 드리는 예배도 인정하라는 뜻이다. 예배에는 하나님과 개인의 만남, 하나님과 공동체의 만남 그리고 공동체와 공동체와의 만남의 요소가 존재한다. 혼자서 하나님과 단 둘이 드리는 예배도 중요하고 공동체가 함께 드리는 교제와 나눔도 교회의 중요한 요소이다. 이러한 맥락에서 예배를 드리는 데 제약을 받는 무슬림 지역의 크리스천들, 예수를 믿는 무슬림들은 이러한 새로운 형식의 예배들을 통해 신앙을 지키는 데 도움을 얻을 수 있다.

2. 초대 교회-모바일 교회(행동하는 교회) 모델

모바일(mobile)을 다른 말로 포터블(portable)이라고 말할 수 있다. 포터블이라는 용어는 모바일의 초기 버전 정도로 이해될 수 있다. 포터블 교회라는 용어는 이동식 교회의 인상을 주어 자칫 축소된 교회 이미지를 줄 수 있으나 포터블 교회라는 개념을 통해 현재 누리고 있는 교회 안에서의 은혜를 내가 이동하는 모든 공간, 삶의 영역에서 맛볼 수 있게 된다고 이해하면 좋다. 마치 유원지에 놀러 가서 돗자리를 펼치듯이, 교회를 가지고 다니다 필요한 곳에서는 펼쳐서 예배하고 사역하는 개념이다. 모바일이라는 용어에는 보다 진보적으로 '교회된 내 자신이 서 있는 모든 곳'이 교회가 되는 개념이다. 예수 그리스도를 믿는 내가 있고 말씀이 존재한다면 이동식 교회로서의 기본적인 준비가 된 것이다. 예수님께서는 복음을 받아들이지 말라고 한 곳에서는 떠나라고 하셨다(눅 9:5). 바울은 그의 사역 초창기 유대인들을 향해 복음을 전하다가 별다른 성과가 없음을 빠르게 깨닫고 이방을 향해 복음을 전하는 방식으로 전략을 전환하였다. 전방개척 지역에서 불가피한 이동 상황이 있을 경우 건축된 교회를 이동하는 것은 불가능하지만 모바일 교회는 이동이 가능하다. 어쩌면 이러한 방법으로 이방을 위해 복음을 전하게 된 것은 시대적인 사명, 하나님께서 원하시는 방향성이다.

고린도전서 9장 20-23절을 통해 바울은 "유대인들에게 내가 유대인과 같이 된 것은 유대인들을 얻고자 함이요, 율법 아래에 있는 자들에게는 내가 율법 아래에 있지 아니하나 율법 아래에 있는 자 같이 된 것은 율법 아래에 있는 자들을 얻고자 함이요 율법 없는 자에게는 내가 하나님께는 율법 없는 자가 아니요 도리어 그리스도의 율법 아래에 있는 자이나 율법 없는 자와 같이 된 것은 율법 없는 자들을 얻고자 함이라 약한 자들에게 내가 약한 자와 같이 된 것은 약한 자들을 얻고자 함이요 내가 여러 사람에게 여러 모습이 된 것은 아무쪼록 몇 사람이라도 구원하고자 함이니"라고 말했다.

바울은 복음을 이방인들에게나 유대인들에게 전할 때 일방적으로 자신의 주장만을 피력하고 돌아서는 방식을 채택하지 않았다. 또는 주입식 전도 방식을 사용하지도 않았다. 그는 모바일 선교 방식으로 각 영역과 계층의 사람들에게 접근하여 그들의 문화와 언어로 융통성 있게 대화하였다. 여기서 모바일이란 개념을 살펴본다면, 모바일은 단순하게 이동성, 기동성만을 뜻하는 것은 아니다. 행동하는 교회로서의 철학을 담고 있다. 그리고 생각의 전환, 포용성에 관련한 말이 될 수도 있다.

더불어 모바일이라는 단어에는 융통성(flexibility)이라는 의미가 첨가된다. 따라서 모바일 교회를 이해하는 것은 우리가 기존에 생각하고 개념을 가지고 있는 교회에 대한 고정적인 관념, 선교와 전도에 대한 복지부동한 관점을 바꾸는 것에서부터 시작될 수 있다. 복음을 받아들이지 않는 지역에 대한 기동성, 그들을 끝까지 품고자 노력하는 수용성, 그들을 진심으로 이해하고자 하는 융통성이 모바일 교회의 기본적인 요소라고 할 수 있다. 우리는 교회를 찾아 가는 것이 아니라 우리 자신 스스로가 교회가 되는 개념을 가져야 한다. 교회를 찾게 하는 것이 아니라 교회가 그들에게 찾아 가는 개념이다.

이러한 개념에서 바울은 그 자신이 하나의 모바일 교회로서의 역할을 충실하게 감당했다고 볼 수 있다. 그 자신이 움직이는 교회요, 움직이는 선교 단체요, 전도를 위한 최고 전략이고 도구였던 것이다. 바울 자신이 곧 그 교회였다.

우리가 때때로 복음을 전할 때 박해를 받는 것은 복음 자체의 내용 때문이 아니라 복음을 전할 때 받아들이는 사람들에게 걸맞지 않는 전달 방식 때문일 수 있다. 한 예로 아프가니스탄의 봉사 활동을 통해 봉사팀들이 아프간 사람들에게 베푼 온정과 은혜, 의술과 봉사, 지원과 사랑은 아무런 문제가 없었다. 단 선교지에서 사역하는 것을 마치 나라를 점령하는 듯한 과시적이고 공격적인 이벤트 선교 방식에 대한 반감, 공격적인 선교 용어들을 통한 21세기의 십자군 전쟁을 방불케 하는 열심들이 비난의 근거가 된 것이다. 그 일로 인해 이전부터 불편한 심기를 가지고 있던 대중들이 한, 두 명씩 마음속에 있던 감정과 의견을 표출하기 시작했고, 전 기독교계가 당황할 정도로 공격은 산을 이루었다. 심지어는 기독교인들마저도 회의감을 가지고 한국 기독교계의 물량주의 선교 태도에 대한 문제점을 제시하기도 했다.

따라서 바울이 행했던 것과 같은 일명 '모바일 교회(Mobile Church)'를 추구하고 기독교인들과 일반 비신자들의 문화적인 충돌 부분을 잘 이해하여 좌로나 우로나 치우치지 않는 융통성 있는 교회를 세우는 데 관심을 기울여야 할 것이다. 바울은 거의 매일 회당에서 유대인들, 경건한 사람들과 변론을 하였고 또 다른 한편으로는 상가들이 밀집한 장터에서 흔하게 만나는 상인들, 주민들과 담소하고 변론하였다. 우리는 주일만 예배를 드리는 것이 아니다. 우리의 삶 자체가 예배가 되어야 한다. 움직이고, 생활하고, 일하고, 친교를 나누고 쉬는 모든 행동에는 예배적 요소가 있어야 하고 선교적 마인드가 있어야 한다.

그러한 삶이 바울이 선택한 '모바일 교회'이며, '모바일 사역(Mobile Ministry)'으로의 전략이다. 우리가 사역을 하는 데 어떤 조건이 필요한 것이 아니다. 우리가 예배를 드리는 데 꼭 성전이 필요한 것이 아니다. 노트북을 펼치고 인터넷을 접속하는 곳이 바로 사역을 위한 사무실이 되는 것이다. 노트북을 펼치고 예배 동영상을 볼 수 있는, 인터넷을 접속하는 곳이 바로 예배를 위한 교회가 된다. 모바일 교회는 단순하게 물리적인 환경 면에서 기동성만이 좋은 교회를 뜻하는 것이 아니라 문화적인 이해의 관점에서 융통성과 기동성이 있는 교회를 말한다. 마음이 열려 있는 교회, 타 문화를 진심으로 안고자 하고 포용하고 배려할 수 있는 교회가 진정한 의미에서의 모바일 교회라고 할 수 있다.

이러한 개념 가운데 교회는 결코 소유 재산이 될 수도 없고, 자식에게 물려주는 것도 아니며, 가시적 자랑거리도 아니다. 때로는 스스로를 희생하여 선교를 위해 찾아가는 모습이 될 수 있고, 유사시에는 이동을 할 수 있는 모습이 될 수 있다. 결국 이 세상 모든 곳, 모든 장소는 내 자신을 하나님께 올려 드리는 예배를 위한 교회가 된다. 내 자신이 교회이다.

3. 멀티사이트교회

움직이는 교회, 영혼들을 찾아가는 교회 모델로서의 또 다른 형태는 미국의 '멀티사이트교회(Multi-site Church)'를 들 수 있다. 크레이그 그러쉘(Craig Groshel) 목사는 미국 오클라호마 주 에드먼드 지역에서 '라이프교회(Life Church)'를 개척하여 멀티사이트(multi-site) 형식으로 교회를 개척해 7개 지역에서 약 17,000명의 성도들이 동시에 예배를 드리는 다이내믹한 형식의 사역을 추구하고 있다. 처음에는 작은 규모의 교회였으나 성령의 기름 부으심으로 대형 교회가 되었다. 그러나 교회가 급성장하면서 예배에 참석하는 많은 수의 성도들을 수용할 수 없게 되었다. 그래서 추구하게 된 것이 지역에 각각의 소규모 교회를 개척하고 인터넷과 영상을 통해 동시 예배를 진행한 것이다. 이로 인해 이 교회는 작은 교회가 소유할 수 있는 친밀감 형성을 격려하고 동시에 동일한 비전과 영성을 유지하며 지역의 한계를 뛰어 넘는 전략적인 교회 개척을 시도하고 있다.

이 교회가 처음에 걱정한 것은 오프라인상에서 담임 목회자를 직접 보며 예배를 드리는 것과 동영상을 통해 예배를 드리는 것에 대한 차이에 대한 것이었다. 그러나 대다수의 교인들이 이러한 예배 간의 차이를 별로 느끼지 못하였고 오히려 지역적 단점, 즉 예배를 위해 장거리 운전으로 시간을 낭비하는 등의 문제를 축소하여 받은 은혜를 가지고 즉각적으로 선교를 위해 절약된 시간을 사용할 수 있음을 고백한다. 결국 성도들에게 은혜를 끼치는 것은 담임 목사 자신이 아니라 하나님의 은혜, 성령님의 인도하심이기 때문이다. 이 교회는 포스트 모던 시대에, 온라인에 친숙한 대중들에게 그동안의 교육 내용 등을 동영상으로 제작해 인터넷을 통해 무료로 배포한다. 단지 설교뿐만 아니라 드라마, 주제가 있는 다큐멘터리 형식의 인터뷰, 심방, 간증 등을 제공하기 때문에 믿지 않는 사람들에게도 인기가 있다. 그리고 독특한 점이 하나 더 있는데 그것은 인터넷을 통해 예배를 드리는 사람들 또한 하나의 공동체로 이해하는 관점이다. 크레이그 그로쉘 목사(Craig Groeschel)는 인터넷 예배를 통해 말씀을 나누고, 헌금과 성례전을 하며, 봉사도 가능하다고 한다. 따라서 이러한 인터넷 성도 공동체를 통해 기존의 지역적 교회의 한계를 뛰어넘어 전 세계적으로 교회 공동체를 구성할 수 있다고 말한다. 이것은 또 다른 형태의 모바일 처치의 개념이다. 멀티 사이트 교회는 이렇게 지역적, 언어적 한계를 넘어 전 세계를 링크하고 에너지를 주고받으며, 서로의 영성이 오고 가는 형태의 교회를 꿈꿀 수 있게 한다.

4. 모바일 교회의 과제

2009년 말 크리스천 격월간지인 《아웃리치 매거진》(Outreach Magazine)과 《라이프웨이 리서치》(Lifeway Research)는 미국 100대 대형교회와 100대 급성장 교회에 대한 보고서를 발표했다. 급성장 교회 1위로는 알칸사스 주 콘웨이(Conway, Arkansas)에 위치한 뉴라이프교회(New Life Church)가 선정됐다. 매주 약 6,000명의 성도들과 4개의 지교회에서 예배를 함께 드리는 담임 목사 릭 비젯은 특별히 도시 선교를 지향하며 이전 교회에서 상처를 받아 교회에 대해 부정적인 선입견을 가진 자들에게 관심을 가졌다. 뉴라이프교회는 최근 아웃리치 활동을 위해 '알칸사스드림센터(Arkansas Dream Center)'를 리틀 락(Little Rock) 지역에 설립했다. 특별히 이 교회는 인터넷으로 보다 폭넓게 복음을 전하기 위해 텔레비전과 라디오로도 동시에 방송되는 동시호출예배(simul-casting service)를 시작했다.

이머징 시대에 우리의 과제는 시대적인 모바일적 성질을 통해 교회 내에서 문자 매체 문화에서 디지털 영상 문화로 바뀌는 현실에 대해 유동적 대처와 방안, 관심과 연구 그리고 대안을 만드는 것이다. 오랜 역사를 통해 보면 교회 내에서 이미지는 철저하게 무시되어 왔다. 형상은 우상숭배와 관계가 있었다. 제임스 패커(James Packer)는 그의 저서 『하나님을 아는 지식』을 통해 어떤 형상이라도 예배의 도구로 사용하는 것을 금하라고 경고했다. 그는 "형상은 하나님의 영광을 흐리게 하고 그분에 관한 거짓 개념을 전달한다"라고 말하였다(존스톤 2003:109). 반면 피에르 바뱅(Pierre Babin)은 그의 저서 『디지털 시대의 종교』를 통해 디지털 문화에 익숙한 사람들에게 단어로 연결된 메시지 전달이 잘 되지 않는 상황에 대해 새로운 언어의 개념을 제시하고 현 시대의 감각과 취향에 맞는 새로운 언어를 통한 접근 방법에 대해 주지시킨다. 바뱅은 디지털 시대의 새로운 커뮤니케이션 방식에 적응할 것을 지적하고 색, 형태, 음성과 영상을 통해 대화할 것을 강조한다(박양식 2002: 204). 이것이 바로 21세기 모바일 교회가 가질 수 있는 입체적 대응 요소라고 믿는다. 글은 전혀 없지만 렘브란트(Rembrandt Harmenszoon van Rijin)가 그린 "돌아온 탕자"(the Return of the Prodigal Son)는 언어가 다른 지구촌의 수많은 사람들에게 하나님의 은혜를 전달하고 있다.

렘브란트의 "돌아온 탕자"

바울이 21세기에 생존했다면 그러한 대화 방식에 관심을 가지고 시청각적 모바일 교회들을 개척했으리라고 믿는다. 인터넷의 강점 중 하나는 모바일 라이프(mobile life)의 창출이다. 교회는 한 곳에 고정되어 머무르는 형태가 되어야 하는 것이 아니고, 고인 물처럼 존재하는 것이 아니며, 오래된 화석처럼 굳어지는 것이 아니고, 예배 매너리즘에 빠져 푸석푸석한 예배를 드리는 곳이 아니다. 생동감 있게 움직이고, 선교 전략적으로 시시각각 변화적인 형태를 취하고, 영적으로 살아 움직이며, 문화 수용적인 면에 있어서도 카멜레온처럼 대중들의 기호와 호흡하여 결코 그들의 문화와 대립하고 적대시되지 않는 융통성을 가지고 있어야 한다. 오늘날의 십대들은 만남을 통해 대화하는 것보다 문자나 이메일을 통해 훨씬 더 끈끈한 관계를 형성할 수 있다. 모 회사의 블랙베리폰과 같이 문자를 더 쉽고 편리하게 보낼 수 있는 모양으로 모바일 폰(mobile phone)은 진화하고 있다. 한국은 문자 전송량이 세계에서 가장 많은 나라에 속한다. 하나님의 영은 이렇게 디지털을 통해 전달될 수 있는데 우리는 아직도 교회의 오동나무 강대상에 유약 칠만 하고 있을 것인가?

5. 인터넷 교회-노아의 방주

다른 한편으로 모바일 교회의 개념을 노아의 방주를 통해 찾을 수 있다. 인터넷 교회는 움직이지만 한편으로는 움직이지 않는 역할을 하는 교회로서 존재한다. 바로 인터넷이라는 바다에서 떠다니며 그 역할을 감당하는 개념이다. 노아의 이야기를 통해서 좀 더 살펴보기로 하자.

하나님의 명령을 들은 노아는 마음이 무거웠다. 인류가 멸망할 것이라는 계시를 받고 마음이 무겁지 않을 수 없었을 것이다. 마음도 무거웠지만 그 엄청난 규모의 방주를 만들 것에 한숨부터 나왔다. 방주를 만들고 있는 동안 사람들의 비난과 조롱은 끊이질 않았다. 그러나 노아는 그들의 조롱에 굴하지 않고 하루하루 하나님께서 명령하신 대로, 지시 그대로 방주 짓기에 전념했다. 사람들에게 지구의 종말을 알리고 생명을 구하는 복음을 전하는 일도 게을리 하지 않았다. 그는 분명 당대 최고의 의인이었다. 그의 성실함으로 드디어 방주는 완성이 되었다. 사람들은 아무도 그의 말을 듣지 않았고 결국 암수 한 쌍씩의 동물들만이 방주에 오르게 되었다. 드디어 심판의 날은 찾아오고 엄청난 양의 비가 내리기 시작했다. 지구상의 모든 것이 물로 덮이고 인류는 재앙 속으로 사라지고 노아의 방주는 항해를 시작했다.

그런데 그 방주에는 배로서는 무언가 빠진 것이 있었다. 그것은 둥둥 떠 있기만 하는 기능만 있을 뿐이지 앞으로 가거나, 뒤로 후진하거나, 옆으로 또는 잠수함처럼 밑으로 나아가는 움직이는 기능이 없었다. 앞으로 전진하는 항해를 하려면 바람을 모으는 큰 돛이나, 힘으로 배가 움직이게끔 여러 개의 노가 있거나, 아니면 모터나 엔진, 증기기관 같은 동력원이 설비되어 있어야 한다.

그런데 노아의 방주에는 그 어떤 동력 장치도 달려 있지 않았다. 그저 둥둥 떠 있는 기능만이 존재할 뿐이다. 동력이 설치되지 않은 것과 더불어 이 방주에는 항구에 도착하면 내릴 닻도 없고 방향을 바꾸는 키도 존재하지 않았다. 하나님께서는 그러한 동력 장치들을 부착하도록 명령하지 않으셨다. 구원을 담은 복음의 방주는 움직이지만 그저 둥둥 떠 있는 기능으로 충분했다. 그리고 하나님의 때에 임무를 수행하고 구원의 때가 되자 그 배는 앞으로도 뒤로도 옆으로도 아닌 밑으로 방향을 잡고 내려가기 시작했다. 물이 빠지기 시작한 것이다.

교회 즉, 인터넷 교회는 마치 노아의 방주와도 같다. 세상이라는 바다 위에, 인터넷의 바다 위에 둥둥 떠 있음으로도 그 역할을 감당할 수 있다. 움직이는 기능은 있지만 강제적으로 또는 스스로 움직이지는 않는 것이다. 그 배는 항구에 매여 있지 않은 배로서 어디든지 갈 수 있는 기동성을 가지고는 있었다. 우리가 교회로서, 인터넷이 교회로서 앞으로 나가거나 많은 사람들을 한 장소에 끌어 모으는 어떤 전략을 내포하지 않더라도, 콘텐츠 안의 복음이라는 정보만을 통해서도 성령께서는 영혼들을 향해 역사하신다. '무소 부재하신 하나님', '유비쿼터스 하나님'께서는 언제나 우리와 함께 하신다. 자유롭게 놓여져 있으면서도 하나님의 뜻대로만 움직이는, 하나님의 인도하심에 내어 맡긴, 눈에 보이면서도 교회 건물처럼 손에 잡혀지지는 않는 것 같은 인터넷 교회는 언제나 우리와 함께 하시는 하나님을 좀 더 구체적으로 만나도록 도와주는 방주와 같은 기능을 한다. 세상의 조류와 흐름에 맞추어 그저 둥둥 떠가는 모양의 교회, 거친 파도가 치면 파도에 흔들리고 잔잔하면 가만히 떠 있는 순응형 교회, 그러다 결국 예정된 산에 닿아 정박하게 되는 든든한 교회, 그런 모습의 교회와 사역을 이 시대는 원하고 있다.

제6장 원리에 접근하는 인터넷 교회

1. 생각의 전환

현재의 교회 모델은 구도자들 그리고 문화가 다른 사람들에게 접근하거나 종교가 다른, 특별히 무슬림에게 접근하기 어려운 점에 대한 문제제기를 할 수 있다. 그렇다면 한국 크리스천들이 이해하는 교회의 형태는 무엇인가? 우선 교회 형태는 십자가를 달고 있어야 한다. 이전 세대는 교회의 이미지를 떠올리면 늘 종탑을 그리고 있다. 이전에는 시계를 가지고 있지 않았기 때문에 외국의 선교사들이 한국에서 교회를 건축하게 되면 가장 먼저 종탑과 종을 구입하였다. 이것은 교회가 지역 사회에게 줄 수 있는 일종의 서비스였다. 하지만 현대 한국 교회의 건축 양식에 굳이 종탑과 종을 반영할 필요는 없다. 현대에 와서는 종을 대신하여 차임벨로 대체되고 그나마도 주변 민원들의 소음 신고로 대부분의 교회들이 사용을 멈춘 상태이다. 따라서 선교지 교회에 교회 건물을 건축할 때, 옛날 한국 교회처럼 종탑을 세우거나 십자가를 세우려는 것은 지나간 한국적 교회 문화를 통해 갖게 된 고정관념이다.

어떤 나라에서 십자가는 증오와 저주의 상징이다. 자신들의 선조들을 무참히 살해했던 서양인들의 행태를 십자가로 기억하던 민족에게 십자가를 전한다는 것은 그들이 생각할 때 자신들을 저주하는 것이지 결코 호의적인 행동이라고 이해할 수 없다. 그러나 아직도 많은 나라에서는 십자가를 달고 한국에서 건축비를 지원한 교회의 이름을 가진 현지 교회들이 발견되고, 이제는 문을 닫아 폐허가 된 채 한국식 간판이 비스듬히 널부러져 있는 교회의 모습을 통해 가슴 아픈 현실을 발견하기도 한다. 이제는 도시적, 현대적, 한국적 정황에 맞는 건축물보다는 현장에 친근한 교회 건물 또는 형식을 선교지에 전하는 것을 고려해야 한다.

즉 한국형 교회 건축 구조를 선교지에 도입하려 한다는 것이 문제인데 이러한 것이 하나님의 명령이라고 믿는 자세는 삼가해야 한다. 이것은 어쩌면 현대인들이 만들어 나가는 제2의 십자군 전쟁과 같은 시도가 아닌가 한다. 무슬림 지역에 굳이 십자가를 세우려는 이유가 무엇인가? 개종만을 강요하는 것이 선교는 아니다. 신앙적 양심과 순교를 위한 각오는 꼭 표현될 필요는 없다. 그들의 문화를 배려한다고 피묻은 십자가의 의미가 사라지는 것은 아니다.

교회 건물을 세우는 데 있어서 기존의 교회 문화를 이해하고자 하는 측면을 떠나 현장을 실제적으로 이해하고자 하는 측면에 있어서도 노력과 배려가 필요하다. 아프가니스탄의 국립 의료기관인 이브니시나 병원의 경우 한국의 지원으로 병원을 설립하였는데 제작을 의뢰받은 설계자가 아프간의 상황을 정확히 파악하지 못한 채 설계도면을 작성하고 그 설계도면대로 현지에서 건물을 완공한 결과 현장과는 괴리가 있는 건물이 탄생하게 되었다. 한국식 빌딩으로 건축하여 모양은 보기 좋으나 아프간 상황에 맞지 않는 환기 구조 때문에 오후가 되면 전원이 공급되지 않는 상황 가운데 어려움을 겪고 있다. 또한 미적 상황을 고려하여 중앙 로비에 분수를 설치하였지만 이것 역시 아프간의 상태를 고려하지 않은 배려였다. 현재 재공사를 준비 중이라고 한다. 섬세한 연구와 배려로 재탄생한 병원을 통해 그들이 고통과 아픔에서 벗어나 기쁨으로 웃음짓기를 소원해 본다.

위의 사례와 같이 현지에 교회를 건축한다고 할 때 한국의 크리스천 개념으로 교회를 설립한다면 이 자체가 성경적 교회 설립의 모습이라고 하기는 어려울 것이다. 마찬가지로 온라인 교회인 교회 웹 사이트의 경우에도 하나의 교회로서 사회문화 접근이 보다 용이해야 한다. 우리가 고집하는 문화로 교회 양식을 갖춘 것이 아니라 불신자와 공동체 문화가 납득할 수 있는 수준의 교회 양식과 흐름을 지원할 수 있어야 한다.

웹 교회는 현재 진화하고 있는 단계이다. 웹이 주는 사회적 영향력은 이미 크며 대중 문화, 콘텐츠 그리고 시스템이 융합된 매체이기 때문에 여러 면에서 보다 복합적인 고찰과 연구를 해야 한다. 한국 교회가 타성에 젖은 것을 회개해야 할 시기라면 한국의 온라인 교회, 선교적 웹 사이트들도 마찬가지로 양적 물량 공세에서 벗어나 자성하고 방향성을 잡아 공연한 예산 낭비를 막고, 기독교에 반감을 가진 이들에게 책망받지 않는 미래적이고 발전적인 교회 성장의 원리와 방향성을 가지면 좋을 것이다.

2. 할랄과 하람

세상은 웹상에서 하나가 되어 가고 있다. 세계화의 물결 속에서의 일반 기업들이 제안하는 문화 접근 방법 몇 가지 예를 들어보자. 무슬림 세계에는 법적으로 허용된 '할랄(Halal)' 식품과 섭취를 금하는 '하람(Haram)'이 있다. '할랄' 식품이라 함은 베이컨이나 햄, 돼지고기 등이 들어가지 않은 음식 등을 지칭하며 이슬람 식으로 도살된 고기를 뜻한다. '할랄'이 되지 않은 음식은 어떤 것도 먹을 수 없다. 이러한 법을 존중해서 KFC에서 출시된 새 메뉴는 최초로 '할랄 식품기관(Halal Food Authority)'의 허가를 받아 만들어진 것이라고 한다. 2009년 전 유럽에 720여 개의 매장을 보유한 KFC는 소비자층을 넓히고 요식업계의 지위를 확고히 하기 위해 무슬림을 위한 메뉴를 출시했다. KFC는 런던 8개 분점에서 이러한 무슬림을 위한 메뉴 시판에 나섰다. 또한 도미노 피자도 고객을 더 확보하기 위해 버밍엄 점에 최초로 무슬림을 위한 메뉴를 출시하고 판매를 시작했다.

부드러운 도넛으로 유명한 '크리스피크림'에서도 '할랄' 식품기관의 인증마크가 부착된 신 메뉴들의 판매가 시작됐다. 또 돼지고기를 먹지 않는 이슬람계 율법에 따라 일부 패스트 푸드 매장에서는 베이컨이 들어간 햄버거의 판매를 중단할 것이라고 한다. 이러한 배려와 접근은 상업적인 목적에서 이루어지는 것이지만 만약 무슬림들이 교회를 방문하였을 때에 식당에서 '할랄' 음식을 구입할 수 있다면 교회 문턱을 더 낮게 느낄 것이다. 이처럼 일반 업체들의 접근 방법에서 무슬림들을 배려하는 접근 방법을 배울 수도 있을 것이다.

이는 바울의 음식논쟁과 맥락을 함께 한다고 볼 수도 있다. 어떤 크리스천이 우연히 불교 방송 채널을 시청할 수는 있지만, 정기적으로 불교 방송 채널을 선호하지는 않을 것이다. 반대로 기독교 케이블 채널에서 제작한 기독교 콘텐츠들을 관심을 가지고 즐겨 시청하는 불교 신자들은 몇 명이나 될까?

정서적, 문화적으로 맞지 않는 콘텐츠를 대할 때 시청자는 불편함을 느낀다. 타 종교에서 기독교 방송 및 선교적 인터넷 콘텐츠들을 바라보는 시각은 동일하다. 선교를 위한 복음 채널들이 기독교인들만이 시청하고 도움을 얻는 게토(ghetto) 방송들이 되어서는 안 될 것이다. 교회적인 또는 선교적인 기독교 웹 사이트들은 이러한 측면에서 전략을 달리하고 가시적인 성과, 즉 크리스천 시청자 수 늘리기에만 관심을 갖지 말고 구도자들을 위한 관심과 투자를 지속하는 전략적인 사역을 해야 할 것이다.

3. 무슬림 전도를 위한 접근 문제

무슬림 권에서 나타나는 여섯 가지 유형의 그리스도 중심 공동체를 규정하는 스펙트럼(spectrum)은 존 트라비스(John Travis/가명)에 의해 소개되었다. 여섯 범위에 있는 유형들은 언어, 문화, 예배 형태, 다른 사람들과 함께 예배하는 자유의 정도, 그리고 종교적 정체성 등에 의해 분류된다.

C1은 외부인의 언어를 사용하는 전통적인 교회를 말한다. C1의 신자들은 자신들 스스로를 그리스도인이라 부르고 그리스도인의 정체성을 가지고 있다.

C2는 언어부분만 빼고는 C1과 동일하다. 자신들의 언어를 사용하지만 종교적인 언어는 비이슬람적인 것이다.

C3는 내부인의 언어와 종교적으로 중립적인 내부인 문화 형식들을 사용하는 상황화된 그리스도의 공동체를 정의한다. 민속 문화들을 사용하고 이슬람적인 요소는 배재하며 고유 문화만을 사용하는 경우이다. C3의 신자들도 자신들을 그리스도인이라고 부른다.

C4는 내부인의 언어와 문화적으로 이슬람 형식들을 사용하는 상황화된 그리스도 중심의 공동체를 뜻한다. 이들은 엄격하게 이슬람의 원칙을 준수하고 자신들을 '메시아 이사(Isa)를 따르는 이들'이라고 지칭한다.

C5는 예수님을 주님과 구세주로 영접한 '메시아적 무슬림'들 중심의 그리스도 공동체를 뜻한다. 이 영역의 신자들은 법적으로나 사회적으로나 이슬람 공동체 내부에 잔존하며 메시아적 유대교와 비슷한 형태를 유지한다. 이슬람 예배의 참석여부는 집단에 따라 차이가 있지만 예수님에 대한 자신의 믿음으로 나눈다. 이 영역의 신자들은 자신을 메시아 이사를 따르는 무슬림이라고 지칭한다.

마지막으로 C6의 영역에서는 여러 가지 위험성들로 인해 비밀리에 그리스도께 예배하고 환상, 꿈, 방송, 전도지 등의 자료들을 통해서 양육받고 메시지를 공급받는다. 이들은 자신의 신분을 분명하게 무슬림이라고 생각한다(랄프 윈터 2000:467-468).

이상과 같은 현상 속에서 윤리적, 사회적인 규범, 법적인 테두리 안에서 전방개척 선교를 시행할 경우 제약을 받지 않고 선택적인 요소로 존재 가능한 사역이 웹 멘토링, 즉 인터넷을 통한 정보 전달 사역이다. 이것은 내부자들을 양육하기 위한 교육 수단이 될 수 있으며, 친밀감과 영적 교류 및 격려가 가능한 채널이 되는 것이다. 그리고 상황화 운동의 한계들에 대해 어느 정도의 대안이 될 수도 있다.

내부자 운동에 대한 의문을 가진 사람들은 메시아닉 무슬림들이 기독교인임을 부인하고 실제로 믿음을 유지한다는 사실에 의문을 갖는다. 일본의 한국 강제 점령기 당시 순교를 앞두고 어떤 목회자는 자신이 그리스도인임을 밝히고 죽임을 당했는가 하면 일부 목회자는 자신이 그리스도인임을 부인하고 현재까지 목회를 하여 비난의 대상이 되기도 하였다. 고(故) 한경직 목사의 경우 그러한 과거를 고백하여 오히려 많은 사람들로 하여금 이러한 이슈에 대한 깊은 고찰을 하게 만들었다. 이러한 이슈는 쉽게 판단할 수 있는 일이 아니다.

두 번째로 내부자들의 양육에 대한 부분이 있다. 그들이 말씀을 통한 지속적인 양육이 결핍된 가운데에서 영적인 인도하심만을 의존한다는 것에는 무리가 있다. 이에 대해서 웹 멘토링은 보다 현실적인 대안이 된다고 본다. 내부자 운동을 비판하기보다는 어떠한 방법이든지 전도와 선교를 위해 보안하고 서로 격려하는 자세가 중요하다.

4. 대중 전도를 위해 기독교 콘텐츠가 가진 문제

현재 우리가 무슬림에게 선물할 수 있는 콘텐츠는 지극히 한국적이다. 서구인들이 생각하기에 집안에서 신발을 벗고 생활하는 것은 미개한 일이라고 생각한다. 그러나 대부분의 동양인들의 경우 실내에서 신발을 신는 행위는 무척 불결하다. 왜냐하면 외부의 불결한 것들을 모두 묻히고 있는 신을 신고 실내에서 생활하는 일은 청결을 유지하는 면에서 매우 불리하기 때문이다. 동양인들은 서양의 영화에서 주인공이 침대 위에 신발을 신고 눕는 행위를 보고 무척 놀라기도 한다.

마찬가지로 좌식 문화가 발달한 중동지역의 PC방을 한국인이 방문하면 한국과는 전혀 다른 PC방 문화에 생소함을 느끼게 된다. 우리시각에서 좌식 PC방은 조금은 어색하다. 한국이 좌식 문화권임에도 공공장소 문화는 입식으로 변화되어 있는 현실 때문이다. 이렇게 생활과 문화가 다른 가운데 서로 공감할 수 있는 모티브를 찾는다는 것은 쉬운 일이 아니다.

인도의 시각으로 표현된 우물가의 여인(맥가브란 아카이브)

인터넷은 커뮤니케이션을 가능하게 하는 시스템이 제공되고 있을 뿐이지 내부적인 교감을 이루어 내는 것은 인간의 감성과 표현, 철학과 지식 등이 담긴 영성 있는 콘텐츠들이다. 우리는 이러한 도구를 통해 하나님의 창의성을 발휘해 성경적 콘텐츠를 제작해야 하는 의무가 있다. 하나님의 창조성은 영과 함께 시작된다. 하나님의 공동체를 위한 모든 창조적인 사역은 성령에 의해 이루어진다. 출애굽기 35장 30절에서 32절을 보면 우리(Uri)의 아들 브살렐(Bezalel)은 "하나님의 영을 그에게 충만하게 하여 지혜와 총명과 지식으로 여러 가지 일을 하게 하시되 금과 은과 놋으로 제작하는 기술을 고안하게 하시며"라는 말로 표현되어 있다. 노아도 방주를 제작할 때 자신 스스로의 의지와 아이디어를 가지고 제작한 것이 아니라 하나님께서 주신 지혜와 안내를 통해 제작하였다. 하나님의 지혜 없이 인간 스스로 제작한 바벨탑은 결국 인류 최대의 실패한 발명품이 되었을 뿐이다.

찰스 크라프트(Charles Craft)는 강의를 통해 타 문화 이해에 있어서 예수님의 본을 따를 때, 개인이 다른 사람의 문화에 들어가 함께 일하려 할 때, 또 그 사람들의 문화와 세계관을 성경적인 관점에서 비판해야 할 뿐 아니라 또한 그것을 출발점으로 받아들여야 한다고 말했다. 그리고 그들 고유의 생활 방식을 존중하면서 말하고 행동해야 한다고 했다. 따라서 선교를 위해 콘텐츠를 개발하는 우리의 태도가 일방적이어서는 안 될 것이다.

우리가 은혜받는 설교 영상이라고 해서 언어만을 바꾸어 자막으로 처리해 준다고 그들을 위한 배려가 되는 것은 아니다. 이미 믿음을 가진 사람들에게 유익한 콘텐츠가 될지는 모르겠지만 구도자들에게는 그렇지 않을 수 있다. 선교를 위한 콘텐츠는 지극히 우리 입장에서 제작되어야 하는 것이 아니라 비판 가능성을 가늠하여 구도자들의 입장과 문화적인 관점에서 제작되어야 한다. 그것은 우리 주변의 믿지 않는 청소년들을 대상으로 하든 중동 지방의 무슬림을 대상으로 하든 마찬가지이다.

그런데 최근 한 가지 흥미로운 현상이 현장으로부터 보고되었다. 한국의 문화방송(MBC)에서 제작한 조선시대 궁중의 요리사, 장금의 삶을 주제로 한 사극 "대장금"이 중동 지방에서 인기리에 방송된다는 것이다. 아름다운 여배우의 열연에 힘입어서도 인기를 얻었겠지만 아무튼 이 한

류현상을 통해 중동 국가의 사람들에게 한국인들에 대한 이미지가 좋아졌다고 한다.

"대장금"의 경우 정서가 비슷한 일본에서 이미 인기를 끌었고, 동남아시아에 이어 이제는 중동에서 그 인기의 여세를 몰아 가고 있다. "대장금"의 인기 이후 다른 사극에 대한 관심이 높아지고 한국 문화에 대한 외국인들의 호기심이 선교적으로 도구화되기도 한다. 박력 있는 태권도 시범에 열광하고 한복의 고운 자태에 감탄하며 김치 맛에 입을 다신다.

현지인들에게 있어서 이방 문화인 우리의 문화를 통한 접근 전략은 비록 현지 문화를 배려해 콘텐츠를 개발하는 것은 아니지만 그들을 존중하는 마음 가운데 우리의 문화를 선보이고 교류하는 방식이 된다면 좋을 것이다. 우리의 것이지만 다가갈 때 어떤 마음으로 다가가는가에 따라 다른 결과를 얻게 된다. 우월 의식을 가지고, 민족주의적인 마음을 가지고 일방적으로 주입하는 듯한 방식만 아니라면 긍정적인 방법이 될 수도 있다. 선교지에서 김치 게토를 형성하는 자세는 문제가 될지도 모르겠지만 그들이 관심 있어 하는 김치를 통해 콘텐츠를 만들어 친분을 형성하는 것은 서로의 문화를 존중함으로 비롯되는 아름다운 하모니라고 생각된다. 우리는 다양한 창의적 아이디어들을 선교지를 위해 쏟아 내야 한다.

선교지를 위한 콘텐츠를 개발하는 데 있어서 근본적으로 하나님의 경건성과 함께 여러 가지 지혜와 지식, 경험과 대중성 등을 접목한 창조적 노력을 지향할 때, 보다 실제적인 결과물들이 탄생할 것이다. 로버트 뱅크스(Robert Banks)는 그의 저서 『일하시는 하나님』(God the Worker)를 통해 하나님을 음악가, 작곡가, 디자이너, 설계가, 건축가, 기술자 그리고 예술가로 표현했다(Banks 1992). 우리는 또한 하나님의 아들과 딸들로 아름다운 영성을 통해 선교를 위한 적합하고 창의적인 기독교적 콘텐츠를 개발할 수 있는 잠재력들을 보유하고 있다.

5. 적합한 기독교 웹 콘텐츠

웹은 엄청나게 많은 양의 정보와 콘텐츠, 자료와 생각, 철학과 이론이 담긴 통합체라고 할 수 있다. 웹 안에는 생각, 지혜, 지식이 담겨 있고 정보를 전달하며 사람을 설득하여 움직이게 하는 능력을 보유하고 있다. 흔히들 웹 공간, 웹 문화를 대수롭지 않게 생각하는 이유 중의 하나가 바로 이러한 이해가 정확하지 않다는 것에 근거한다. 웹이 대중 문화를 담고 있는 큰 통이라는 인식이 교회로 하여금 웹 문화는 값싼 대중 문화의 집합체라 여기게 한다. 그리고 결국은 웹 교회 또는 사이버 교회로 인해 교회가 값싼 대중 문화 속의 한 부류가 되어서는 안 된다는 인식을 갖게 된다.

노엘 캐롤(Noel Carrol)은 대중 문화에 대한 정의를 대량으로 생산해 낼 수 있는 도구와 대량 복제 기술을 통해서 싼값으로 보급되는 문화를 뜻한다고 말한다(신국원 2002:88). 널리 대량으로 복제하는 것이 그 역할이기에 예술을 폭발적으로 확장시켜 범람하는 수준까지 다다르게 한다. 특별히 디지털 기술을 포함한 인터넷 기술은 이러한 교회 문화마저도 홍수 시대로 이끄는 주 요인이 되었다. 인터넷 교회의 경우 한국 대다수의 교회가 자체 웹 사이트를 보유하고 있다.

오프라인 문화를 바라보는 관점에 대해 캐롤은 또한 대중 예술을 논하는 데 있어서 예술 작품이 개체나 형태에 있어 다수일 것, 대량 생산 기술로 제작되고 유통, 보급되어야 할 것, 예술 작품의 구조(이야기 형식과 상징, 불러일으키는 감정과 내용)가 가능한 한 가장 많은 수의, 훈련이 되지 않은(혹은 상대적으로 훈련을 못 받은) 청중이 거의 처음 접했을 경우에도 매료될 수 있도록 의도적으로 고안되어야 할 것을 제시하였다(신국원 2002:89). 이와 같은 구조 가운데 교회 웹 사이트들이 쏟아 내는 콘텐츠에 설교 동영상이 차지하고 있는 비중은 높다. 하지만 이러한 콘텐츠가 대중 문화의 범주에 들기보다는 특정 그룹을 위한 콘텐츠라고 규정하는 것이 옳다.

교회 웹 콘텐츠가 대중적으로 변화하고, 대중에게 다가가는 콘텐츠가 되려면 보다 대중 예술적 관점에 부합해야 한다. 더불어 캐롤의 대중 예술과 문화에 대한 요점은 이렇게 만들어진 대중 예술이 대량성의 성질과 광범위한 계층을 포괄하는 성질을 가진다고 하여 그 가치가 평가 절하되어서는 안 된다는 데 있다. 대중 예술이 대량 제공되고 복제된다고 하여 저급 예술로 불리어서는 안 된다. 즉 콘텐츠 자체 성격의 문제이지 예술 본질의 문제는 아닌 것이다. 따라서 싸구려 문화로 불리는 키치(kitch) 등과 같은 대중적 요소들과 동일한 틀 안에서 기독교 콘텐츠들이 대중들과 커뮤니케이션을 해야 할 때 크리스천들은 대중 예술의 본질을 추구하며 깊이 있고 포용성 있게 접근하는 자세가 필요하다. 절대적인 미의 기준은 존재하지 않는다. 어떤 사람에게는 지극히 아름다운 것이 다른 사람의 시각을 통해서는 그렇게 느껴지지 않을 수 있다. 우리는 항상 상대주의적인 시각에서 현상을 바라보아야 할 것이다. 우리가 취하려는 것은 모더니즘 타파와 포스트 모더니즘의 신봉이 아니라 모더니즘과 동시에 포스트 모더니즘을 수용하고 그것들의 한계를 뛰어넘는 예배를 드리는 것이다.

우리가 오해하지 말아야 할 것은 대중에게 다가가려는 노력을 결코 싸구려 문화 창출로 이해하는 편견을 가져서는 안 된다는 점이다. 또 반대로 전통을 무시해서도 안 된다. 이러한 맥락에서 교회가 보다 대중 예술적인 관점을 가지고 기독교 콘텐츠, 세상과 대화하는 콘텐츠를 개발해야 한다. 하급 문화가 다수에게 인정받게 될 때 그것은 더 이상 하류 문화가 아니라 검증된 대중 문화가 되는 것이다.

이전의 교회 콘텐츠들을 보면 대량 예술 문화에 보다 가깝다. 한 예로 길거리에서 나누어 주는 전도지들이 그러하다. 단순한 전도지들은 쉽게 복제가 가능하고 가장 쉬운 어휘로 표현되어 있으며 보다 많은 사람들에게 널리 보급될 수 있다. 성경 자체가 어쩌면 대중적 조건을 모두 갖추고 있는 매체인지도 모른다. 복음은 누구나 들어도 이해할 수 있을 만큼 쉽다. 성경은 전 세계적으로 가장 많이 팔린 책이 되었다.

두란노에서 출간된 조엘 오스틴(Joel Osteen)의 『긍정의 힘』은 한국판 출간을 준비할 당시 초기에는 약 30만 부 정도의 판매를 예상하였다. 그러나 대중 문화 속에 기독교문화를 보급하고자 하는 차원에서의 이해와 회사의 야심찬 전략적 마케팅을 통해 150만 권 이상의 판매 성과를 달성하였고, 출판 업계로서는 '베스트셀러'라는 영광을 안게 되었다. 놀라운 것은 이 책이 기독교인들 뿐만이 아니라 믿지 않는 사람들에게 폭넓고도 대중적으로 판매되고 읽혀졌다는 사실이다. 아니 어쩌면 한국 내에서 믿지 않는 사람에게 더 많이 판매가 된 유일한 기독교 서적일지도 모르겠다.

『긍정의 힘』의 신학적 가치에 대해 비평하는 학자 및 독자들도 적지 않다. 이 책이 신학적으로 깊은 이해와 가치를 비록 가지고 있지 않다고 하더라도 믿지 않는 사람들에게도 대중적일 수 있는 콘텐츠로서 기여한 것은 사실이다. 이처럼 폭넓게 대중과 보다 가까워질 수 있는 기독교 웹 콘텐츠를 개발하는 데 있어서 보다 '긍정적' 관점을 갖는 것은 중요하다고 본다. 제 이, 제 삼의 『긍정의 힘』 형식 출간은 계속 개발되고 제작되고 배포되어야 한다.

구도자 예배를 드리기 시작한 킴볼(Kimball)은 어느 날 MTV에서 기타의 신으로 불렸던 에릭 클랩튼(Eric Clapton)의 언플러그드(Unplugged) 공연을 보고 무언가를 느끼게 되었다. 이전까지 록 밴드(rock band)의 공연과 같은 예배를 섬겨 왔던 그에게 새로운 발견을 하게 만들어 준 것이다. 그는 화려한 무대와 가슴을 진동하는 드럼 사운드 없이도 청중들이 아주 가까이서 연주자와 호흡하고 마음을 여는 것을 눈으로 보게 된 것이다. 실제로 언플러그드의 성공 이후 자연스러운 편안한 음악 스타일이 한동안 유행하였다. 대중들은 이제 시끄러운 록 음악(rock music)에 피곤함을 느꼈다.

킴볼은 이에 '빈티지 예배(Vintage Worship)', 즉 사도신경이나 주기도문을 크게 소리 내어 읽음으로 중세의 영성 훈련인 '렉티오 디비나(Lectio Divina)'를 예배 시간에 재현하려고 노력했고, 예배를 천편일률적인 3단계 구성의 설교로 채워 이성에 호소하려 하지 않았다. 대신 다중적인 감각, 이미지 등의 다차원적 요소들을 동원하여 청중들을 예배 구경꾼으로 만드는 것이 아니라 모두가 참여하는 예배자로 만들고자 노력하였다(Kimball 155-169). 이는 예배의 유행, 사역의 트랜드(trend)만을 쫓아가서는 안 되고 그 안에 철학과 실천이 겸비되어야 한다는 점을 느끼게 하는 대목이다.

1) 문화적 혼합주의

인간의 삶과 뗄래야 뗄 수 없는 문화와 병행하여 사역을 섬겨 나갈 때 가장 큰 문제는 문화를 수용하는 과정에서 문화적 혼합주의(Cultural Syncretism)에 빠질 수 있다는 점이다. 혼합주의란 다양하거나 상충되는 세계관과 신앙을 기능적인 이해의 이유로 하나의 통 안에 집어 넣는 작업을 의미한다.

한 예로 일본 기독교가 가지고 있는 가장 큰 문제점 중의 하나가 기존의 사상과 기독교를 혼합하는 경향을 들 수 있다. 그들에게 있어서는 세속적인 인간성이 궁극적인 권위로 인정되기 때문에 수많은 일본인들이 그들의 필요에 맞는 신과 의식을 통해 자신들이 스스로 불러내고 다시 내보낼 수 있는 신을 새롭게 창조한다. 그들에게 있어서 하늘에 계신 하나님은 말과 의식으로 조종 가능한 존재로 인식되고 있다(포코크 2008:117).

'종교적인 혼합주의(Religious Syncretism)'와는 달리 '문화적 혼합주의'는 대개 무의식적으로 이루어지는데 선교 현장의 문화나 종교 습관 등을 비판 없이 받아들일 때 나타난다. 복음의 현장화 과정은 외래문화가 토착문화에 현장화되는 과정과 동일하다. 문화의 현장화는 흡수, 파괴, 공존, 변형의 형태를 취한다. 복음의 현장화도 선교 역사에서 살펴보면 비슷한 형태를 취한 것으로 보고된다. 특히 기독교 역사에서는 극단적인 두 유형이 두드러졌는데 토착문화를 파괴하는 것과 완전 수용하는 두 가지 방향이다. 전자는 선교 현장의 토착문화를 전적으로 무시하고 거부하고 열등하게 여기고 사악하게 취급하여 파괴하고 회심시키려 하는 태도였다. 예를 들면 옷을 입고 다니지 않는다든지 인육을 취하는 등의 현지에서 대대로 내려져 오던 행위에 대한 반감과 악에 대한 대항의 의지에서 비롯된 행동이다. 그러한 문화를 없애고 그 위에 선교사 자신들의 문화를 도입하게 하였다. 선교사가 기독교의 복음을 다른 문화에 전달하면서 현장의 전통문화의 모든 요소를 철저히 파괴하고 말살한 작업의 흔적은 선교지 여러 곳에서 발견된다.

선교사들이 그러한 작업을 기초로 한 명분은 선을 추구한다는 것이었다. 그러나 이러한 극단적인 태도들은 서양문화의 우월성과 현지문화의 열등성을 강조하는 식민주의와 소위 '식민지 문화'라는 것을 창출하기에 이른다. 그러나 이러한 주입식 문화 이양은 성공적이지 못하였고 결국에는 '혼합문화'라는 새로운 문화를 양산하게 되어 이도 저도 아닌 변종적 혼란을 야기하게 되었다(이재완 2008:247).

이에 반하는 또 다른 입장은 선교 현장의 토착문화를 존중해야 한다는 견지에서 토착문화를 무조건 수용하고 보존하는 것을 주장하는 입장이다. 선교사들은 토착문화를 수용하고 그와 동등하게 기독교문화를 소개하며 기독교적인 정신과 복음적인 의미를 덧붙이는 작업을 해 왔다. 그러나 이러한 노력에도 혼합주의에 대한 위험을 감안해야 했고 실제로 혼합주의로 인한 병폐가 지속되었다.

이렇게 문화와 상황화를 통해 비롯된 혼합주의 문제에 대한 이해를 배경에 두고 세상문화와 기독교문화 융합에 대한 이해를 하는 일은 쉽지 않다. 종교적 혼합주의는 분명 경계해야 할 대상임이 틀림없다. 그렇다면 문화적 혼합주의에 대한 견해는 어떠해야 할 것인가? 우선 보편적으로 기독교문화에 익숙한 사람들은 세속문화에 친근하지 않다. 따라서 TV 시청이나 인터넷 사용을 자연스럽게 멀리 하게 된다.

레슬리 뉴비긴(Lesslie Newbigin)은 "혼합주의가 결국은 교회의 점진적인 죽음과 선교의 종말을 낳는다"는 결론을 내림으로 혼합주의에 대한 경고를 했다(신국원 2002:105). 그러나 이러한 경계 이면의 또 다른 한편의 문제는 극단적 문화 수도원 주의를 통해 세상과 교류할 수 있는 감각과 기회를 잃어 간다는 것이다.

크리스천의 사명은 믿는 자들을 더 잘 믿도록 양육하는 것뿐만이 아니라 믿음 없는 이들이 믿음을 갖도록 인도하는 것이다. 사자를 잡으려면 사자 굴로 들어가야 할 것이고 사자 굴의 상태를 잘 파악해야 할 것이다. 구도자들을 전도하기 위해서는 그들과의 대화의 통로를 만들어야 할 것이고 그러려면 그들의 문화를 이해할 수 있는 능력이 있어야 한다. 만약에 그러한 세속적 문화에 대항할 능력이 없고 끌려갈 수밖에 없는 상태라면 영적으로 분별하고 절제하며 타락한 세속적 문화를 피하고 근신하는 것이 좋다. 하지만 훈련된 사역자라면 전략적으로 그들의 문화를 수용하는 것이 좋다.

　미국에서는 사역자들이 몸에 문신(tattoo)을 하거나 남성 사역자들의 경우에도 머리를 길게 기르거나, 머리를 염색하고 귀걸이를 한 이들을 흔히 볼 수 있고 심지어는 요즘 유행하는 피어싱(piercing)을 혀와 같은 곳에 한 크리스천 사역자를 만날 수도 있다. 이러한 사역자들을 한국의 사역자들이 만나게 될 때 큰 거부 반응을 일으키게 되지만 실제로 현지의 청소년들에게는 친근한 문화로 받아들여진다.

　미국 어느 교회에서는 토요일이면 익스트림 스포츠(extreme sports)를 할 수 있는 세트와 공간을 교회 주차장에 마련하고 일종의 파티를 열어 지역 청소년들이 교회를 자연스럽게 찾고 흥미를 가질 수 있도록 배려한다. 이 시간은 교회가 결코 예배와 예식으로 규정된 거룩하고 딱딱한 공간이 아니라 십자가 위에서 내려오신 예수님께서 여기저기 헤매며 마약이나 하는 거리의 청소년들과 함께 공도 던지고 보드도 타는 시간이 되는 것이다.

　문제는 현재를 사는 크리스천들이 규정하는 세속문화와 기독교문화의 사이에는 분명한 차이가 있고 괴리감이 존재한다는 점이다. 그리스도인들이 세속문화에 접하고자 하는 것은 접근점을 찾기 위한 방법이지 결코 세속문화의 정당성을 옹호하기 위함은 아니다. 따라서 인터넷 선교 사역자들이 세상과 소통이 가능한 웹 콘텐츠를 제작할 때 주의를 요해야 하는 것은 세속적문화를 추구하는 콘텐츠를 만드는 것이 아니라 세상 속에서 소통할 수 있는 웹 콘텐츠를 만들어야 한다는 사실을 분명하게 인식해야 할 것이다.

　인터넷 사역을 효과적으로 하기 위해서 병행해야 할 것은 인터넷의 역기능에 대한 고찰이 있어야 하며 인터넷 중독 등과 같은 증상에 대한 연구와 교육이 진행되어야 한다. 세상에서 유행하는 모든 문화 및 문화적 표현을 일일이 모방하거나 추구해야 할 이유는 없다.

다만 인터넷 선교 사역자들은 특별히 기독교에 대해 세상이 거부감을 느끼거나 고립 집단으로 이해하지 않을 수준의 중립적인 색과 형태를 입고 접근하는 방법을 찾아야 할 것이다. 이를 위해서는 먼저 각각의 사역들에 대해 확고한 문화 이해를 통한 아이덴티티(identity)를 확립해야 할 것이고 그러한 기준 내에서 스스로를 검증하며 사역을 해야 한다.

한국의 CCM 사역의 경우 시도와 출발과 취지에 대한 의지는 높이 사지만 많은 관련 사역자들이 이러한 아이덴티티를 확고하게 수립하지 못했다는 점에서는 실패한 사역이다. 이도 저도 아닌 어정쩡한 교회 음악을 양산하는 채널이 되고 말았다. 이에 일부 사역자들이 CCM이라는 이름을 "애가(the Love Song)"로 바꾸어 아이덴티티 확립에 노력하고 있다. 하지만 중요한 것은 겉모습이 아니라 본질이다. 본질, 즉 핵심 내용이 변화되어야 한다. 복음전파를 위한 콘텐츠의 외형이 비록 세속적이라 하더라도 그 안의 메시지가 본질을 담고 있다면 긍정적으로 평가될 수 있다. 보다 효과적인 기독교 콘텐츠 제작은 숙제로 남겨 둔다.

그러나 세상의 색과 형태만을 담고, 본질을 담지 못하는 웹 콘텐츠가 된다면 반성해야 할 것이다. 닐 포스트맨(Neil Postman)과 같은 학자는 오늘날의 미국문화가 이념을 상실하고 감각적 연예와 유행의 지배 아래 놓였다고 말한다. 정치와 사회뿐만이 아니라 놀랍게도 종교 또한 라스베가스의 쇼 비즈니스의 영향을 받고 있다는 사실을 지적한다(Postman 1985:14-15). 그것은 외형은 화려하지만 본질을 잃은 교회와 같은 것이다. 교회 건물을 건축하다 성도들이 분열된 교회나 예술적인 교회 강단 인테리어를 고집하다 그 문제로 성도와 불화하게 된 어느 목회자의 이야기와도 같은 맥락의 사례이다.

배려 속에서 만들어지는 선교적 웹 콘텐츠는 분명한 정도를 가지고 좌로나 우로나 치우치지 않는 것이어야 한다. 세상과 교류하기 위해 꼭 그들과 같아질 필요는 없다. 함께 테이블에 앉아서 술을 마셔야 술을 마시는 사람과 친분을 갖게 되는 것은 아니다. 그들을 정죄하지 않고 다가가는 자세는 분명 다른 것이다. 따라서 세상의 문화를 따라 행하는 자세가 아닌 세상의 문화를 이해하고 올바르게 나아가야 할 방법을 제시하고 모델 역할을 하고 주도하는 콘텐츠를 개발하는 것이 올바른 크리스천 웹 콘텐츠 개발자의 자세라고 할 수 있다.

2) 적합한 콘텐츠 현지어 찬양

Our Song Ministry

필자가 인터넷 선교와 함께 병행하여 시작한 웹 콘텐츠 보급 사역 중의 하나가 선교 현지인들의 찬양을 함께 제작하여 보급하고자 한 "현지어 찬양 보내기 운동의 일환, 'Our Song Ministry'이다. 세계 선교 현지에는 오늘도 찬양과 위로의 노래가 필요하다. 음악은 보편적으로 사람들에게 기쁨을 선사하는 요소이다. 또한 가난한 사람이든 부자이든 쉽게 접하고 즐길 수 있는 요소이다. 인터넷을 통해 전 세계 선교지에 콘텐츠를 보급하고자 했을 때 어떤 콘텐츠가 가장 시급하게 필요한지를 조사하게 되었다. 이에 선교사들에게 "현장에서 선교를 위해 가장 필요한 것을 제공한다면 그것이 무엇이겠는가?"라는 질문을 했을 때 그들은 대부분이 "찬양"이라고 답하였다.

　영화 "미션(the Mission)"을 보면 예수회(Jesuit) 소속의 주인공 가브리엘(Gabriel) 신부는 이과수(Iguacu) 폭포 상류에 거주하는 어느 부족에 복음을 전하기 위해 파송을 받았다. 그 부족은 선교사들의 방문을 극렬히 거부하여 자신들의 지역으로 파송되는 선교사들을 모두 십자가에 매달아 폭포에 떨어뜨려 순교시켰다. 그런데 가브리엘 신부가 천신만고 끝에 부족민들의 거주 지역을 찾아갔을 때 증오에 찬 원주민들의 마음을 열었던 것은 천국의 소리와도 같은 아름다운 오보에(Oboe) 연주였다.

'Our Song Ministry'는 CCM 가수와 찬양 사역자 그리고 실력 있는 크리스천 뮤지션(musician)들이 재능과 열정을 모아 현지인들의 언어로 제작된 찬양을 녹음 제작하여 인터넷을 통해 세계 곳곳의 웹 교회에 현지어 찬양을 제공하고 있다. 협력 사역자 및 그룹으로는 위트니스 워십 밴드(Witness Worship Band), 약속의 땅(송섭, 서장혁), 두나미스 밴드(Dunamis Band), 프라이데이 밴드(Friday Band), 마커스 밴드(Makers Band), 엠 처치(M-Church), 장윤영, 남궁송옥, 강찬, 아침(신현진), U-Trun, 크라이젠(Krizen), 큐브(CUBE), 물고기, 카리스 워십 밴드(Karis Worship Band), 홀리 스위머(Holy Swimmer), 나영환, 예수아(Yesua), 더 데이(The Day), 정종원(꿈이 있는 자유), 최성인 등이 참여하였다.

Our Song Ministry 웹 사이트(www.v.withch.net/os)

현재 아워송 1집 "잃어버린 영혼들을 위한 우리들의 노래", 2집 "Face to Face"에 이어 3집 "이스마엘의 노래"가 무슬림 전문 선교 단체 한국 프론티어즈(Frontiers Korea)와 협력으로 제작되었고, 4집은 파사데나의 윌리엄캐리국제대학의 선교 찬양 프로젝트 일환으로 전문 워십 밴드(worship band) 사역을 섬겨온 Ph.D 학생들과 선교사들, 그리고 GLC 다문화음악학회(회장 정종원)를 중심으로 키르키즈스탄어, 태국어, 히브리어, 마이크로네시아어 찬양을 제작하고 있다. 본 사역을 통해 전 세계 각국 언어로 제작된 찬양을 더욱 활발히 보급하고 선교지에 음악 사역을 위한 세팅(setting) 및 음악 학교 설립을 목표로 한다.

이외에도 현지용으로 보급될 아워송 장례용 앨범 "Resting(안식)"을 출시하였고, 각국 언어로 제작된 CCM 앨범을 온, 오프라인상에 보급하고 있다. 현지어 찬양 보내기 운동 본부는 앞으로도 아프간 다리어, 일본어, 베트남어, 특별히 아랍어 찬양을 제작 인터넷상에서 소개하여 더욱 활발히 보급할 것이다. 그 이유 중의 하나는 찬양이 복음 전파를 위한 적합한 웹 콘텐츠이기 때문이다.

이러한 사역은 인터넷과 음악 콘텐츠가 만난 전 세계 선교를 위한 효과적인 사역의 모델의 하나라고 할 수 있다. 앞으로 이러한 웹 콘텐츠 개발 사역은 '다문화음악학(Ethnomusicology)'과 같은 학문적 연구와 병행되어 우리 입장에서 제작된 찬양을 보급하는 것이 아니라 현지인들의 전통적인 멜로디와 음률, 리듬, 사운드, 효과 등이 가미된 현지 친화적인 찬양을 연구 제작하여 보급하는 데 의의를 두고자 한다. 또한 장례용 앨범처럼 인간의 삶에 꼭 필요하고 시리즈화 할 수 있는 음악 앨범들을 지속적으로 제작하여 웹상에 보급하는 것도 효과적인 웹 콘텐츠 개발의 구체적인 사례라 할 수 있다.

다문화음악학 연구를 통해 선교지 찬양을 연구하는 데 있어서 그들의 민속음악을 가지고 찬양을 제작 보급하자는 것이 아니다. 한 예로 우리나라에도 민속음악이 존재하는데 이미 현대음악이 교회음악의 주류를 이루는 현 시점에서 굳이 교회 음악을 민속음악으로 변환할 필요는 없다. 그것은 오히려 현 시점의 상황을 거스르는 일이 된다. 100여 년 전 우리 조상들은 선조들이 물려준 신체의 소중함을 강조하여 머리를 자르지 않고 길러 상투를 틀어 올리고 생활했다. 일본의 단발령이 창궐했을 때 선조들은 목을 자를지언정 긴 머리는 자를 수 없다고 버티다 결국 머리카락을 잘리고 대성 통곡을 하였다. 시간이 흐른 지금 기성 세대는 옛날 우리 조상이 그랬던 것처럼 젊은이들이 긴 머리를 하고 다니거나 남자가 머리를 길러서 틀어 올리고 다니면 오히려 인상을 찌푸린다. 문화의 관점이란 그런 것이다. 문화의 정통성, 절대 기준이란 것은 존재하지 않는다. 우리는 현 시대의 상대적인 관점에서 상대방의 문화를 이해해야 한다.

어떤 연세가 있는 찬양팀 인도자가 젊은 찬양팀원들에게 요즘 유행하는 R&B 창법으로 찬양을 부르는 것을 자제해 줄 것을 요청했다. 그는 싱어들에게 찬양을 "유행가처럼 부르지 말아 달라"고 했다. 그런데 그 찬양팀원이 "저의 창법이 요즘 유행하는 노래 같다면 선생님의 창법은 옛날 유행가 같습니다."라고 대답하였다. 자신이 상대방을 볼 때에는 찬양을 유행가처럼 부른다고 생각했지만 정작 자신도 옛날 유행가 스타일로 찬양을 부른 것이다. 만약 복음을 듣는 사람이 트로트를 좋아한다면 예수님께서는 그를 위해 트로트로 노래를 불러 주셨을 것이다. 그것이 예수님의 성육신이다. 성악 발성의 창법을 지도받은 한 학생이 같은 팀원이 유행가처럼 찬양을 부른다고 그 팀원을 탈퇴시켰다. 유행가처럼 찬양을 부르게 되면 찬양이 더럽게 느껴진다는 이유에서였다. 그 어떤 찬양도 더러운 찬양은 없다. 찬양이 트로트, 엔카, 뽕짝 등의 음악 장르(genre)로 불려진다 하더라도 그 찬양은 더러운 찬양이 되는 것이 아니다.

선교지도 국제화 추세로 대부분의 지역이 글로벌한 감각, 팝 문화의 영향권에 놓여 있다. 따라서 그들의 전통음악을 가지고 찬양을 만들어서 접근할 때 오히려 시대에 뒤떨어진 느낌을 줄 수 있다. 민족음악학을 선교 찬양에 적용할 때 우리가 알아야 할 사항이 있다. 그것은 한 나라의 팝음악이 어떤 다른 나라에 적용될 때 변역되어 불린다 하더라도 다른 느낌의 노래가 된다는 점이다. 각 나라의 팝음악에는 차이점이 있다. 예를 들어 한국의 팝은 '케이팝(K-pop)'으로 불리고 일본의 팝 음악은 '제이팝(J-pop)'으로 불리어 느낌도 각각 다르다. 한국 팝에는 한국적인 정서가 있고 일본 팝에는 일본의 정서가 있기 때문이다. 록음악의 경우에도 미국의 록음악은 도전적이고 신나는 분위기라면 한국의 록음악에는 우수와 한이 있다. 각 나라마다 존재하는 전통적인 음률과 음악적 영감이 외국에서 수입된 현대음악과 결합하여 알게 모르게 민족성이 반영된 음악이 재탄생하게 되는 것이다. 이것이 바로 민족음악학을 기본으로 두고 현지어 찬양을 제작해야 하는 근거가 된다.

현대의 대중음악은 국제화의 영향으로 퓨전, 하이브리드, 글로벌 뮤직(global music), 크로스오버 등 이전에는 존재하지 않았던 혼합적 색채의 음악 장르를 탄생시켰다. 이러한 추세 가운데에서도 각 나라마다 보유하고 있는 독특한 음악성은 지켜지고 그러한 요소가 지역별 사람들의 감성에 영향을 미치게 되는 것이다. 인도네시아의 경우에는 감부스나 가물라와 같은 음악이 현재 대중적이지는 않지만 그들이 듣고 부르는 대중음악에 그러한 전통음악의 요소가 잔재한다. 그러한 민속음악의 기반에 무슬림의 영향으로 가사의 뜻도 모르지만 아랍권의 아랍어 대중음악을 즐겨 부르고 더불어 미국 팝의 영향을 받았다. 따라서 한 나라 안의 이러한 복합적인 음악적 요소를 잘 이해하지 않고 찬양을 제작할 때에는 시행착오를 거듭할 가능성이 있다.

다문화음악

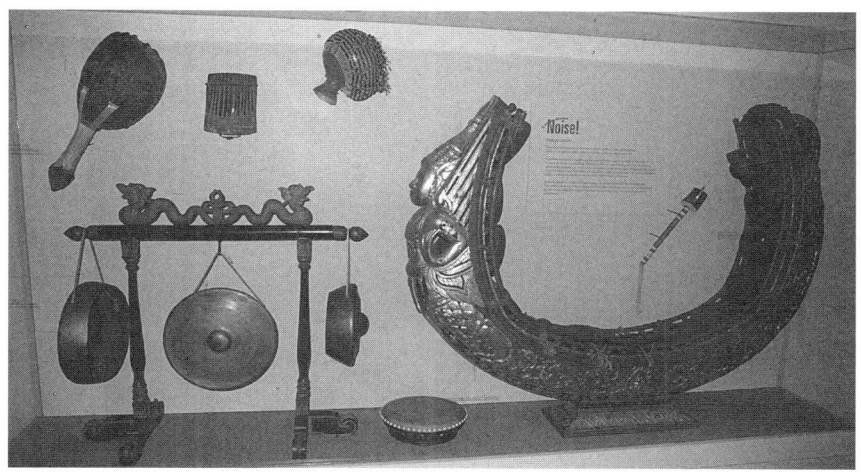

UCLA의 다문화음학 아카이브

캘리포니아에 위치한 UCLA는 지난 50년간 다문화음악(Ethnomusic)을 연구해 왔다. 전 세계 음악에 관련된 연구는 기독교 선교와 밀접한 관계가 있다. 이른바 '월드뮤직(World Music)'은 1950년대부터 학문적으로 거론되기 시작했다. 월드뮤직 연구의 창시자는 맨틀 후드(Mantle Hood)로 각 나라의 상황, 즉 컨텍스트(context)를 강조하는 음악적 학문을 토대로 하여 월드뮤직, 민속음악학(현재의 해석으로는 다문화음악학) 연구의 기초를 수립하였다. 이 세상에는 한 가지 종류의 음악만이 존재하는 것이 아니라 다양한 음악이 존재하고 각 나라의 문화적 차원과 입장을 중시한다는 것이 기본적인 연구의 발상이었다. 서로 간의 대화와 소통을 위해 세계화, 국제화가 되어 가는 입장에서 서로를 이해하기 위해 노력하고 나와 다른 음악이 전 세계에 존재한다는 것을 인정하는 것이 다문화음악학의 뿌리이다.

UCLA 최초의 다문화음악학 연구는 인도네시아 음악으로부터 시작하였다. 그러한 연구가 기반이 되어 이후에는 동남아시아, 동아시아로 연구의 영역이 넓어졌다. 연구를 통해 각 나라의 음악을 대학에서 연주하게 하여, 서양음악과 다른 음악들을 접할 수 있는 기회를 제공하였다. 이러한 다문화음악학 연구의 초창기에는 자료들이 충분하지 않았음으로 이론보다는 연주를 중심으로 진행되었다. 그리고 이러한 연구 과정 중 괄목할 만한 개념이 탄생하게 되었는데 그것이 바로 '바이뮤지컬리티(Bi-musicality)'이다.

바이뮤지컬리티는 바로 현재 음악 세계에서 이해되는 퓨전음악(fusion music) 또는 하이브리드음악(hybrid music)의 원류가 된다. 현재 전 세계는 글로벌 뮤직(global music)에 대한 관심이 늘어나고 있다. 자기 나라의 토속의 음악을 선호하기보다는 팝음악의 영향으로 국제적인 움악, 인터내셔널한 튠(tune)을 더욱 선호한다. 그러한 튠과 한국 문화 고유의 장점을 통해 한류의 열풍이 일어났다고도 할 수 있다. 한류의 열풍으로 한국 외 지역의 대중들도 한국의 대중음악을 선호한다. 원더걸스(Wonder Girls)의 노래 "노바디(Nobody)"는 미국에 진출하여 빌보드 차트(Billboard Chart) 상위에 진입했다. 각 기획사는 이러한 국제적인 조류에 부응하여 소위 걸 그룹, 보이 그룹을 결성할 때 진출하고자 하는 나라 출신의 가수를 동용하기도 한다. 태국 출신 2PM의 닉쿤(본명 Nichkhun Buck Horvejkul)이 그렇고, 슈퍼주니어의 한경이 그렇다. 2NE1의 산다라박(다라)은 한국인이지만 필리핀에서 자란, 그들의 문화가 익숙한 인기 스타이다. 동방신기라는 이름은 중국을 겨냥해 지어졌다. 세상은 이러한 추세로 글로벌 뮤직에 대한 관심이 증가하고, 하이브리드음악이 발전하며, 이에 대한 연구가 활발해지고 있다.

하지만 이렇게 대중음악이 적극적으로 변화하는 세계적인 조류 가운데 거하는 반면, 기독교 음악 콘텐츠는 아직도 대중과 소통하지 못하고 있다. 하루는 LA의 유명한 음악 학교에서 수학하는 크리스천 음악인들이 함께 모여 대형 집회를 섬기게 되었다. 그들은 세션으로는 내로라 하는 실력 있는 크리스천 뮤지션들이었는데 웬일인지 집회에 참석한 성도들은 그들의 연주에 공감할 수 없었다. 우리가 흔히 아는 곡들을 재즈식으로 편곡하여 연주한 것이다. 그들이 느끼기에는 복음성가의 곡들이 영점짜리 코드로 이루어진 것들일지 모르겠지만, 작곡가들은 영감으로 곡을 만들었고 대중들은 오히려 연주자들의 퍼포먼스를 난해하게 느낀 것이다.

음악은 대중과 소통할 수 있어야 한다. 음악은 시대에 따라 옷을 갈아 입어야 한다. 크리스천 음악은 믿지 않는 영혼들과 소통할 수 있어야 한다. 음악과 문화는 중요한 상관관계를 가지고 있다. 적합한 선교를 위한 음악적 콘텐츠를 제작하는 데 있어서 내 음악을 고집하기보다는 문화 속의 음악(music in culture), 민속학(ethnology), 문화적 접근과 이해가 절실히 요구된다. 이전 선교학이 토착화에 따른 월드 뮤직을 연구하도록 가르쳤다면 이제는 각 나라 고유의 월드 뮤직보다는 '글로벌 뮤직'에 대한 연구가 요청되는 때이다.

다문화음악과 종교 그리고 문화인류학과의 상관관계

전 세계의 음악들은 종교와 밀접한 상관관계가 있다. UCAL 다문화음악학과 학장인 자끌린 코그델 제제(Jacqueline Cogdell DjeDje)는 다년간 서아프리카의 현악기 사용에 관한 연구를 하였다.

그녀의 연구에 따르면 서아프리카의 부족을 연구하는 과정에서 보수적인 성향을 가진 무슬림들이 현악기가 종교적으로 거룩하지 못하다고 여겨 그들의 공동체 내에서 사용을 금지했음을 발견하게 되었다. 이 때문에 현악기들은 술집이나 바(bar) 등 세속적인 장소로 밀려났고, 이로 인해 그 지역에서 현악기는 지극히 세속적인 악기로 인식되고 있다. 그러나 다른 한편으로는, 어떠한 다른 부족에서는 현악기가 종교의식과 결합되어 사용되고 있다. 이러한 시각차이로 어떤 곳에서는 터부시되는 동일한 악기가 다른 지역에서는 종교적으로 사용되는 성스러운 악기가 된 것이다. 이것은 마치 약 10여 년 전 한국의 전통적인 교회에서 회중 찬양을 할 때 드럼(drum)을 사용할지 말지를 고민하던 것과 비슷한 맥락이다. 이렇게 아프리카 내에서도 악기와 음악이 문화적 상황에 따라 다르게 인식된다.

다문화음악은 문화인류학적 그리고 사회과학적 방법론을 동시에 사용하여 연구한다. 더불어 다문화음악 연구 방법론은 민속학(ethnology) 연구 방법론에 기초한다. 그것은 어느 한 음악이 통용되는 지역이 가진 문화적, 사회적, 종교적 연관성이 존재하기 때문에 필수적이다. 인류학과 사회과학 이론을 최초로 다문화음악 연구에 접목시킨 학자는 팀 테일러(Tim Taylor)이다. 그는 다문화음악학을 연구하는 이유에 관하여 음악은 절대 기준이 없다는 제언을 하였다. 한 가지 음악적 잣대로 다른 음악 또는 타 문화의 음악을 재단하여서는 안 된다는 것이다. 따라서 선교사들이 음악적 웹 콘텐츠를 제작할 때 가능한 선입견을 갖지 말아야 한다. 어떠한 음악에 대해 다수의 대중이 그 문화 속에서 호감을 가질 때, 더 우위에 있다고 생각되는 음악을 소개하려고 하기보다는 있는 그대로 인정해 주어야 한다. 우리는 어쩌면 보편적으로 서양음악만이 수준 있고 정통적이라는 사대주의적인 인식을 가져 왔다. 그리고 상대적으로 비서구권 음악은 무지한 것으로 여기고, 진화론적으로 이해할 때, 진화가 덜 된, 즉 원주민들의 원시적인 음악으로 이해하였다. 그러나 그것은 심각한 오류이다.

우리는 선교적인 측면에서 전 세계 음악을 이해할 때 서로 다른 음악을 배워야 하는 자세가 요구된다. 먼저 그들의 역사를 이해하고, 문화를 서로 이해하고 상관관계를 통해 섬세히 들을 수 있어야 한다. 그리고 서로의 장벽을 허물고, 상호 존경하는 글로벌한 시민의식을 소유해야 한다. 따라서 다문화음악은 이런 면에서 선교적 웹 콘텐츠로서 큰 공헌을 할 수 있다. 우리는 글로벌 시대에 살고 있다. 내 음악만 주장하지 말고, 다른 민족들의 음악을 느끼고 공유할 수 있는 넓은 마음, 성육신적 귀를 보유해야 한다. 진정한 음악은 귀로만 듣는 것이 아니라 마음으로 듣는 것이다.

UCLA 다문화음악 공연 포스터

UCLA의 다문화음악학

UCLA에는 지난 50년간 축적된 수많은 논문과 자료들 존재한다. 수

많은 논문 자료들은 아카이브에 있고, 프로퀘스트(Pro-Quest) 프로그램을 사용하면 미국에서 발행된 모든 논문들을 인터넷상에서 검색하고, 구입할 수 있다. 웹 사이트 주소는 http://www.ethnomusic.ucla.edu/pre이다. UCLA의 다문화음악학과는 서양음악이 아닌 세계음악을 대학에 소개하였다. 비서구권 음악을 서양음악과 대등하게 자리매김하는데 공헌하였고 전 세계에서 가장 오래된 다문화음악학과를 소유하고 있으며 예일대학, 인디아나대학 등에 다문화음악학을 전수하였다. 이 대학의 자끌린 코그넬 제제 학장은 필자와의 인터뷰에서 앞으로 다문화음악학이 보다 폭넓은 상호교류 가운데 연구되고 나아가야 할 것을 제언하였다. 그녀가 말하기를 그래미 상이 각종 영역으로 나뉘어져 50개 부문에서 시상되지만, 월드 뮤직은 단 하나의 영역뿐이라고 한다. 이것이 바로 다문화음악을 이해하는 세상의 현실이다. 더불어 현 시대 대중의 요구에 의해 탄생한 하이브리드음악의 이해에 대한 질문에는 긍정적으로 이해하고 더불어 음악은 청중들의 마음에 합당해야 한다고 말하였다. 클래식음악 전공자, 소위 정통 음악가들은 퓨전음악, 크로스오버, 하이브리드음악과 같은 장르에 대한 비판을 가하지만 자신은 다문화음악학자로서 그러한 융합적 음악의 탄생을 고무적으로 평가한다고 말했다. 이것은 하나님의 성육신적인 마음과도 일맥상통하는 의지이다.

   UCLA는 이론 중심의 음악학과, 실기 중심의 기악과, 그리고 다문화음악학과가 있다. 이 대학은 모든 음악학과가 상호 학점교류를 하면서, 자유롭게 공부할 수 있도록 학생의 선택권을 보장해 주고 있다. 또한 커리큘럼을 개개인에 맞추어 맞춤 공부를 할 수 있도록 배려한다. 다문화음악학을 전공하는 사람이 굳이 서양음악 이론이나 역사 등을 입학시험이나 졸업시험을 치루는 데 꼭 필수적으로 공부할 필요는 없다. 개인의 필요에 따라 다양한 음악적 소양을 쌓기 위한 실리적인 조합이 가능하다. 이러한 교육적 융통성이 전 세계의 음악들을 이해하는 폭을 보다 넓게 만들어 줄 것이라 믿는다. 끝으로 학교 행정부는 관례에 따라, 세계 여러 대학과 교류하고 있다. 옥스퍼드대학이나, 유럽의 유수한 대학들과 MOU 관계로 학생들과 학점을 상호교환한다. 앞으로 이러한 분야에 관심 있는 인터넷 선교사들의 '글로벌 뮤직' 연구를 위한 가능성은 얼마든지 열려 있다.

UCLA에서 임윤택 박사, 자끌린 코그델 제제 학장, 필자, 정종원(꿈자) 목사

6. 웹 문화에 맞는 창의력&예술감각 레벨업

웹 콘텐츠를 창의적으로 개발하는 능력은 하루 아침에 생기는 것이 아

니다. 창의적인 감각은 타고나는 것도 있겠지만 훈련으로도 발전시킬 수 있다. 이에 창의력을 향상시키는 몇 가지 방법을 소개한다. 첫 번째로 네이밍(naming), 즉 이름 짓는 일을 연습하는 것이다. 어떠한 사역을 시작하게 되면 이름부터 짓는다. 각 단어 첫 글자를 딴 약어로 이름을 짓기도 하고 단체의 성향과 연결되는 단어가 단체명으로 사용되기도 한다. 짧은 이름이 전달력이 좋지만 창의적인 개념으로 문장이 단체의 이름이 되지 말라는 법도 없다. 이름을 짓는 작업은 가장 축소된 창작 행위이다. 주변 사람들의 별명을 짓는 것, 그 사람의 특징을 잘 파악해 별명을 붙여 주는 일도 일종의 창의적인 작업이다.

두 번째로 잡지를 구독하라. 본인이 관심이 있는 잡지 이외에도 각 영역별, 분야별 잡지를 보게 되면 자신이 모르는 분야에 대한 지식과 영감을 얻게 된다. 가장 최신의 정보를 통해 색, 형태, 내용에 대한 정보를 얻게 되고 자극받게 된다. 잡지가 인터넷 서핑과 다른 점은 손으로 책에 대한 촉감을 갖고 시각적으로 아날로그적 자극을 받게 된다는 것이다.

세 번째로 메모하는 습관을 가져라. 작은 생각이 큰 생각으로 이어진다. 작은 생각들이 모여서 기발하고 거대한 아이디어가 된다. 순간적으로 번뜩이는 지혜를 기록해 두었다가 나중에 큰 아이디어로 발전시켜라. 사고의 그릇을 키우는 데 메모하는 습관은 도움을 준다.

네 번째, 수시로 여행을 떠나라. 여행은 꼭 장거리 여행만 범주에 드는 것이 아니다. 내가 자랐던 동네를 다시 찾아가 본다든지, 모교를 방문하는 일들은 향수를 불러일으키고 감성적인 영감을 떠오르게 한다. 새롭게 방문하는 곳의 변화적 요소는 일상적인 생활 패턴에 익숙한 나를 깨운다. 운전할 때에도 내가 가 보지 않은 길을 선택하는 것도 도움이 된다.

다섯 번째로 얼리 어답터(early adapter)가 되어라. 얼리 어답터는 새로운 첨단 기기를 유행하기 전에 심지어는 출시가 되기도 전에 시험 제품을 입수하여 사용하는 사람을 지칭한다. 생소하지만 새로운 첨단 기능들은 유용성을 떠나 새로움 그 자체만으로 당신을 창의적 21세기형 인간으로 만든다.

여섯 번째로 노래 가사를 만들어 보라. 이미 있는 기존의 곡들에 개사를 하여도 좋다. 축약된 가사를 통해 감정을 전달하는 일은 지극히 창의적인 작업이다.

일곱 번째로 긴 장문을 단문으로 바꾸는 연습을 하라. 긴 문장은 때로 그 내용을 이해하기 어렵게 만든다. 디지털 시대에 디지털 언어는 짧고 간결해야 한다. 창의적인 아이디어는 간결함과 직결된다. 웹상에 올리는 글도 간결하고 명료해야 한다. 글을 쓰는 훈련도 중요하지만 단문에 자신이 전달하고자 하는 모든 것을 담는 훈련이 필요하다. 요즘의 트렌드는 간결함이 창의적 발상의 기본적인 요소이다.

여덟 번째로 남들이 안 하는 한 가지 취미를 가져 보라. 탁구, 축구, 음악감상, 영화보기는 남들이 다 하는 취미 생활이다. 영화를 보더라도 자신만이 보는 전문적인 영화 장르를 선택해서 보고, 음악을 연주하더라도 자신만의 색깔을 가지고 연주해 보는 것이다. 예를 들면 비틀즈(Beatles)에만 빠져 보라. 이러한 매니아(mania) 기질로 인해 전문적인 창의력 기반이 형성된다. 남들이 다 수집하는 흔한 아이템(item)은 수집해 봤자 재미도 없고 돈도 안 된다.

아홉 번째로 집안 인테리어를 자주 바꾸어 보라. 늘 접하는 동일한 분위기로는 생각의 전환이 잘되지 않는다. 새로운 분위기를 통해 창의적 에너지를 공급받으라. 조명하나만 바뀌어도 집안 분위기가 확 바뀐다. 문손잡이 색, 창틀의 종류, 커튼의 재질, 액자만 바꾸어도 기분이 새롭다.

열 번째로 자신만이 선호하는 가장 편안한 장소를 개발하라. 큰 쿠션이 놓인 자신의 방 한 구석이 되어도 좋고, 스타벅스 창가 자리어도 좋다.

자신이 즐겨 마시는 커피나 쿠키를 먹으며 조용히 자신만의 시간, 세상에서 가장 편안하게 보낼 수 있는 공간을 창출하라. 그 편안함 안에서 세상에서 가장 창의적인 아이디어가 만들어질 것이다.

인터넷 사역을 위한 창의적인 아이디어 키우기와 더불어 예술적인 감각을 고취시키는 일도 중요하다. 창의적인 감각은 예술적인 감각과 상통한다. 창의력을 키우는 방법과 더불어 예술적인 감각을 성장시키는 방법 몇 가지를 더 소개한다.

첫 번째로 사진을 찍는 일은 특별한 기술이 필요 없으면서도 예술적인 감각을 갖게 하고 구도 잡는 요령, 색에 대한 감각을 발달시킨다. 휴대폰에도 카메라들이 장착되어 있는 편리한 현실을 잘 활용하여 예술성을 키울 수 있다. 여기에 더하여 잘 찍은 사진을 포토샵(Photoshop)으로 편집할 수 있다면 더 재미있는 작품, 실생활에서 사용할 수 있는 작품들, 예를 들면 브로슈어(brochure)나 명함 등을 만들어 낼 수 있다. 찍은 사진을 현상하여 액자에 넣는 일도 예술적인 작업이다. 어떤 프레임을 만나는가에 따라 사진의 느낌이 달라진다.

두 번째로 웹 사이트 서핑을 하는 일이다. 일반적으로 오프라인에서 접하는 색상과 온라인에서 표현되는 색상은 차이가 있다. 웹상에서 잘 적용되는 색상을 파악하기 위해서 인기 있는 웹 사이트를 서핑하는 일은 웹 작업을 위한 색채 감각을 고취시킨다. 참 안 어울릴듯한 색도 웹에서는 잘 조화되는 경우가 있다. 그러한 기발한 조화 능력을 키워보자.

세 번째로 옷을 구경하는 일은 예술적인 감각을 향상시킨다. 쇼 윈도우에 걸려진 옷들을 보면 당시의 트렌드 색(trend color)과 형태를 이해할 수 있다. 더불어 디스플레이 또한 예술적 감각을 스케치하도록 도와준다. 웹 사역은 문화의 최전방의 사역이고 그러한 유행에 민감하지 않고는 그림이 나오지 않는다.

네 번째로 다운타운(도심)을 방문하는 일이다. 다운타운은 한 마디로 최근의 유행이 집결되어 있는 곳이다. 그곳의 조명과 간판들, 새로운 아이템으로 이루어지는 경제 활동들은 웹 사역을 위해 광범위한 안목을 키워 준다.

다섯 번째로 맨발로 풀밭을 걸어 보라. 예술적인 감각은 도시에서 첨단의 것들로만 찾는 것이 아니라 자연을 통해 더 많이 얻어진다. 발바닥에 느껴지는 푸름의 싱그러운 감각이 당신에게 예술적인 기운을 불어넣어 줄 것이다. 나무와 산, 흙과 바람의 느낌을 표현해 보라.

여섯 번째로 카페의 인테리어에서 예술적인 감각을 배우라. 어떤 카페에는 무신경하게 유행을 좇아 애정 없는 디스플레이로 던져 놓은 듯이 꾸며 놓지만 어떤 카페는 주인의 애정을 담아 선물처럼 포장되어 아름답고 편안한 분위기를 전달한다. 그러한 카페의 인테리어는 소품 하나하나에 애정이 담겨 있고 특이한 것들이다. 특히 골동품으로 창출하는 근사한 분위기는 한 번쯤 따라 해 보고 싶은 마음을 들게 만든다.

일곱 번째로 조명에 관심을 가져라. 한국의 경우 조명 문화가 잘 발달되어 있지 않다. 보통 방마다 형광등을 달아 둔다. 그런데 간접적인 조명 등을 사용함으로써 굉장히 다양한 분위기를 연출할 수 있다. 빛이 만들어 내는 아름다움은 그 어떤 인위적인 장식보다 값어치 있는 것이다. 빛을 활용하는 법을 배워라. 웹 또한 모니터를 통해 발광하는 빛을 이용하는 예술임을 잊지 말아라.

여덟 번째로 음반의 표지 디자인을 즐겨 보라. 음반의 표지 디자인에는 그 음악인의 생각과 정신, 음악적 감각을 그림과 글로 집약한 표현이 담겨 있다. 음악을 그림과 사진, 글로 표현한 것이 자켓 디자인이라고 할 수 있다. 따라서 이러한 자켓 디자인을 통해 수많은 예술적인 코드와 감각이 결집되어 있음을 감지할 수 있어야 하고 그러한 감각을 길러야 한다.

아홉 번째로 그라피티(Graffiti)를 즐기라. 그라피티는 간단하게 말하면 벽과 같은 곳에 스프레이 등을 이용하여 그리는 그림이다. 기원은 동굴벽화에서 시작되지만 현대적 개념은 1960년대 말 뉴욕 브롱크스 거리에서 낙서가 범람하면서 시작되었다. 주로 반항적인 청소년들, 흑인 등이 주도하였고 분무 페인트를 이용하여 극채색과 강렬하고 격렬한 에너지를 지닌 속도감 있고 도안화된 문자들을 거리의 벽에 그린 것이다. 지금의 그라피티는 에이즈 퇴치, 인종차별 반대, 핵전쟁에 대한 공포 등 사회적인 메시지를 담은 그림으로 발전하고 있는 양상이다. 또한 그라피티는 힙합이라는 음악과 연결되어 있다. 이제 그라피티는 낙서의 개념이 아니라 현 시대 대중의 생각을 반영하고 그것을 종합 예술로 표현하는 작업이다. 그라피티까지는 아니어도 낙서하는 습관도 예술적인 감각을 고취시킨다.

열 번째로 원래 사용되는 사물의 용도를 전환하여 사용해 보라. 예를 들면 옷핀이나 볼트가 액세서리가 될 수도 있다. 고장 난 카메라가 사진을 찍는 용도는 다했을지 모르지만 자신을 표현하는 장식품이 될 수도 있다. 사용하지 않는 옛날 열쇠를 책갈피로 사용할 수도 있다. 이러한 개인의 아이디어는 예술적인 감각을 향상시킨다. 교회 내에서도 비주얼한 사역 부분이 많은 역할을 감당하고 있다. 현대인들의 삶은 디자인되고 있다. 교회도 사역도 아름답게 디자인되어야 하는 시점이다.

7. 교회가 할 수 있는 선교적 웹 콘텐츠 개발

끝으로 웹을 통해 선교지를 돕는 창의적인 몇 가지 아이디어들을 소개한다. 첫 번째로 교회 웹 사이트를 통해 새신자를 제자 훈련하고 은사 개발을 하며, 교회 안에서 어린이 사역, 청소년, 노방전도, 구역활동 등 과업과 책임감을 갖도록 한다. 웹 사이트를 통해 다양한 영역의 사역에 시험적으로 참여하는 기간을 갖게 하는 것이다. 다양한 웹 콘텐츠를 통해 선교에 대한 관심을 불러일으키게 할 수 있다. 예를 들면 교회 웹 사이트에 세계 지도를 게시하고, 지원 선교지를 소개하며, 선교에 대한 정보를 지속적으로 제공하며, 미전도 종족의 입양 소식을 알리고, 그들을 위해 기도하는 코너를 만드는 것이다.

두 번째로 웹상에서 구체적으로 선교를 지원하는 모임을 갖는다. 목회자와 제직자, 담당자 등에게 위임하여 웹상에 선교 사역의 후원 상태를 회의록 형태로 공지하고 지속적으로 격려하는 방안을 연구한다.

세 번째로 웹을 통해 기도로 후원하는 일이다. 웹상의 기도제목을 가지고 대중예배나 기도모임, 구역모임 등에서 기도로 후원하도록 한다. 웹상의 기도방을 통해 솔선하여 선교사를 위한 기도그룹을 조직하도록 격려한다.

네 번째로 계속적인 관계유지, 즉 선교사들의 웹과 이메일을 통해 소식을 전해 주고 선교사들에게 한국의 소식을 전하는 일이다. 선교사와 계속 커뮤니케이션하고 후원하는 교회 소식과 특별행사 동영상을 전달하며. 웹 사이트, 이메일과 음성 콘텐츠, 사진을 웹을 통해 보낸다. 교회 웹 사이트 내에서 선교사에 대해서 관심이 계속 일어나도록 만들고 선교사만을 위한 웹 사이트 및 게시판을 만들어 수시로 가장 최신 소식으로 업데이트한다. 선교사들의 기도편지를 이메일로 나눈다. 선교사들의 기도편지를 이메일로 발송하고, 주소록을 관리한다. 이때 전방개척 선교 지역에 파송된 선교사를 위해서는 보안에 유의한다.

다섯 번째로 웹을 통해 실제적 후원자를 찾는 일이다. 웹에 공지를 올려 후원 물품을 제공할 사람을 모집하고 법적 문제, 웹 사이트 제작, 디자인 자문, 비즈니스 컨설팅, 컴퓨터나 전자기기 수리, 소프트웨어 제작, 의료 문제, 학교 등에 대해서 지원할 수 있는 자원 봉사자 그룹을 모집할 수 있다. 전문적 기술이나 신기술, 장비들의 정보를 웹상에 소개할 수도 있다.

여섯 번째로 웹을 통해 실제적인 재정 뒷받침을 제공하는 일이다. 선교사의 특별한 요구들을 후원하기 위해 예를 들면, 바자회, 그림이나 수공예 전시회, 후원의 밤, 후원자들의 모임, 전문적인 부분들을 지원할 수 있는 전문인 서포터즈(supporters) 모임 등의 시작을 웹상에서 먼저 시작한다.

일곱 번째로 선교사들의 귀국에 앞서 본국이나 본 교회의 최근 상황들에 대한 소식지를 선교사 개인 웹 사이트에 올리고, 이메일로 보낸다. 선교사들의 적응에 필요한 요소를 웹상에 미리 게재한다.

여덟 번째로 선교사와 함께 웹을 통해 함께 사역하는 일이다. 멀티미디어 자료, 설교 등을 함께 제작하여 선교적 관심을 고취시킬 수 있다. 이러한 사역은 지역 신문이나 라디오, TV 방송, 인터넷 방송과의 연계를 가능케 한다. 선교타임즈 웹 사이트는 이러한 사역을 효과적으로 지원한다.

아홉 번째로 웹을 통해 선교사 연장교육을 할 수 있다. 만일 은퇴하는 선교사라면 은퇴가 임박할 때에 본국에 재적응할 수 있도록 웹을 통해 교육시킬 수 있다. 선교사들이 교육을 받을 수도 있고 반대로 선교사들의 현장 노하우를 바탕으로 하여 원격 양육 시스템, 즉 웹 멘토링과 같은 방법으로 현장을 양육할 수도 있다. 선교지에 관한한 연구를 통해 인터넷 강의, 집필 활동, 번역서 제작 등으로 섬길 수 있다.

끝으로 후방에서 지원할 수 있는 영역에 대한 기술을 웹상에 표현하는 일이다. 선교 사역을 위해 꼭 필요한 기술들이 있다. 예를 들면 음악교육,

인터넷기술, 웹 기술, 컴퓨터, 교육, 멀티미디어, 의료, 그래픽디자인, 광고홍보, 번역, 개인상담, 농업, 경영, 통신, 설비나 건물의 유지보수 등은 선교지 지원을 위한 중요한 아이템들이다. 이러한 부분들에 대한 정보들을 웹을 통해 전달하는 일은 선교지 발전을 위해 중요한 일이다.

월간 선교타임즈 웹 사이트(www.missiontimes.co.kr)

8. 네비우스 원리에 근거한 인터넷 선교

성경 말씀은 보다 쉽게 알려지고 전해지도록 고안되고 시간이 흐를수록 그러한 목적을 충족시키기 위해 발전되고 있다. 따라서 돌판이 양피지로, 양피지가 종이로, 종이가 웹으로 발전되는 과정을 하나님의 섭리 가운데 진행되는 사건으로 이해한다면 기존의 진부한 생각들을 내려놓고 보다 효과적인 도구들을 가지고 선교 현장에 나가서 대응할 수 있다.

그렇다면 현지인들이 자립하여 운영할 수 있는 인터넷 사역 기반을 어떻게 구축할 것인가? 서두에 제안했지만 이러한 고려는 최초 사역의 기초를 마련할 때부터, 즉 세팅(setting) 단계에서부터 현지 예산 및 추후 운영 상황을 고려하여 염두에 두고 계획을 세우고, 규모를 설계하며, 운영 예산을 설정하여야 한다. 그리고 더불어 네비우스(Nevius) 원리가 한국 초기 선교 역사 등에는 효과적이었는지 모르겠지만 이제는 시대가 변화하고 있다. 따라서 2010년 현재에는 일방적인 네비우스 정책으로 각 지역을 위한 사역 방향성을 동일하게 일관하기보다는 적절히 융합된 사역의 모델을 채택하는 것이 합당하다고 본다.

웹의 경우 일방적으로 현지에 모든 시스템 및 운영 체계를 이양할 때 어려움을 겪을 수 있다. 기술적으로 우위 지역, 콘텐츠 개발의 우위 지역, 가격 경쟁력에 우위 지역, 웹 디자인 부분에 우위 지역 등의 경계가 나뉘어질 수 있음으로 적절한 협력 체계를 구축하여 지속적으로 네트워크하고 교류하며 함께 성장할 수 있는 사역 구도가 적합할 것이다.

전 세계적으로 선교 단체들과 교회들이 더욱 돈독히 협력의 의지를 표현하고 있다. 따라서 현지 교회와 한국 교회 또는 선교 단체 및 선교사가 선교지와 형성해 온 유대 관계의 끈을 굳이 의도적으로 단절하고 스스로 자립하도록 성급하게 압박할 필요는 없다. 원격 지원 시스템을 통해 양육을 지속할 수도 있고 때로는 선교 현지의 도움을 받는 입장이 될 수도 있다. 경제적인 자립 또한 네트워크를 형성할 때 가능한 것이다.

예를 들면 한국보다 상대적으로 인력 고용비용이 적게 드는 동남아시아의 에너지를 통해 서로가 윈윈(win-win)하는 전략 등이 그것이다. 일방적 권력 이양 체제보다는 동등한 관계 속에서 상호 협력하는 구조가 웹을 통한 선교 또는 비즈니스 선교를 추구하는 선교사와 현지인들과의 이상적인 관계 구조가 될 것이다. 21세기형 선교를 위한 정책은 기존의 네비우스 정책을 그대로 답습하기보다는 동등한 관계 지향의 네트워크를 형성하여 사역을 확장하고 유, 무형의 교회를 성장시키는 데 있다. 여기서 핵심이 되는 커넥션(connection)이라는 단어는 이양과 단절을 의미하는 것이 아닌 새로운 단계를 위한 공동의 노력을 의미한다. 끝으로 교회 웹 사이트 운영에 있어서도 네비우스 원칙에 의거하여 자원봉사 시스템을 유지하는 것은 중요한 일이다. 간혹 비용을 지불하여 콘텐츠 관리를 하려는 선교 단체나 교회가 있는데 수익 구조가 형성되지 않는 가운데 이러한 구도는 한계를 갖게 될 것이다.

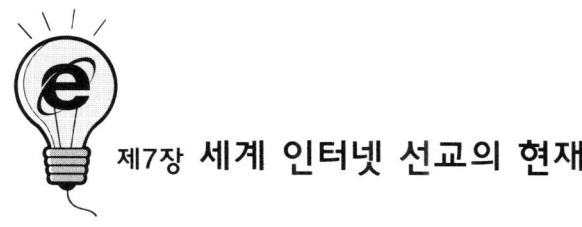
제7장 세계 인터넷 선교의 현재

1. 인터넷 선교 현황

현 시대 인터넷을 통한 목회와 선교는 기독교계에서 긍정적 사역 수단으로 이해되며 보편화되고 있다. 이러한 첨단 과학을 이용한 전도 활동은 기독교뿐만 아니라 이슬람, 불교 그리고 이단들 또한 활발하다. 자신들의 교리를 주장하고 정보 전달 기술을 통해 적극적으로 교세를 확장한다. 인터넷 네트워크를 통한 커뮤니케이션으로 자신들의 당위성을 주장하고 있다. 심지어 어느 근본주의 이슬람 단체는 자살 테러를 위한 지원자를 모집하는 도구로 인터넷을 활용하고 있다. 특정 이단은 막대한 재정 투자를 통해 웹 사이트를 과도하게 개발하여 적극적으로 포교하는 상황이다. 이들은 인터넷 선교를 자신들의 전도 활동을 위한 최적의 수단으로 간주한다.

한국 개신 교회의 인터넷 또는 웹 선교 현황을 예로 든다면 교회 홈페이지를 시작으로 현재는 인터넷 방송국, 분야별 각종 전문 채널 등으로 발전된 다양한 인터넷 사역 시스템들을 보유하고 있다. 다수의 교회 웹 사이트들에서는 담임 목사의 설교를 위주로 다루었으나 최근에는 믿는 이들을 위해서 많은 기여를 하기보다는 믿지 않는 구도자들에게 다가가려는 노력을 기울이고 있다. 한편 기독교 콘텐츠가 고유한 문화 색채로 인해 세상 문화와의 단절과 괴리감을 내포하고 있는 것도 사실이다. 한 가지 사례로 세상음악도 아니고 복음성가도 아닌 어정쩡한 한국의 CCM을 예로 들 수 있다. 좀 더 대중과 호흡하는 콘텐츠를 개발해야 할 것이다.

예수께서 초대 교회에 행하셨던 당시의 문화와 현재의 문화를 비교해 보면 현저한 차이가 있다. 현재 한국의 개신교는 외국에서 도입된 예배 형식에 다소 유교적(권위적)인 문화가 가미되어 예배를 하는 것으로 정의할 수 있다. 더불어 선교와 전도를 표방하지만 마치 중세 시대 수도원과 같은 폐쇄적 신앙 공동체와 같은 일면이 존재한다. 한국의 상황(context)에 따라 창출된 교회 문화라고 할 수 있다.

실제로 성경적 선교 사역은 세상과의 교류를 정죄하거나, 구분하거나, 전통을 강요하는 구조가 되어서는 안 되고 세상을 포용하는 구조, 감싸 안는 구조, 바깥으로 나아가는 구조, 안으로 쌓는 구조가 아닌 아웃리치(out-reach)적 구조, 물리적 이동성 추구만이 아닌 영적인 모바일 구조, 안으로 웅크려지는 모습이 아닌 밖으로 폭발하는 구조가 되어야 한다.

교회 홈페이지, 선교 관련 인터넷 사이트, 복음적 콘텐츠 사이트 또한 그러한 구조로 더욱 과감하게 배려되어 구축되고 운영되야 한다. 단순하게 오프라인 교회를 온라인상에서 소개하는 것에 그치거나 기존 신자에게 도움을 주는 내부적 서비스 구조가 아닌 구도자와 접촉하고 대화하고 의견을 나누고 복음을 제시하는 친절한 외부를 향한 통로가 되어야 한다. 웹은 기존의 기독교 문화, 교회 문화가 생소한 구도자들에게 또 하나의 부담스런 채널을 제공하는 용도로 사용되는 것이 아닌 본질적 교회의 요소를 내포한 상태에서 다수의 유저들에게 보다 거리감 없이 친근하게, 문화 소통적인 모습으로, 다양한 콘텐츠의 형태로 다가가야 한다.

한 예로 '시티사이드(Cityside)침례교회'는 수요 저녁 예배를 인터넷을 통해 드린다. 교회는 마치 여행 가이드(guide)를 해 주는 웹 페이지(Web-page)처럼 교회 웹 사이트를 꾸며 놓았다. 스트리밍(streaming)으로 실시간 찬양을 들을 수 있고, 수시로 변화되는 이미지, 고백의 공간, 중보와 찬양을 위한 배려를 사이트 곳곳에 배치하였다. 방문자들은 자신들에게 맞는 속도로 웹 공간 이곳저곳을 이동한다. 어떤 이는 기도의 공간을, 어떤 이는 고백, 찬양의 시간을 갖는다. 성도들을 거룩함으로 인도하는 다양한 이미지들을 거쳐 약 15분 정도면 모든 예배는 예식기도로 마무리된다(테일러 2008:117-118). 이러한 예배 콘텐츠는 매일의 영적 에너지 충전을 위해 현대인들의 상황을 고려한 새로운 시도가 된다.

또한 사역 재정의 효과적인 운영에 있어서도 이제는 인터넷 교회의 운영과 전문 사역자를 위해 재정이 필요한 가운데, 정상적인 구조로 이루어진 인터넷 팀 운영 및 시스템의 구축에 대한 숙제는 대형 교회마저도 부담을 느끼고 있다. 이에 활발하고 조직적으로 운영될 수 있는 방안이 무엇인가에 대한 해답을 얻지 못하고 있다. 작은 교회나 선교 단체는 홈페이지 제작은 해 놓은 상태이지만 효과적인 계획을 세우지 못하고 있다. 따라서 웹 에이전시를 통해 대행으로 이루어지는 웹 사역에 대한 개선책을 마련해야 한다. 웹이 선교적 도구로 원활히 사용되기 위해서는 위의 숙제를 해결해야 한다. 이에 적절한 청사진이 필요하다.

지난 아프가니스탄 피랍 사태를 통해 인터넷 선교가 부각되고 전통적 선교 방식에 대한 심각한 반성을 하게 되었다. 한국 기독교의 전통적인 선교 방식에 대한 문제 제기는 오래 전부터 현장 선교사들과 랄프 윈터 박사와 같은 선교 전략가들에 의해 제시되어 왔다. 국제적 이슈로도 부각된 아프가니스탄 피랍사건과 같은 사건이 발생할 때마다 선교 방법론에 대한 논란이 수면에 떠올랐다가 시간이 지나면 또다시 가라앉았다.

당시 사건을 통해 인터넷 선교와 같은 간접 선교 방법에 대한 선교계의 재조명이 시작되었다. 대 위임령을 위한 헌신과 열정, 그리고 잃어버린 영혼 구원에 대한 간절한 마음은 인정하나 현 시점에서 교회 건물을 세우고 점령식으로 선교하는 방식이 과연 최선인가에 대해서는 고민하며 새로운 패러다임의 선교를 제시해야 한다. 이에 나이와 문화를 초월한, 모두가 참여 가능한 21세기형 인터넷 노방전도, 전방개척지를 위한 효과적인 원격지원 선교, 간접 선교 방법으로서 인터넷 선교를 대안으로 제시한다. 이제는 구체적인 방안과 이를 보강할 교육과 대책이 필요한 상태이다. 당장 선교 현장으로 들어가지 않고 복음을 전파할 수 있는 방법이 바로 인터넷 선교이다. 선교 현장에서도 웹 비즈니스와 웹 사이트, 인터넷 방송 등을 통한 미디어, 인터넷 전도 활동은 이제 그 효과가 인식되고 있다.

한국 국적을 가진 입장에서 현재 아프가니스탄에 공식적으로 입국하는 것이 어려운 상황이지만 아프가니스탄의 고유 언어인 다리, 파슈트 어로 제작된 웹 사이트로 복음을 전할 수 있다. 여러 가지 유용한 정보 및 서비스를 제공하고, 강요하는 것이 아닌 그들이 스스로 선택할 수 있도록 배려한다. 물론 이러한 서비스를 원활하게 하기 위해서는 그 땅에 인터넷 시스템이 더 많이 보급되어야 하는 전제는 있다. 그러나 개발도상국에도 인터넷은 지속적으로 설치의 범위가 넓어지고 있다. 또한 국제화가 가속화되는 정세 속에서 사람과 사람을 잇는 강력한 커뮤니케이션 수단으로서 21세기형 보편적 선교를 위한 적극적이고 능동적인 수단으로 자리매김하고 있다. 이러한 정보 전달 기술의 발전, 네트워크 형성에 있어 선교적 적용과 저변 확대 움직임 속에서 한국 내 개신교 인터넷 선교 단체의 현재 인터넷 사이트 운영 상태와 선교지 현장 사례를 통해 미래적 대안을 제시하고자 한다.

2. IT의 힘 - '누구나'를 위해

인터넷 목회 및 선교의 장점 중 첫 번째로는 변증을 위한 도구로 사용될 수 있다는 점이다. 남미의 경우에는 수많은 이단들이 자신들의 재정 능력을 동원하여 공중파 방송국 채널을 임대, 자신들의 교리 및 주장을 피력하고 있다. 이에 현혹된 현지인들은 잘못된 신앙관에 영혼이 파괴되는 현상을 낳고 있으나 한국 선교사들은 값비싼 텔레비전 위성 TV 채널 임대는커녕 라디오 방송 채널 임대도 어려워 간신히 일주일에 몇 시간을 빌려 방송하고 있는 실정이다.

지난 2008년 3월 인도에서는 전국을 떠들썩하게 한 초능력을 가진 주술사가 텔레비전 프로그램에 출연하여 자신의 능력을 과시하였다. 그런데 이를 주관한 방송국 아나운서는 '세계미신퇴치협회'의 일원으로 마법사의 허구를 증명하기 위해 방송을 기획, 진행하였고 그의 거짓을 알리기 위해 대대적인 방송 홍보를 통해 인도 역사상 최대의 시청률을 이끌어 내었다.

이 방송 프로그램을 통해 주술사는 아나운서를 죽일 수 있다고 장담하며 주술을 카메라 앞에서 외웠으나 시간이 지나도 결국 아나운서를 죽이지 못했고 쇼는 해프닝으로 끝나 많은 사람들이 이 마법사가 사기꾼이라는 것을 알게 되었다. 이처럼 대중 미디어를 통해 메시지를 담고 콘텐츠를 통해 설득하는 것은 효과적이다. 우리는 인터넷 라인을 통해 보다 많은 사람들에게 저렴한 비용으로 광범위하게 지식을 전달할 수 있다. 즉 직접 복음을 전달하지 않는다 하더라도 간접적으로 믿음을 갖게 하는 정보를 제공할 수 있다.

이러한 맥락에서 무슬림들을 위한 전도의 도구로는 질문에 변증적 답을 제공하는 웹 사이트가 단연 인기다. 많은 무슬림들이 종교에 대한 관심이 많기 때문에 사용자들의 익명성을 보장하고 보안을 위해 비회원제로 운영되는 사이트의 경우에는 성공을 거두었다. 이는 설치와 운영이 어렵지 않은 장점이 있기 때문이다.

웹 사이트는 특별히 오프라인상에서의 논쟁을 온라인상에 그대로 옮겨 배치해 놓은 것이면서 익명성이 보장되기 때문에 신변 보호에 있어서 안전하고 폭넓고 자유로운 종교적 토론이 가능하다. 인터넷 카페를 통해, 개인의 집들에서 이러한 사역들이 펼쳐지고 있다.

물론 이러한 경우 사이트의 현지 문화, 현장 웹 문화를 이해하고, 복음적 콘텐츠의 성격을 유지할 수 있는 신앙의 연륜이 있고, 신학적 수준을 보유하였으며 동시에 웹 구현성을 이해하는 전문 인터넷 선교사, 콘텐츠 제작자의 역할이 중요하다. 더불어 완벽한 언어구사 능력과 현지 문화 및 이슬람과 무슬림 문화의 충분한 이해가 요구된다.

가장 적합한 상황은 현지인을 통한 사이트 운영이라고 할 수 있다. 이러한 경우 자신의 집에 시스템을 갖추어 두고 사이트 운영을 하는 것이 보안상 안전하다. 운영을 위한 장비는 인터넷 시스템과 컴퓨터 그리고 필수 기술로 포토샵, 드림위버(Dreamweaver) 정도의 프로그램, FTP 이용 방법과 간단한 하드웨어 이용 방법만 익힌다면 웹 교회의 자체 운영이 가능하다. 이러한 인터넷 선교 사역은 장소에 구애받지 않고, 시간과 재정의 부담을 많이 갖지 않는다. 또한 폭넓은 양방향 커뮤니케이션을 가능하게 한다.

다른 관점으로는 인터넷을 선교지를 위한 도구로 사용하는 면에 있어서 현장 선교사들의 경우 인터넷 사이트를 효과적인 선교 사역을 위한 자신의 개인 웹 오피스로도 활용할 수 있다는 점을 간과해서는 안 된다. 하드웨어와 결합하여 진행하는 효과적인 인터넷 사역의 예를 들면 'USB와 웹'의 경우가 있다. 현재의 크기에서 더 작아질 필요도 없는 USB는 기동성이 매력적인 대용량 문서 저장 장치이다. 음성 파일 동영상과 같은 보다 큰 용량의 파일들은 휴대용 외장 하드디스크를 활용할 수 있다. 이러한 저장 디바이스들의 가격은 시간이 갈수록 점점 더 저렴해지고 있는 추세이다.

또한 저장 파일 및 콘텐츠들의 보안을 위한 관련 기술들이 많이 개발되어 있으며 유사시 은닉이 자유롭다. 철저한 보안 장치가 설치된 대용량의 USB에 자신의 자료를 입력하고 업데이트를 하며 컴퓨터에 장착할 때 인터넷에 자동으로 연결하는 시스템을 통해 자신의 정보를 다른 사람과 나눌 수 있다. 그리고 보다 나은 의견 확보를 위해 커뮤니케이션을 하고, 사역을 정리하여 사역의 체계를 갖추고, 여러 사람을 통해 피드백을 나누고 검증을 받으며, 정보 및 자료들을 통해 수준을 향상시키는 등의 역할이 가능하다.

이러한 프로그램이 내장된 USB의 시스템은 보안이 보장된다. 한 사람이 어떠한 사역의 모든 영역을 전부다 커버할 수는 없다. 그러나 이러한 보안장치가 설치된 USB와 간이 인트라넷의 연동을 통해 사역자들 간의 워크숍, 자료를 저장하고 공유하는 전자 도서실을 기반으로 한 정보 공유 그리고 웹 회의가 진행될 수 있다. 이러한 시스템을 통해 주로 혼자 움직일 수밖에 없는 외로운 선교사들이 하나로 뭉쳐 힘을 발휘할 수 있다.

이와 같은 웹과 다양한 디바이스들이 결합된 사역은 재정적으로도 부담을 주지 않으며 사역자들의 역량을 더욱 증진시키고 사역의 폭을 넓힌다. 전 세계를 돌아다니면서도 업무를 볼 수 있고 웹 비서를 통해 맞춤형 정보와 자료를 얻을 수 있다. 한 사람의 절대 기획 또는 생각보다는 백 사람의 보편적인 아이디어가 성공적인 선교를 위한 도구가 된다. 더불어 아는 것이 힘이고 지식 기반은 위력이 된다. 이렇게 웹과 디바이스의 결합을 통해 지식 기반을 구축하여 선교사 교육, 자료 지원, 커뮤니케이션을 증진하게 하는 방안은 필자가 사역하던 출판사에서 기획된 바 있다.

인터넷 또는 웹 선교 사역 중 긍정적으로 평가할 수 있는 인터넷 교회의 발전된 모습 중 하나는 필리핀의 마카티 지역에 설립된 Korean Christian Network(KCN Inc), 즉 한인 크리스천이 중심이 된 복음 방송국의 예를 들 수 있다. 마카티의 한 교회와 대형 어학원 그리고 파송 선교사들이 자발적으로 모여 설립된 이 단체는 일찍이 인터넷 선교의 위력을 파악하고 문화, 웹 등의 전문가들을 섭외하여 발전되었다. 이미 어학원을 중심으로 수준 높은 하드웨어를 보유하고 전문 기술진들이 자원봉사로 사역하고 있으며 필리핀 현지인들을 위한 콘텐츠를 그들의 언어로 보급하기 위해 노력하고 있다.

앞으로 KCN은 필리핀뿐만이 아니라 동남아시아 타 선교지들에 자신들의 노하우를 지속적으로 공급하고 전략적으로 인터넷 교회로서의 인터넷 방송국을 설립하고 네트워크를 구축하며 방송 기반을 통해 복음을 전파할 예정이다. 본 사역에 대한 내용은 본서의 뒷부분에서 좀 더 상세히 다루고자 한다.

한국 외 다른 나라의 예로 중동 지역을 대상으로 한 SAT-7 프로젝트를 들 수 있다. SAT-7은 핫버드 인공위성을 통해 아라비아 어와 페르시아 어를 사용하는 지역의 수천 개의 가정에 기독교 프로그램을 전송하고 있다. 이렇게 방송 사역의 기반이 보다 디지털화되어 가는 가운데 웹 TV, IP TV로 옮겨 가고 있는 추세이다. 한국의 온누리교회(CGN-TV), CBS,

CTS도 동일한 사역에 동참하고 있고, 윌리엄캐리국제대학 GLC는 전문 선교 교육을 위한 인터넷 방송국을 개국하였다. 이제 단체들은 온라인 선교를 위해 훈련된 이들을 파송, 양육하고자 하는 계획들을 가지고 있다. 이제는 온라인 선교, 오프라인 선교의 구별이 필요 없다.

GLC Internet Broadcasting Station 웹 사이트(www.can.withch.net)

3. 디지털을 움직이는 아날로그

한국 교계의 경우 미주에서 소개된 초기 사이버 교회 모델에 대한 부정적 이미지가 강하게 잔존한다. 그것은 성도들이 오프라인 교회의 예배에 참석하지 않고 사이버 교회의 인터넷 예배를 드리는 문제에 관한 것이다. 게으른 신자 양산에 대한 우려와 이로 인한 부정적 인식으로 인해 인터넷 교회를 일반 전통적 교회로서의 개념과 동일시하는 데 어려움을 가지고 있다. 그러나 현실은 신종 플루 등 여러 가지 이유로 인해 대중은 사람들이 많이 모이는 교회에 오기를 기피하여 집에서 인터넷으로 예배를 드리고 있는 추세이다.

인터넷 스트리밍(streaming) 시스템을 통해 실시간으로 예배를 드리고 온라인으로 헌금하며, 스피커에서 나오는 찬송가에 맞추어 노래하고 심지어는 성만찬마저도 개인이 사전에 준비하여 컴퓨터 모니터 옆에 놓아두고 예배하는 방법에 대하여 혹자는 헌신 없는 개인주의적인 게으른 기독교인의 양산이라고 하며 적극적인 반대의지를 표명한다. 어쩔 수 없는 특별한 경우와 교회가 없는 지역만 제외하고는 정성껏 드리는 오프라인 예배가 서 있어야 한다. 예배를 드릴 수 있는 지역에서는 오프라인 예배가 존중되어야 한다. 인터넷을 통한 예배는 우선 오프라인상에서의 예배가 어려워 불가피하게 온라인 예배를 섬길 수밖에 없는 그룹을 위해 우선적으로 디자인되어야 한다.

이러한 예배 형식에 대한 올바른 선교적 적용을 위한 배려와 융통성 있는 해석이 먼저 요구되어야 한다. 그렇다면 성경적 예배란 과연 무엇인가? 복음전파를 위한 내용이 변질되지 않고 변형되지 않는다면 복음을 담은 그릇이 달라지고 전달하는 방법이 달라지는 것에 더 이상의 의문을 가질 필요가 없다. 게으른 신자는 양산되어서도 안 된다. 인터넷 예배가 분명 개인의 신앙생활에 장점과 단점을 동시에 주는 것일 수 있지만 사용자 입장에서 수용에 대한 정확한 이해가 필요하다.

현재의 예배 형식은 예수님 당시 공동체의 예배 모델과 어느 정도의 차이를 가지고 있다. 100여 년 전 외국 선교사들로부터 전수받은 예배 형태와도 많이 변형되어 있다. 2009년의 예배 형식은 약 20년 전 예배 형식과 비교했을 때에 많이 바뀌어 있다. 또한 각 교회마다 조금씩 다른 예배 형식을 가진 가운데 예배 형식의 공식 또는 스텐더드(standard)는 존재하지 않는다.

인터넷 교회의 경우 말씀, 성만찬, 헌금, 찬양, 웹 커뮤니티를 통한 교제, 웹 멘토링, 웹상에서 기도 나눔, 웹 구역 예배, 웹을 통한 성령 체험 등 다양한 예배적 요소를 가지고 있다. 또한 초신자나 구도자를 위한 열린 예배의 형식으로 발전될 수 있다는 부분은 간과할 수 없다. 믿음이 있는 사람들이 인터넷 예배를 통해 오프라인 예배를 등한시하게 되는 것이 아니다. 믿음을 가진 자는 오히려 오프라인, 온라인 예배를 가리지 않고 모두 드리지만 연약한 자들은 그렇지 않다는 것에 주안점을 둘 수 있다. 이러한 추세 속에서 인터넷 교회를 독립된 교회로 간주하고 재정 등 운영 자체를 교회에서 분리시켜 외부로 나아가는, 세상으로 뻗어 나가는 사역 모델을 제시하는 교회로 발전 가능하다.

이러한 사역의 성공 요인은 담임 목회자, 교회 리더십의 확고한 인식에서 기인한다. 실제로 인터넷 사역의 핵심은 이 일을 하는 사역자들이 얼마만큼의 비전과 융통성 있는 이해와 포용력을 가지고, 그 비전을 제대로 펼쳐 내며 사역에 각별한 열정이 있는가이다. 성령 충만한 구심점이 되는 몇 사람만으로도 큰 사역이 이루어지기도 한다. 기술을 이야기하는 것이 아닌 사역 에너지의 본질을 말하는 것이다.

한 예로 컴퓨터 교육 비즈니스를 기반으로 인도네시아에서 사역하는 어느 열정적인 선교사는 자신의 집에 제대로 된 인터넷 시스템도 갖추지 않고 기본적인 기술 이해도 없는 채 사업이 잘 되지 않는다고 걱정만 하고 있었다. 자신이 사는 지역의 웹 비즈니스가 열악하다고 했지만 확인한 결과 와이파이(Wi-Fi)라는 이름의 무료 무선 인터넷 이용 시스템이 스타벅스와 같은 커피숍이나 공공장소, 각 쇼핑몰에서는 가동이 되고 있었고 랩톱(lab-top) 보유자가 많지는 않았지만 인터넷을 통한 사용자들의 활동이 예상보다 활발하였다.

그러나 현지 상황을 통해서 보여 준 선교사의 열정만이 앞선 현실은 웹 사업에 대한 경제적 지원 부족의 이유 때문이 아닌 자신이 담당하는 사역에 대한 전문적인 지식의 결핍에서 비롯된 현상이라고 지적한다. 열정에 대한 문제가 아닌 체계적인 기획과 그를 위한 보강의 문제인 것이다. 반면 예멘의 한 선교사는 컴퓨터 학원 사역을 시작하여 여러 가지 난관과 어려움이 있었지만 스스로를 전문화시켜 현재는 컴퓨터 달인으로서 자리매김을 하였고 자신의 사역을 현지 대학교 수준의 컴퓨터 학원으로 발전시켜 운영하고 현지인들을 지도하고 있다. 더 열악한 조건이지만 보다 성공적인 결과를 얻게 되는 이유는 과연 무엇일까?

온라인 예배이든 오프라인 예배이든 영적 갈급함을 느끼는 성도들은 존재한다. 온라인 예배 형식 또는 오프라인 예배 형식이 성도들의 영적 갈급함을 채워 주는 요소가 되는 것은 아닐 것이다. 우리는 보다 열린 마음을 가지고 온, 오프라인의 조화 속에서 영적 예배의 회복을 추구해야 한다.

4. 적합한 설계

흔히들 인터넷 사역을 시작하기 앞서서 지레 겁을 먹는 사역자가 있다. 때로는 과도하게 사역 비용을 책정하거나 사역에 걸맞지 않는 무리한 기술을 도입함으로써 인터넷 사역이 실패하기도 한다. 또한 이론만을 가지고 인터넷이 만능이라는 꿈과 같은 환상적인 청사진만을 소유하기도 한다.

인터넷 기술은 많은 사람들이 배우려는 열망을 가지고 있고, 인간의 삶, 생활, 비즈니스 등에 다차원적으로 기여한다. 그래서 인터넷 기술은 21세기 선교의 직, 간접 도구로 활용되지만 그렇다고 해서 그냥 놓아두어도 잘 크는 콩나무는 아니다. 흔히들 갖는 오류는 인터넷 기술 자체가 모든 것을 다 해 주고 성공적인 사역을 창출한다고 생각하는 것이다.

성공적인 인터넷 사역, 사업 뒤에는 그것을 성공으로 이끄는 사람들의 노력과 관심, 열정과 지식이 존재한다. 아날로그가 디지털을 이끄는 핵심인 것이다. 기술이 그들의 사역을 더욱 효과적으로 만들고 빛나게 하는 것이다. 사람이 중요하고, 누구를 세울 것인가가 중요하고, 인터넷 선교 사역에 임하는 사역자의 자세가 중요하고, 그 사역자가 얼마만큼의 관심과 시간과 재정 투자를 하는가에 따라 성공 사례는 늘어나거나 줄어들 것이다. 따라서 단순하게 자신의 편협한 경험만을 가지고 "인터넷 선교는 해 보았지만 안 된다", "해 봤으나 별 것 없더라" 등의 성급한 결론은 금물이다.

좋은 도구를 독으로 쓸 것인지, 약으로 쓸 것인지에 대한 연구와 노력이 필요하다. 인터넷 선교사 또는 웹 사역자는 단순한 기능직이 아니라 웹 기술력, 신학적 기반, 커뮤니케이션 능력, 인터넷 예술 분야를 두루 섭렵한 사람이어야 한다. 그렇다고 꼭 대학에서 학위를 받는 전문인일 필요는 없다. 오늘도 수십 가지씩 개발되는 웹 디바이스와 프로그램들이 다양한 웹 선교 사역을 위한 도움을 제공하고 있다.

세계적인 다국적 기업 '구글(www.google.com)'의 경우 각국 언어 번역 서비스를 제공하는데 이 또한 인터넷을 기반으로 한 선교 사역에 큰 도움을 준다. 다국어 웹 교회를 설립할 때 다국어 카테고리를 생성하게 되면 그때에 제작자가 각국의 언어를 몰라도 번역기를 통해 필요한 서비스를 제공받게 된다. 어떠한 시각에서 본다면 세계적 기업 '구글'이 하나님의 일을 위해 헌신하고 있는 것이다. 세상은 우리를 중심으로 움직인다. 이 세상은 성령 충만한 사람의 몫이다.

웹을 잘 다루기 위한 교육은 대학에서 배울 수 있는 것이 아니라 스스로 충분히 터득할 수 있다. 많은 교회 리더십들이 자신들의 교회 홈페이지 디자인을 개편하는 데 열정을 보이나 사실 영향력을 만드는 것은 일반 대중 매체와는 차별화된 영성 있는 콘텐츠이다. 콘텐츠의 가장 큰 보고는 담임 목회자, 단체의 리더십이다. 이 영역을 단순하게 기술자에게 맡기거나 담당자를 일임하여 모두 전담하게 해서는 안 될 것이다. 인터넷 선교의 핵심은 기본 기술과 함께 웹 콘텐츠를 효과적으로 제작하는 기술에 있다.

그러나 웹 콘텐츠 제작과 보급에 두려움이 있다면 제언하기를 최고의 콘텐츠는 완벽하게 틀을 갖춘 전문성 있고 완성도 있는 것보다 아마추어적이며 친근하다는 것이다. 나를 잘 아는 가까운 사람으로부터의 친밀감을 느낄 수 있는 것이 오히려 우선적일 수 있다고 말할 수 있다. 웹 콘텐츠, UCC를 통해 얻고자 하는 것은 완성도가 아니다. 우리가 흔히 만날 수 있는 이웃 사람에게서 느껴지는 친밀한 경험들을 통한 감동인 것이다. 대통령이나 유명 가수보다는 내 교회 담임 목사나 교우들이 나를 더 잘 알기에 그들이 다는 답글들은 나에게는 더 영향력 있는 콘텐츠가 되는 것이다. 선교지의 상황을 잘 이해한 제작자의 콘텐츠가 현지인들에게는 보다 영향력이 있는 것이다.

스티븐 데이비스(Steven Davis)와 라이닐 싱어(Rajneel Singh)라는 두 명의 뉴질랜드 청년은 단돈 800 뉴질랜드 달러를 들여 소니 핸디캠으로(Handycam)으로 영화 《매트릭스》(the Matrix)에 찬사를 보내는 화니매트릭스(Fanimatrix)라는 15분짜리 웹 전용 단편 영화를 제작하였다. 그들은 저예산으로 영화를 제작했지만 충분한 자신감을 가지고 있었다. 그리고 이 영화는 5일간 70,000건 이상의 조회수를 보이는 등 폭발적인 반응을 몰고 왔다(테일러 2008:170-171). 이러한 현상이 UCC 등 개인이 제작한 웹 콘텐츠가 보여 주는 폭발적인 힘이다.

　교회 중고등부의 웹 사이트 운영의 경우에도 잘 활용이 되지 않는다고 하는데 달랑 게시판 하나 달아 놓고 활성화를 논해서는 안 될 것이다. 교회 홈페이지가 있음에도 학생들이 싸이월드 클럽(Cyworld Club)을 찾을 수밖에 없는 이유는 싸이월드에는 학생들의 창의적인 아이디어를 쏟아 놓을 수 있는 방법들이 있기 때문이다. 자신들이 좋아하는 음악을 골라서 클럽을 방문하는 사람들에게 들려줄 수 있다. 이것은 클럽을 방문하는 사람들에게 첫인상을 남겨 주는 일이다. 대문사진을 자신들이 직접 꾸며서 시시각각 변화하는 그들의 성향에 맞게 수시로 바꿀 수 있고 자신들의 언어로 콘텐츠를 채워 갈 수 있다. 이에 학생들이 직접 웹을 디자인하도록 하고, 사이트를 운영하게 지도하고, 콘텐츠를 제작하는 일들을 맡아서 하게 한다면 자신들이 직접 제작한 사이트와 콘텐츠에 대한 애정으로 보다 적극적으로 홍보도 하게 될 것이고 사이트 사용 빈도도 자연스럽게 늘어날 것이다. 교회를 건축할 때에도 담임 목사 혼자서 건축을 부르짖는 교회는 실패하지만 그 교회 전 성도가 지역 사회에 교회 건축의 필요성을 절감하여 성전 건축을 놓고 간절히 기도하고 작은 정성이라도 모으고 모아서 함께 건축하면 성공하는 원리와 동일하다. 인터넷 방송 같은 경우도 전문가의 지도를 받으면 중고등부도 자체 웹 사이트 운영과 시행이 가능하다. 이렇게 제작자와 사용자가 분리되는 것이 아니라 모든 사람이 참여하는 사이트를 구성할 때 보다 많은 피드백을 받게 되는 것이다.

5. 그 외 요소들

　영성 있는 콘텐츠를 제공하는 것과 이를 위해 연구하는 것도 영향력 있는 사역자들의 영역이다. 더불어 웹 비즈니스를, 선교 사역을 위해 이용하는 '선교를 위한 웹 비즈니스(Web Business for Mission)' 개념이나 비즈니스와 선교를 병행하여 운영하는 '웹 비즈니스와 선교(Web Business and Mission)'로서의 개념으로 이해해서는 안 된다. 웹 비즈니스를 '웹 비즈니스가 선교(Web Business as Mission)'라는 개념, 즉 웹 비즈니스 자체가 선교라는 개념을 가져야 현장에서 성공으로 운영해 나갈 수 있다. 웹 비즈니스 자체가 기독교 내에서의 교회가 될 수 있다. 당연히 하나님의 세계관 속에서 웹 비즈니스는 단순히 선교를 잘하기 위한 이용 도구가 아닌 하나님의 창조영역 중 하나이다.

네트워크를 구성하는 것 또한 웹 전도의 핵심 요소이다. 웹상에서 효과적이고 폭넓은 네트워크를 구축하는 방안의 핵심은 관계이다. 전통적인 개념에서 혈연과 친척의 개념보다 현대 사회에서는 이웃과 사회 구성원에 대한 친밀감이 더욱 현실감이 있다. 얼굴 한 번 못 본 친척보다는 가까이 사는 이웃이 더 친밀하다. UCC를 통한 공감대 형성은 결국 네트워크 형성을 통한 공감대 형성이다. 인터넷을 통한 네트워크 형성은 우리가 가늠하는 정도보다 순식간에 형성된다.

네트워크는 곧 개인의 삶을 위한 원동력이 되고 많은 것을 제공하고 제공받는다. 교회 내에서 생각할 수 있는 네트워크의 종류로는 지역 주도적인 또는 물리적 환경에 지배받는 네트워크 구성, 특수 사역에 초점을 맞춘 네트워크 구성 그리고 전방위적인 구성적 요소를 가지고 있는 세계 네트워크 구성을 들 수 있다.

이러한 네트워크 구성이 추세인 가운데 서울의 모 교회의 경우 일찍부터 길거리 노방전도를 대신하여 디지털 전도를 표방하고 전자 전도지로 전도를 한다. 이러한 콘텐츠들은 대중 미디어로서 보급이 자유로운, 저작권에 대한 이용이 자유를 보장하여 많은 사람들이 사용할 수 있도록 한 것이 강점이라고 할 수 있다. 구도자들의 눈높이에 맞춘 콘텐츠를 제공하는 사이트, 그리고 블로그를 통해 전도하는 전문 커뮤니케이션 사역자들이 바로 21세기 노방전도와 소셜 네트워크 구성을 통한 현장 선교를 효과적으로 이끌어 가는 성공적 대표 모델이라고 할 수 있다.

다른 한 예로 한국 미디어 선교회의 경우에는 종교계 노벨상이라 불리는 템플상을 수상한 고(故) 한경직 목사의 설교를 중국어로 번역하여 웹상에 올려놓고 그 사이트 주소가 새겨진 볼펜을 올림픽이 열리는 북경의 현장에서 나누어 주면서 전도하고자 하는 방식을 채택했다. 그리고 한 지역에서 전체 중국인을 대상으로 한 네트워크 구성에 효과를 거두었다. 다양한 복음적 콘텐츠, 인터넷 커뮤니케이션을 위한 섬세한 열정, 끊임없는 관심이 지속적인 현장 성공 사례를 제공하고 있다.

6. 인터넷 윤리와 대응

기독교에서 제공할 수 있는 인터넷 윤리가 존재하지 않는 현상은 시급한 개선점이다. 교회 내에서 신앙인으로의 덕목이 있다. 그러나 안타깝게도 익명성으로 인해 웹상에서 기독교인이라 할지라도 이중적인 생활을 할 수도 있다. 내 실체가 보이지 않는다는 점 때문에 그러한 웹상 폭력적 행위 등이 중독성을 띠고 가속화되는 것이다. 이에 대하여 기독교인들 스스로 자성해야 한다. 이것은 전 세계 선교 현장에서도 충분히 발생할 수 있는 일들이며 미리 대비해야 하는 사항이다. 언어와 문화는 다르지만 인터넷 문화에는 국가와 민족을 막론하고 공통되는 웹 문화가 존재한다. 또한 세상 속의 소위 '악플러'들에게 어떻게 실종된 또는 한 번도 수립되어 본 적이 없는 인터넷 윤리와 예절을 전할 수 있는지를 연구해야 한다.

아프간 사건을 통해 표출된 네티즌들의 반응에 무반응으로 대처한다든지, 공격적 댓글로 방어하기보다는 원칙을 통합하여 예수께서 십자가에 달리실 때 보이셨던 모습을 기억하고 성경적으로 대응하는 등의 교회적 원칙이 있어야 한다. 오프라인상에서만큼 인터넷상에서의 공격과 테러는 큰 피해를 야기할 것이다. 이러한 상황에서 과연 예수님이라면 어떻게 하셨을까? 우리가 인터넷을 선교와 목회의 수단으로 성급하게 사용하기에 앞서서 하나님께서 원래 주신 목적과 모양을 찾는 작업이 필요하다.

또한 '악플러'들과 '안티 크리스천(Anti-Christian)'들의 웹상의 공격에 대해 의연하게 대처할 수 있는 매너와 기술, 품을 수 있는 포용력을 기르고 익혀야 한다. 이러한 커뮤니케이션에서 특별히 장년층은 대화의 이해와 방법이 너무나 서투르다. 건강한 인터넷 사역은 바로 기독교 정신에 입각한 올바른 인터넷 윤리가 기반이 될 때 가능한 것이다. 더군다나 선교 현장에서 그러한 일들이 발생할 경우 대처할 수 있는 능력이나 지침서 등이 준비되지 않은 점 등이 현 시점의 숙제이다. 갈수록 개인화되어 가는 세상 가운데에서 예절이 사라져 가고 실력과 성공만이 윤리 기준의 척도가 되어 가는 세상 속에서 우리는 길을 잃지 말아야 할 것이다.

7. 거품을 뺀 콘텐츠

'내부자 운동'은 현재 전방개척 선교 전략으로 주목받는다. 교회를 악한 집단으로 규정하는 무슬림들에게 교회의 모습 그대로 인터넷을 통해 접근한다면 그것은 효과적인 접근 방법이 될 수 없다. 따라서 교회의 설교를 웹 콘텐츠 그대로 내보내기보다는 불신자들이 납득할 수 있는 친근한 용어와 포맷이 적용된 복음적 채널 및 웹 콘텐츠가 개발되어야 한다.

크리스천들이 흔하게 사용하는 기독교 용어들은 구도자들에게는 이해가 되지도 않을뿐더러 불편하게 느껴진다. 어떤 기성 세대 기독교인들은 현 젊은 세대들이 점점 기독교 찬송가를 부르지 않게 되는 현상에 대해 우려한다. 기독교의 찬송가는 고전적인 것으로 현대의 최첨단 영역에 거주하고 있는 청소년들에게 적용시키기는 쉬운 일이 아닐 것이다. 같은 가사를 사용하더라도 음률과 멜로디를 바꾸는 작업이 요구된다. 강요적이지 않은 기독교 콘텐츠를 선교 현장에 소개하기 위해서는 보다 섬세한 주의와 관심이 요구된다. 각 현장에서도 또 다른 계층과 단계별 문화 수용 영역이 존재함으로 이에 대한 이해를 권장한다.

단순하게 언어만을 번역하여 더빙 또는 자막을 단 것을 선교적, 복음적 웹 콘텐츠로 보기는 어렵고 보다 계층 간, 문화 간의 거리를 좁히려는 배려가 요구된다. 한 예를 든다면 메인 화면에 교회라는 용어를 대신하여 예수 공동체 또는 J-커뮤니티(예수라는 이름을 바로 나타내지 않고 융통성 있게 'Jesus'의 첫 알파벳 J를 사용한다)라는 명칭을 사용할 수도 있고, 라이브러리나 커뮤니티, 카페, 마을, 모임, 그룹, 동아리 등의 명칭이 교회의 외형적 형식, 교회에 대한 우리의 이해 양식을 대신할 수도 있다. 어떤 지역에서 그리스도인, 크리스천은 예수를 따르는 자들로 이해될 수 있다. 가장 효과적인 인터넷 교회의 모델은 역시 초대 교회의 형태에서 발견할 수 있다.

온누리교회의 대학 청년부는 '폴 커뮤니티(Paul Community)'라는 이름으로 대학로의 소극장이나 호프집 등을 사역의 주 무대로 삼는다. '폴 커뮤니티'는 우리말로 하면 '바울 공동체'이지만 일반인들이 들었을 때 거부감 없이 다가갈 수 있다. '폴 커뮤니티'라는 이름은 마치 젊은이들에게 인기 있는 영국의 패션 브랜드 '폴 스미스'를 연상시킨다. 윌리엄캐리국제대학의 경우도 실제로 선교사를 양성하지만 신학교의 이름으로 그리고 선교학과 졸업자라는 타이틀로는 선교지 활동에 제약을 받기 때문에 학과의 이름을 'International Development' 학과, 즉 '국제 개발학'이라는 이름으로 학위를 수여한다. 필자의 I3M(Internet, Medical, Media and Mission)도 이름에 선교회라는 명칭을 사용하지 않기로 하고 I3M이라는 약어만으로, NGO 단체로서 선교지에 접근하고 주로 후방에서 원격으로 전방을 지원하고 있다. 이렇게 이름 하나를 통해서도 우리는 열린 마음을 표현할 수 있고 믿지 않는 이들에게 괴리감 없이 다가갈 수 있다. 장소를 불문하지 않고 전도하려 하며, 사역 단체의 이름, 교회의 이름 등에 대해 까다롭게 생각하지 않는 마음이 이 시대 창의적인 움직임을 위한 첫 단계이다.

그리고 현대 소수의 목회자 중심으로 대규모의 성도를 관리하는 사역 체계가 아닌 전 성도가 공동체 내의 지체로서 함께 이끌어 가는, 자신의 달란트와 가진 것을 나누는 울타리 없는 선교를 위한 운동성 있는 공동체의 모습에서 문제를 해결할 수 있다. 편협한 기독교의 이미지를 버리고 보다 적합하게 변화되는 기독교의 원리가 전방개척 선교지를 대항한 기독교 웹 콘텐츠 속에서 배려되어야 할 것이다.

어쩌면 한국 기독교계가 인식하고, 추구하고, 현재 보유하고 있는 교회의 형태를 과감히 버릴 때 부흥이 도래할지도 모른다. 목회자가 만약 넓은 땅을 사서 대리석을 깔고 거대하게 우뚝 선 교회를 교회 성장의 결과 또는 지향점으로 생각한다면 결코 이 책을 읽을 필요가 없다. 인터넷 교회 운동은 기존의 교회를 파괴하는 운동, 거부하는 운동, 무시하는 운동이 아니라 교회의 원래 개념을 찾아 새롭게 세우자는 노력이다. 선교지에서 사람들이 기독교를 '유사고딕' 형태의 국적 불명으로 건축된 십자가가 세워진 한국식 교회 건물로 인식하게 해서는 안 될 것이다.

8. '아무나'는 아닌 것

교회 지도자들의 외형적 모습이 변모해야 한다. 교회의 리더십들은 교회 문화 속에 익숙해 있다. 그들의 언어가 그렇고 그들의 외모가 그렇다. 세상의 유행은 바뀌는데 교역자들의 헤어 스타일은 20년 전이나 지금이나 마찬가지이다. 아직도 가운을 입거나 교역자용으로 고안된 복장을 입거나 계절에 상관없이 짙은 색 양복을 입는다. 언어는 늘 단정하고 대화 중 많은 양이 교회적 용어로 가득하다. 어떤 사람들은 교회에 왔을 때 교역자가 세속적인 외모를 하고 있으면 오히려 거부감을 느낀다고 한다. 그러나 사실 구도자들이 익숙한 것, 지향하는 것, 선호하는 것은 세상적 문화이다. 그들이 편하게 느끼고 친밀감을 갖는 것은 자신과 비슷한 모습을 한 목회자이다. 기독교 목회자는 결코 고해성사를 받아 주는 신부의 모습이 되어서는 안 된다. 세상에서는 죄를 짓고 살다가 주일에 교회에 와서 경건해 보이는 목회자를 보며 어떠한 '대리 경건'을 느끼는 이도 있다. 목회자와 성도 간의 실제적 커뮤니케이션 부재로 인한 문제점을 야기해서는 안 된다.

어느 선교지에서 의료 봉사를 할 때 나이가 많으신 환자 분에게 그분의 증상을 설명해야 할 때가 있었다. 그런데 의료 용어는 일반인들이 알아듣기도 어려울뿐더러 언어가 다른 가운데 나이 많으신 분에게 생명과 직결된 상황을 알아듣기 쉽게 설명하기란 참으로 어려운 것이었다. 그런데 옆에 있던 청년 하나가 종이 위에 그분의 상황을 그림을 그려 어린아이에게 이야기하듯이 설명하자 그 연로하신 환자 분이 알아듣기 시작했다. 이렇게 그들의 눈높이에서 대화하고 설명할 때 서로 간의 진정한 교감이 형성된다.

또 필자가 필리핀 어느 교회에 초대되어 설교를 하게 되었을 때 적지 않은 성도들이 놀라는 눈빛으로 나를 바라보았다. 목사로 소개된 필자의 모습이 목사 같지 않았기 때문이다. 장발의 목사는 처음 본 사람도 있다고 했다. 그런데 그 교회 담임 목사의 헤어 스타일은 나와는 정반대인 삭발이었다. 머리숱이 많지 않아서 편리하게 삭발을 한 것이다. 무더운 필리핀에서는 아주 시원해 보이고 목사에게도 잘 어울렸다. 그런데 일반적으로 한국인들의 관점에서 삭발을 하면 생각하는 이미지가 죄수나 승려인데 우리가 흔히 떠올리는 예수님 이미지는 이와 반대로 긴 머리의 서양인이다. 이런 점에서 삭발보다는 차라리 긴 머리가 더 성경적이라고 말할 수도 있다. 바울 시대에 대머리는 저주의 상징이기도 했다.

　이러한 문제에 대한 해답은 문화적인 관점을 통한 선택의 문제라고 할 수 있다. 그 필리핀 교회의 성도들은 이미 오랫동안 보아 온 담임 목사의 삭발에 익숙한 것이다. 그렇게 유지되어 온 편안함을 긴 머리 목사가 나타나서 깨 버렸다. 예수님께서 개인적으로 긴 머리를 선호하셔서 당신의 긴 머리를 유지하시지는 않았을 것이다. 그 당시 상황에서 긴 머리는 예수님 나이대의 사람들이 흔하게 하고 있던 대중적인 스타일이었다. 그때에 만약 대부분의 사람들이 삭발을 했다면 예수님도 삭발을 하셨을 것이다. 하나님의 아들이 인간이 된 마당에 삭발 정도 못하셨겠는가? 그리고 예수님께서는 자신의 인간 되심을 억지로 받아들이지 않으셨다. 그는 자신의 인간 됨을 기뻐하고 즐거워했으며 고통과 인내를 요구하는 모든 일들을 그대로 받아들이셨다. 우리가 선교지의 문화를 받아들이는 데 있어서도 그저 그들의 눈높이를 맞춰 주는 수준에서 흉내만 낸다면 실패할 것이다. 그들을 만나서는 세상에 다시 없는 음식처럼 현지의 음식을 칭찬하고 맛있게 먹고서는 집에 돌아가 서둘러 김치를 찾는 것을 알게 된다면 현지인들이 어떤 마음을 갖게 될 것인가? 중고등부의 문화와 패션을 입으로는 칭찬하지만 돌아서서는 고개를 설레설레 흔든다면 과

연 그것이 예수님께서 보이셨던 진정한 성육신의 모습이라고 할 수 있을까? 우리가 진정으로, 진심으로 그들의 문화를 받아들이고, 내 것이라 생각하고 즐기고 기뻐하며 하나로 동화될 때 한 사회 속에서 진정한 '문화 변혁자'가 된다.

9. 협력 프로젝트

구체적 방향 제시로서 첫 번째 국제화된 연합의 자세가 필요하다. 자신의 사이트를 알리고자 하는 세속적 경쟁의식에서 벗어나서 중복된 콘텐츠 제작을 서로 피하고 배려하고 공유하며 사역하는 자세를 보유하는 것이 중요하다. 한 단체 내에서도 중첩되는 일을 하는 경우가 있다. 어느 나라에 가면 각기 다른 버전의 찬양을 부른다. 선교사가 바뀔 때마다 부를 수 있는 찬양이 없다고 간주하고 찬양을 새로 번역한 것이다.

어떤 기독교 위성 방송국의 경우 타 사이트들과 경쟁하기 위해 자신들의 제작 콘텐츠 링크에도 제한을 두어 심지어는 자신들과 같은 울타리 내에서 사역하는 단체들에게마저도 링크를 허용치 않는다. 그것은 자신들의 사이트에서만 그 콘텐츠를 제공함으로 점유력을 높이고자 하는 정책이었는데 이러한 정신은 기독교 마인드에 조금은 위배되는 것이다. 참으로 좋은 콘텐츠였지만 나눔의 정신이 결여된 경우이다. 실제로 영향력 있게 제작된 콘텐츠는 어떤 방법으로든 공유되어야 한다. 경쟁의식은 예수 공동체 내에서 가급적 배제되고 협력을 위한 마음이 선행되어야 한다.

이러한 사역을 잘 진행하고 있는 팀 프로젝트가 빌 브라이트(Bill Bright)가 총재로 있는 CCC를 통해 진행되었다. CCC는 "예수"라는 영화를 각국 언어로 번역하여 이를 필요로 하는 단체와 적극적으로 공유하고 있다. 이 영화는 6백만 달러 미만의 제작비를 투자했지만 1979년 영화가 개봉된 이후 역사상 가장 많이 전 세계인에게 소개된 영화로 기록되어 있다. 영화로 제작된 성경이다.

예수 프로젝트와 비슷한 맥락에서 제작된 영화로 연대기적인 접근방법을 담은 "희망(the Hope)"이 있다. 본 영화는 비영리 성직자 재단인 '마스 힐 프로덕션(Mars Hill Production)'이 CCC의 빌 브라이트와 비슷한 견해를 가지고 제작한 것이다. 2002년에 제작된 이 프로젝트는 디지털과 일반 필름으로 동시 제작되어 온라인 공급이 용이하다(포코크 2008:428-429). 즉 온라인상의 제한 없는 공급을 미리 염두에 두고 제작한 것이다.

웹에서 쉽게 접할 수 있는 미국의 유명 설교자들의 메시지를 담은 편집 동영상 그리고 어원 맥너머스 목사의 모자이크교회 영상팀이 제작한 수준 높은 기독교 단편 영화들도 인기가 있다. 모자이크 교회의 경우에는 자체 영상팀과 영상 시스템 및 스튜디오를 보유하고 사역을 활성화하고 있다. 위성 시스템과 같이 소비성이 강한 정보 전달 시스템을 채택하기보다는 그 예산을 양질의 대량 보급형 복음적 콘텐츠를 개발하는 데 사용하는 것이 더욱 효과적이다.

또한 100년 전통 문서 선교 단체인 독일의 '콜오브홉(Call of Hope)'과 같은 경우는 올바른 사용 가이드를 숙지한 사용자라면 누구든지 현재까지 제작된 서적, 전도지, 방송, 음원, 잡지 등 방대한 자료를 사용할 수 있도록 인터넷상에서 배포하고 있다. 한국 선교사를 위해 특별히 한글 가이드 사이트를 설치하여 공유를 장려하고 있다. 한국인 선교사이든 미국인 선교사이든 아랍어 권에서는 아랍어로 된 전도 자료를 사용해야 한다. 이러한 상황에서 같은 자료를 미국인도 번역하고 한국인도 번역해서 중복된 자료를 웹상에 올릴 필요는 없다. 그보다는 그러한 에너지를 축적하여 보다 많은 구도자들이 관심을 보일 다른 종류의 콘텐츠를 다양하게 제작하여 공동 보급하는 데 힘을 모으는 것이 좋다.

그 외에도 '세계 기도정보 Operation World'(존스톤과 맨드릭 2001, http://www.operationworld.org), '세계기독교백과사전-the World Christian Encyclopedia'(바넷, 쿠리안 및 존슨 2001, http://www.worldchristiandatabase.org), '여호수아 프로젝트-Joshua Project' (http://www.joshuaproject.org), '글로벌 맵핑 인터내셔널-Global Mapping International'(http://gmi.org), '선교 정보 연결망-Mislinks' (http://www.mislinks.org)과 같은 사이트들이 웹을 통한 선교 정보 전달 사역을 활발히 감당하고 있다(포코크 2008:31). 영성 있는 웹 콘텐츠가 더 필요하다. 전방개척 선교 지역 각 나라 언어로 제작된 영성 있는 각종 웹 콘텐츠가 더 많이 필요하다.

1) 대안

협력 프로젝트를 위한 인식의 전환과 전문 교육이 필요하고 교단 차원의 정책이 요구된다. 인터넷 기술 자체로는 선교적으로 의미가 약하다. 성경적인 적용이 항상 구체적인 사역에 앞서 제시되어야 하고, 교회와 선교 사역에 기술적인 지원이 선행되기보다는 신학적인 기반이 뒷받침된 제안이 제시되야 한다. 즉 인터넷은 선교의 포문을 여는 직접 도구, 주체가 될 수도 있는 툴이라는 총체적 인식이 필요하다.

기독교인들은 예수님의 네트워킹을 통한 전달 방식의 예를 통해 분명한 당위성을 이해할 수 있다. 종의 정신과 청지기 정신이 웹 사역에도 오프라인 사역과 마찬가지로 투철하게 반영되어야 한다. 신 기술이 오히려 대화를 위한 방해의 수단이 된다거나 현지인들과 또는 전도 대상자들과의 괴리감을 형성하는 애물단지로 전락해서는 안 된다.

예수님께서 보여 주신 양방향 커뮤니케이션과 인터넷 선교의 연관성으로 각 영역의 전문가들을 인터넷상에 배치하고 성경적인 적용을 공급하는 것은 교회와 선교사 그리고 웹 기술자들 사이의 거리를 축소하는 것이다. 따라서 이를 위한 교육 프로그램 및 훈련 시스템이 기술 실행보다 선행되어야 한다. 또한 인터넷을 통한 선교, 목회, 양육, 방송 등 현장 노하우를 통해 보다 폭넓은 저변확대를 위한 국제적 이해가 가미된 '인터넷 선교 매뉴얼'이 필요하다. 신 기술을 통한 효과를 극대화하기 위해서는 청지기 의식을 가지고 기술이 가진 고유의 가치를 잘 살릴 수 있는 방향을 지혜롭게 제시해야 한다. 좋은 약도 독이 되는 경우가 종종 발생하기 때문이다. 각 나라의 인터넷 문화를 연구한 매뉴얼은 선교지에서 자신이 담당하는 지역을 섬기는 데 도움을 줄 것이고 나라와 나라를 잇는 웹 네트워크를 형성하는 데 중요한 역할을 감당할 것이다.

2) 선교 단체를 위해

현재는 일부 IT 분야 관련 크리스천들이 선교와 목회를 위해 기여하고자 하지만 아직 세상의 원리 안에서 움직인다. 하지만 성경적 매뉴얼을 통해 보다 효과적인 에너지 운영이 가능케 될 것이고, 원칙을 통한 질서가 형성될 것이다. 부연하여 미숙한 이해와 교육 기반을 통해 성급하게 제작된, 무슬림 선교를 위한 복음적 웹 콘텐츠가 오히려 치명적인 해를 입히는 경우도 있다.

또한 무슬림, 이단들도 자신들의 탁월한 포교 수단으로 인터넷 기술을 사용하고 있는 현실을 볼 때 이에 대처할 수 있는 연구 및 체계적인 교육이 필수적이다. 선교사들이 파송받게 될 때 단체 차원에서 웹 콘텐츠 개발과 인터넷 커뮤니케이션, 웹 멘토링 등의 과정을 필수 교과로 채택하면 좋다.

　나아가 인터넷 선교학과와 같은 학문을 새로운 선교 방식으로 교단 선교부와 각 신학 대학교의 선교학과에서 공식적으로 채택하고, 이러한 간접적 선교 방법이 이제 더 이상 소극적 선교 방법이라는 이미지를 탈피하고 선교지 상황을 고려한 전략적 선교 방식이라는 확신을 심어 주어야 한다. 또한 인터넷상에서의 문화적 제국주의를 경계하고 국가 간, 문화 간의 거리를 서로 좁혀 나가야 한다.

　새로운 상황에 따른 이해, 규범과 규칙이 발생함에도 크리스천들의 이해 부족 때문에 전통적 사고방식으로 웹상에서 대화하면 국제적인 대화에서 고립되는 결과를 초래한다. 이러한 폐단을 철폐하기 위해서는 비단 선교 영역뿐 아니라 기존 교회에서 활용하고 있는 인터넷 홈페이지의 문제점과 개선책을 구체적으로 제시해야 한다. 인터넷으로 선교지와 지역 교회를 잇는 실제적인 방안이 마련될 수 있다. 교회와 선교 단체들이 인터넷 선교를 위한 부설 교육 기관을 구축하고 범 기독교적 인터넷 선교사를 양성하는 방안도 제시될 수 있다.

　또한 교회, 비영리 선교 단체, NGO 등이 보유한 기술적인 한계를 극복해야 한다. 특별히 재정 기반이 미흡한 가운데 운영되는 대부분의 인터넷 사역에 대한 보안과 정보 관리에 대한 체계적인 관리 시스템과 이를 위한 재정의 확보가 필요하다. 해킹이나 서버 다운을 통해 비롯되는 고통은 이전에는 찾아볼 수 없는 신개념 공포이다.

3) 교회를 위해

　인터넷 선교는 선교사 개인, 몇몇의 단체가 섬기는 사역이 아니라 모든 교회가 수용하고 네트워크를 통해 연합하는 사역이다. 따라서 전문인

만의 선교라는 선입견을 없애고 사역 문턱을 낮추는 인터넷 선교의 대중화가 요구된다. 크리스천의 웹 사이트가 세상의 다른 웹 페이지들과 어떻게 달라야 하는지, 또 한편으로 어떻게 이질감 없이 동일해야 하는지 어떻게 대화해야 하는지를 전해야 한다.

특별히 전방개척 선교를 위한 다양한 UCC 구축, 무슬림 전도를 위한 내부자 운동형 블로그 커뮤니티, 전방개척 선교지형 포털 사이트 운영, 무슬림 대응형 사이트, 변증에 근거한 디지털 전도지, 웹 커뮤니티, 인터넷 셀 그룹 시스템, 현장 상황에 맞는 실시간 방송, HD 방송 시스템, IPTV 기술, 차세대 형 인터넷 방송국, 웹 비즈니스 효과적인 운영 및 마케팅 방법, 최첨단 디바이스, 100$ 노트북을 통한 폭넓은 인터넷 사용자의 증가, 상황화된 웹 콘텐츠 보급 등은 이론에 그치는 것이 아닌 실제적인 도움을 주는 요소이다.

이론 또는 실제만 존재하는 것이 아닌 이론과 실제의 균형이 존재하는 일체적 사역, 이것이 인터넷 선교를 위한 긍정적, 미래적인 청사진이다. 이제는 UCC(User Created Contents) 시대가 아니라 JCC(Jesus Created Contents) 시대가 되어야 할 것이다. 늘 이야기하고, 언제나 강조하는 선교는 피할 수 없는, 피해서도 안 되는 우리 모두의 사명이다. 또한 몇몇 지정된 사람, 소수 파송된 선교사들만의 부담이 되어서는 안 된다. 크리스천 모두가 가지고 있는 선교적 임무와 의무를 좀 더 융통성 있게 해석하고 시대와 상황에 맞게 수행하는 것이 필요하다.

모국어 웹 사이트를 하나의 교회 모델로서 적극적으로 운영하는 인터넷 선교 사역에서부터 아랍어 권역, 무슬림 지역의 그들에게 복음을 전하고 양육하고자 복음적 현지어 사이트들을 제작, 운영하는 전문 인터넷 선교사까지의 역할을 폄하할 상황이 아니다. 영혼들을 위한 열정의 표출은 제도적 장치 및 이해로 제한되어서는 안 된다. 그런 점에서 기존에 구축된 목회, 선교적 기반과 인터넷 목회, 선교를 병행하는 방안을 제안한다. 예수 그리스도께서 21세기에 목회를 하신다면 바로 '말씀'을 '웹 콘텐츠'화하여 '디지털 목회자'의 모습으로 우리에게 다가 오시는 것이 아닐까?

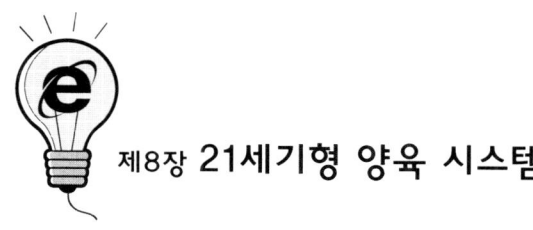
제8장 21세기형 양육 시스템

1. 웹 멘토링이란?

리더십으로서 멘토의 역할은 다양하다. 대표적인 역할로 '제자훈련'을 통한 멘토링 과정이 있다. 멘토와 멘티가 정기적으로 만나서 신앙생활을 지도하고, 지도받는 개념이다. 영적 성장과 사역의 발전을 위해 도움을 주고받는 역할을 한다. 그리고 지속적인 훈련을 통해 개인이 성장하고 결국 지역 사회와 공동체에 영향을 주게 되는 것이다.

둘째로 '영적 지도자(spiritual leader)'로서의 멘토링 관계를 말할 수 있다. 이것은 멘티의 영적 성숙을 지향케 하는 훈련이다. 통찰력 있는 영적 가이드를 멘토에게 제공함으로 지도자를 키워 내는 관계를 형성하고 이에 멘토 개인에게 맞는 적합한 훈련과 프로그램을 다양하게 배치할 수 있다.

셋째로 '코치(coach)'로서 멘토링 관계를 들 수 있다. 신앙생활에 실제적인 도움을 주는 멘토링으로 여러 가지 기술과 지식을 전수하고 또한 전수받는다. 전도훈련, 상담기술, 찬양인도, 기도훈련, 묵상훈련, 제자양육 등을 예로 들 수 있다.

넷째로 '교사(teacher)'로서 멘토십이다. 멘토는 멘티에게 영적 원리를 체계적으로 가르치고 감독하는 역할을 한다. 방향성을 제시하고 만약 바른 길로 가고 있지 않다면 분명한 수정 방향을 제공할 수 있어야 한다. 전문적인 지식을 멘티에게 이양하기도 한다.

다섯째로 '상담자(counselor)'의 역할을 감당한다. 개인적인 내면의 문제나 생활에서의 고충 등을 상담하고 적절한 충고를 제공하며 멘티가 또 다른 사람을 볼 수 있도록 상담의 기술을 함께 전달한다. 삶을 통해 진솔하게 마음을 나누는 과정을 말한다.

여섯째로 '후원자(supporter)'의 관계이다. 영적으로 지원하고 마음으로 온정을 제공함으로써 신뢰하고 의지하는 관계가 형성된다. 기도의 파트너가 될 수도 있고 교회 생활을 위한 적극적인 안내자가 될 수 있으며, 나아가서는 인생의 지도자가 될 수도 있다.

이상과 같은 멘토링 관계를 형성하는 데 정기적으로 만남을 가지고 진행하면 좋겠지만 현대 생활의 패턴 이해를 통해 지역적, 시간적 한계를 뛰어 넘어야 함을 깨닫게 된다. 이에 인터넷을 통한 웹 멘토링은 바삐 돌아가는 이 시대에 오프라인상의 만남을 대체한 현실적 대안이 될 수 있다.

클린턴 교수는 '관계를 통한 능력 부여'에 대해 "바울은 영향력의 수단으로서 관계를 통한 능력 부여를 아주 중시하였다. 바울의 서신에 보면 100명 이상의 사람들의 이름이 언급되었다. 이들 대부분은 바울과 개인적인 접촉을 통하여 그들의 삶이 변화되었다. 이들 중 다수는 바울의 광범위한 멘토링을 통하여 사역할 수 있는 능력을 부여받았다."라고 언급했다(클린턴 1993:265). 오프라인상의 멘토링과 비교할 때 친밀감과 상담의 효율성이 떨어질지라도, 웹을 통한 멘토링 또한 관계 형성은 영적 지원을 위한 어느 정도의 친밀감 기반을 형성하는 데 도움을 준다.

예수님께서는 멘토로서 최고의 모델이 되신다. 열두 제자들과 친밀한 멘토십 관계를 형성하셨고 그 관계는 멘토링을 위한 성경적 모델이 된다. 예수님께서는 제자 삼기, 영적 지도, 상담, 교육, 후원, 모델링을 통해 자신의 제자들을 양육하셨다. 그리고 그 동일한 모습으로 말씀을 통해 오늘날을 사는 21세기 제자들인 우리를 양육하신다. 우리가 선교와 사역을 위한 멘토링의 기초를 구성할 때 예수님과 같은, 예수님을 닮은 제자들로서 이러한 인성의 기본이 먼저 소유되어야 한다. 그리고 예수님께서는 말로서가 아닌 자신의 삶을 통해 제자들에게 멘토링을 하셨다. 멘토링은 결코 이론적인 기술로 또는 기술적으로 전달되는 것이 아니라 삶 자체로 전달된다. 그것은 웹을 통해서도 마찬가지이다. 인격적 웹 멘토링이 되어야 한다.

2. 웹 멘토링을 통한 전방개척 선교

전방개척 선교지에서 전도 대상자들에게 접근하는 방법은 지극히 제한되어 있다. 하지만 관계를 통한 전도와 양육이 전혀 불가능한 것은 아니다. 웹 사이트를 하나의 개체로 하여 지역적 한계, 규범과 제약을 뛰어넘는 현지인을 위한 멘토링을 가능하게 한다.

'케어앤카운셀(Care and Counsel)'이라는 자선단체에서는 사람들과 사람들 사이의 커뮤니케이션에 대한 단계를 연구한 도표를 제작하였다. 그 도표를 통해 보면 1단계 커뮤니케이션 영역으로 진부한 대화 즉 "안녕

하세요?", "날씨가 참 좋지요?" 등의 가벼운 이야기로 화제를 선정하여 상대방과의 흥미로운 대화를 이끌어 낼 수 있다고 정의한다.

2단계는 이야기를 전달하는 단계로 예를 들면 잡담, 전설이나 무용담, 오늘 있었던 이야기, 영화에 대한 감상, 저녁 파티에 사용될 법한 가벼운 화젯거리 등을 예로 들 수 있다.

3단계는 조금 더 깊은 대화의 단계로 생각과 판단을 나누는 단계를 말할 수 있다. 이는 어떤 사람이나 사물, 일, 예를 든다면 정치나 경제 또는 상대가 좋아하는 연예인이나 취미에 관련한 주제를 던지고 그에 대한 답을 받는 단계의 대화를 말한다.

4단계는 느낌과 감정을 나누는 단계로 기쁨, 슬픔, 부러움, 외로움, 좌절, 흥분, 공포, 절망, 불안, 염려, 초조, 기대 등의 섬세한 감정이 전달되는 단계를 말한다.

끝으로 5단계 영역으로 투명하고 솔직한 의사를 서로 소통하는 깊은 대화의 단계를 말할 수 있다. 이는 서로에게 헌신된 결속과 깊은 우정의 관계에서 반드시 필요한 온전히 열린 마음을 진솔함으로 전달하는 단계를 의미한다(그리피스 2006:89).

이와 같이 인간 커뮤니케이션 단계는 보편적으로 5단계, 또는 그보다 더 세분화된 단계 형성이 가능한 가운데 미묘한 테크닉이 요구된다. 결국 이러한 커뮤니케이션에서의 성공이 사역의 성공을 좌우한다고도 할 수 있다. 따라서 기본적인 웹 멘토링 또는 웹 코칭에 대한 이해는 이러한 커뮤니케이션의 기본적 이해와 함께 웹상에서 발생할 수 있는 여러 가지 변수 및 장점에 대한 정보를 함께 공유함으로써 오프라인상의 멘토링이 줄 수 있는 장점을 어느 정도 커버하고 온라인상에서 이루어지는 웹 멘토링의 장점을 함양할 수 있다는 점에서 긍정적으로 평가된다.

주의를 요하는 사항으로는 현지인들과의 대화에서 인터넷과 같은 개방되어 있는 환경에서의 증언과 고백, 개인적인 상담을 나눌 때 개인 정보 노출에 대한 위험성이 존재한다는 점이다. 이러한 부분은 보안의 한계가 있으므로 관리자 또는 운영자의 지혜가 요구되는 부분이다. 진지한 대화, 영적인 교류는 오프라인상에서와 마찬가지로 온라인상에서도 실제적으로 가능하다. 그러나 웹을 통한 의사 소통을 원활하게 하기 위한 규약과 정기적인 회의, 행정 체계 등은 필수적인 요소이다. 서로 간의 정확한 감정을 감지하기 위한 정기적인 확인 절차나 과정 및 작업도 요구된다. 얼굴을 보고 대화를 해도 오해할 수 있는 일들이 빈번히 발생하기 때문이다.

결정적으로 웹상의 대화만을 절대적으로 의존할 수는 없다. 정기적인 오프라인상의 대화를 통해 웹상의 대화들을 현실화시킬 수 있다. 그리고 첨단 정보 테크닉에 대한 경외감으로 커뮤니케이션을 위해 100% 의존해서는 안 된다. 인간이 만든 기술에는 한계가 있다. 전기가 공급되지 않거나 위성이 고장나거나, 해커들의 고의적 해킹, 서버의 노후 등으로 인한 다운(down) 현상들에 의해 한순간에 서로 간의 교류가 끊기고 정보가 전달되지 않을 수도 있다. 이러한 현상에 대한 대비책을 마련하고 있어야 한다. 웹상의 정보는 정기적으로 백업(back up)을 받도록 시스템이 되어 있기 때문에 정보 전체가 순식간에 증발하는 일은 흔하지 않다.

1) 웹 멘토링의 방향성

바울이 디모데에게 행한 멘토링은 여러 가지 멘토링 중 모델 제공자로서, 영적 지도자로서, 교사로서, 상담자로서의 멘토링을 제공한 것이다. 이러한 역할들은 멘토와 멘티 사이의 특별한 관계가 형성되어 있을 때 가능하다. 형식적 관계로는 절대로 불가능한 영적인 교감이 서로 간의 대화 사이에서 존재하는 요인이 된다. 단순한 교육 시스템으로 웹 멘토링을 이해하기보다는 영적인 교류를 최우선 조건으로 이해해야 건강한 웹 멘토링 관계가 형성된다. 웹 코칭을 어느 한 분야, 전문적인 영역을 집중적으로 지도하는 개념이라고 한다면 웹 멘토링은 좀 더 총체적으로 인도하는 과정이라고 할 수 있다.

웹 멘토링은 기본적으로 양육 멘토링을 근간으로 한다. 그리고 양육과 훈련이 병행되는 개념으로서의 관계 형성이 웹 멘토링의 궁극적인 목적이라고 할 수 있다. 웹 멘토링은 웹 멘토가 웹 멘티를 여러 가지 측면에서 강력하게 만드는 데 목적이 있고, 훈련받은 웹 멘티가 또 다른 웹 멘토가 되게끔 돕는 것이다.

단계별 훈련, 다양한 훈련, 기술적 훈련 등을 통해 웹 멘티는 성장할 수 있다. 그 방향은 기능적인 면, 영적인 면 등으로 다양하게 설정할 수 있다. 특별히 선교사, 사역자를 위해서는 영적인 무장이 급선무이다. 이러한 영적, 윤리적, 육체적, 심리적, 학문적 보살핌 가운데에서 웹 멘티들은 성장하게 되는 것이다. 그것은 강요에 의한 것이 아닌 자발적인 것으로 인터넷 라인을 통해 이루어지는 웹 멘토와 멘티의 건강한 관계 형성을 통해 비롯된다.

2) E-learning

일반적으로 웹 멘토링이라는 말보다는 이 멘토링(E-mentoring)으로 알려져 있으며 교육 시스템에 적용되어, 개발되고 있는 시스템이다. 현재 학교 교육은 기존의 아날로그 교육과 디지털 교육의 혼재 속에 다양한 가능성들이 시도되고 있다. 전자학습, 또는 사이버 대학의 개념은 동영상 강좌를 통해 학교를 운영하는 체계로 아프가니스탄이나 북한의 평양 과학 기술대학 등과 같은 특수 지역에서 수준 높은 상주 교수를 요청할 경우 이를 대체하여 원격 지도교수 시스템으로 학생들을 효과적으로 지도하고 학교를 운영할 수 있다는 장점이 있다.

학교 운영을 위한 비용 절감 및 재정의 효율적인 배치 면에서도 탁월한 효과를 거둘 수 있다. 전자학습 시스템은 상호보완적으로 동영상 이외에도 채팅방, 게시판, 그룹 스터디(group study) 등을 조합함으로써 오프라인 교육의 골(goal)을 충분히 달성할 수 있다. 이에 대해 일반 대학은 이미 인터넷을 통한 교육 시스템에 관심과 기대를 많이 가지고 폭넓은 시도와 개발을 이루어 왔다.

기본적으로 동영상을 통한 온라인 강의, 스카이프(Skype)를 통한 양방향 커뮤니케이션 방법과 같이 각종 컴퓨터 디바이스 및 웹 커뮤니케이션 시스템을 활용한 입체적 강의가 주를 이루고 효과를 거두고 있다. 필리핀의 ECC 어학원의 경우 필리핀 마카티와 전 세계를 잇는 인터넷 영어교육 시스템을 통해 큰 효과를 거두고 있다. 인터넷을 통한 교육 프로그램은 교육을 위한 새로운 기술 매체로서 인식되고, 네트워크 공간은 기존의 오프라인 중심 교육의 한계로 야기된 다양한 문제를 해결하고 있다. 인성교육을 위한 환경이 오프라인 교육에 비해 미흡한 것은 사실이지만 한계를 뛰어넘을 수 있는 방법은 존재한다.

3) 대상

인터넷 네트워크를 기반으로 한 이 멘토링 체제는 교육적 측면에서 다양한 가능성을 내포하고 있다. 일반적으로 대학에서는 대학교 이상의 상위 레벨 코스에 이러한 이 멘토링 시스템을 적용하고 있는데 주로 이메일을 통해서 지도교수와 지도받는 학생 사이의 학문적 교감이 이루어지는 과정을 말한다. 이것은 오프라인의 효과뿐만이 아니라 오프라인 지도가 갖는 시간적 공간적 한계를 뛰어넘는다는 점에서 긍정적으로 평가되고 있다.

실제로 웹 네트워크 기반의 디지털 환경은 기존에 실행해 왔던 컴퓨터 기반의 학습 프로그램 이상의 수준 높은 교육 환경을 지원할 수 있다. 인터넷 또는 웹 네트워크 매체는 교육 활동을 위한 단순한 도구나 자료의 수준을 뛰어넘어, 교실이라는 공간적 요소를 대체하며 일종의 신교육 공간으로서의 역할을 감당한다. 여기에서 필자가 개발한 웹 멘토링 시스템을 통해서는 단순하게 이 멘토링이 제공하는 학업을 위한 서비스에서 진일보하여 섬세한 맞춤형 멘토링 시스템으로 안정적인 지도와 학습 효과를 기대할 수 있다.

일반적으로 사람들이 다른 사람의 말을 듣는 수준을 코비는 다섯 단계로 구분하였다. 첫 번째 단계는 다른 생각에 사로잡혀서 무시하거나 전혀 듣지 않는 단계이다. 두 번째는 새로운 단어를 배울 때에 아는 것처럼 대응하지만 사실 듣고만 있는 상태이다. 세 번째는 아이들이 끊임없이 떠들면서 듣는 것과 같은 선별적 청취의 단계이다. 네 번째는 상대가 무슨 말을 하는지 신중하게 경청하는 단계로 어느 정도의 이해가 축적되어 있는 상태이다. 마지막으로 공감적 경청 단계로 상대가 말하는 것을 지적으로 이해할 뿐만 아니라 충분히 감정적으로 이해하며 듣는 단계를 말한다. 이 단계는 단순하게 듣는 것이 아니라 마음에 새기고 반응하고 이해하는 것 이상의 단계이다. 한 사람의 인생을 바꿀 수도 있는 감동이 동반되는 경청 단계이다(그리피스 2006:91). 웹 멘토링에 있어서도 이러한 마지막 단계까지의 경청과 몰입이 가능하다. 그것은 웹 멘토의 기술적인 능력에 달려 있는 것이 아니라 웹 멘토의 영성과 집중을 위한 수신자의 노력 여하에 달려 있는 것이다.

4) 선교를 위한 웹 멘토링

따라서 이러한 '웹 멘토링 네트워크(Web-mentoring Network)' 기반을 위한 커뮤니케이션의 발달은 선교학을 위한 교육 과정에서 큰 가능성을 두고 있고 어쩌면 뗄래야 뗄 수 없는 핵심적인 부분이 될 수도 있다. 현재 선교학 교육에서 제공하는 커리큘럼(curriculum) 중 큰 비중을 차지하고 있는 것이 문화 이해와 커뮤니케이션 부분이다. 인터넷을 통한 역동적 의사소통이 웹 멘토링 시스템을 통해 충분히 지원될 수 있다. 특히 선교학 교육의 중요한 목표로 간주되는 광범위한 문화 이해와 다각적인 대중 소통에 대한 기존의 아날로그적 이해는 웹 네트워크를 통해 전 세계가 하나가 된 현재 시점에서 변화되어야 한다.

끝으로 기독교의 웹 멘토링은 기술적인 부분보다 인터넷상에서 운행하시는 성령의 능력을 믿고 의지하며 멘토의 영적인 지도와 웹을 통한 영성 훈련을 통한 발전을 가장 중요시해야 할 것이다.

3. 21세기 교육과 웹 멘토링

1) 선교지 교육을 위한 웹 멘토링의 이해

● 웹 멘토링이란?

1. 웹 멘토링은 인터넷 선교의 한 분야로서 원거리 비거주 사역자들이 대상자들을 양육하고 교육하는 실재적 도구로 활용되고 있다.

2. 웹 멘토링은 기존의 이 멘토링이 가지고 있는 한계를 보완하고 웹

사이트를 통한 커뮤니케이션을 통해 보다 섬세한 맞춤형 서비스를 사용자에게 제공하며 효율적인 양방향 정보 전달을 가능하도록 한다.

3. 웹 멘토링은 지역적 한계를 뛰어넘어 전 세계에 흩어진 선교사들을 연계하여 지속적인 교육을 제공할 수 있고 선교사들은 교육받은 지식과 웹 멘토링 기술을 활용하여 전방개척 선교지에서 선교 현지인들을 대상으로 한 원격 양육 시스템을 가동할 수 있다.

4. 웹 멘토링은 재정적 부담과 전문 기술의 부재의 어려움을 축소하여 누구나 쉽게 시작할 수 있는 사역으로 용이하다. 웹 멘토와 웹 멘티의 관계형성 면에 있어서도 오프라인상의 멘토십 구성 단계와 큰 차이가 없다.

5. 웹 멘토링을 통해서도 성령께서는 중재하시며 인도하시고 역사하신다. 웹 멘토링은 결코 기계적인 또는 기술적인 도구가 아니라 영적 교감과 친밀감 형성을 돕는 시스템이다.

웹 멘토링은 컴퓨터 매개 멘토링(CMM), 텔레 멘토링(Tele-mentoring), 이메일 멘토링(E-Mail Mentoring), 인터넷 멘토링(Internet Mentoring), 온라인 멘토링(Online Mentoring), 사이버 멘토링(Cyber Mentoring), 가상 멘토링(Virtual Mentoring), 이 멘토링(E-mentoring) 등 다양한 용어로 표현되고 있으며, 오프라인 멘토링(Offline Mentoring)과 차별된다.

웹 멘토링의 가장 큰 장점은 웹 멘토와 웹 멘티가 시간과 장소에 대해 제한받지 않는다는 점이다. 또한 이메일, 전자 메일링 리스트, 웹진, 대화 그룹 설정을 통한 공개 웹 포럼을 할 수 있다는 것이다. 그리고 인트라넷 시스템, 컴퓨터 화상을 통한 개별적 회의 및 지도와 같은 다양하면서도 현 시대의 흐름과 패턴에 걸맞는 유용한 기술적 매개를 다양하게 적용시키고 이용할 수도 있다.

이러한 기술들은 이미 개발되어 대중화되어 있기 때문에 실제로 구축 초기 단계에 많은 비용과 구조적 고난이도의 기술을 필수적으로 요구하는 것은 아니다. 따라서 웹 멘토링은 강의 및 지도를 위한 시간적, 공간적 제약을 받지 않는다는 장점이 있으며 경제성으로 하이퍼텍스트를 기반으로 하는 이러닝 선교학 학습을 할 수 있다. 즉 웹 멘토링 자체가 선교를 위한 교육적 도구가 되어 영어를 배우기 원하는 선교 현장의 요청에 부응하는 테솔(TESOL)과 같이 선교적 도구로도 유용하다.

2) 교육용 웹 멘토링

선교학에서 또는 리더십 교육에서 웹 멘토링 시스템을 운영하기 위해서는 다양한 요소들을 고려해야 한다. 첫 번째로 웹 멘토와 웹 멘티 사이에는 애초부터 함께 공유되고 분명하게 약속된 목표를 서로 인식하고 있어야 한다.

웹 멘토와 웹 멘티는 그들이 공유하고 있는 목표를 명확하게 인지하고 그것을 함께 공유함으로써 웹 멘토링의 일관성 있는 방향성을 유지할 수 있다. 또한, 목표 인식을 통해 관련 학습 과제에 대한 효율적이며 효과적인 해결이 가능할 것으로 판단한다. 만약 그것이 분명하지 않다면 시간을 할애해서라도 분명하게 나아갈 방향을 먼저 정하는 것이 급선무이며 이를 위해 웹 멘토는 분명한 가이드 라인(guide line)을 제시해야 한다. 웹 멘티는 시간이 걸리고 번거롭더라도 겸손한 마음으로 목표를 설정하는 데 공을 들여야 할 것이다. 특별히 이 단계에서 섬세한 배려가 요구되는데 영적인 지도와 영감을 주고받기 위해 최선을 다해야 한다.

두 번째로는 웹상에서 약속된 목표의 수준과 범위에 대한 고려이다. 웹은 오프라인상에서 대화하는 시스템과는 달라서 대화의 내용과 지도를 위한 기록, 심지어는 여담마저도 그 기록들이 고스란히 남는다. 따라서 정해진 약속은 웹을 통해 확인하고 지켜 나갈 수 있다. 서로 간의 관계에 대한 투명성, 공정성이 확보되는 교육 시스템인 것이다. 학업에 활용될 때 주제 범위에서 벗어나지 않도록 웹 멘토링 관계를 잘 유지한다면 웹 멘토와 웹 멘티의 관계는 좀 더 구체화되고, 영적으로 성숙해지며, 학업 지도 방향성을 잡는 일 등이 간결해질 것이다. 특별히 박사과정과 같은 심화 프로그램을 위해서는 섬세한 지도를 하고 받을 수 있는 시스템이다. 웹 멘토링은 분명 스스로 학업 능력을 보유한 수준의 학생들에게 적합한 교육 시스템이라고 말할 수 있다.

세 번째로 선교학과 웹 멘토링의 상관관계에 대해 생각해 볼 때 두 분야 간의 자유로운 의사 전달 체계를 통해 사고력 향상에 도움을 줄 수 있다. 특별히 선교학은 다수의 문화를 포용하고 이해하는 데 도움을 주고 폭넓은 생각과 이해를 요구한다.

웹 멘토와 멘티의 관계는 현장의 문화와 현 시대의 조류를 이해하는 고급 사고력의 향상에 목표를 두어야 할 것이다. 특별히 한국식 교육 방법의 문제점으로 지적되는 일관된 주입식 교육 시스템은 특별히 선교학을 발전시키는 데 적합하지 않다. 전통적인 한국식 교육 방법을 통해 웹 멘티가 해결하기 어려운 난해한 문제를 직접적으로 해결해 주는 형태로서 웹 멘토의 역할은 지양되어야 한다. 랄프 원터 박사도 진보적 선교를 위해 발전적 시도들을 격려했다.

웹 멘토는 웹 멘티가 세상을 품고 바라보며 비판적 사고력, 반성적 사고력, 문제 해결력, 문화 이해력과 같은 고급 사고능력을 스스로 훈련할 수 있도록 자극하고 생각을 끌어내도록 도움을 주는 역할에 충실해야 한다. 즉 웹 멘토는 웹 멘티가 자신의 생각을 그대로 전달받게 하는 것이 아니라 웹 멘티가 보유한 사고의 틀을 스스로 깰 수 있도록 하는 단서의 제공자가 되어야 한다. 그리고 웹 멘티들은 자신들의 사고를 개인 웹 멘토링 사이트에 소개함으로 지식을 나누는 사역, 독립적인 사역을 병행할 수 있다.

네 번째 웹 멘토링의 장점으로 오프라인 멘토링 또는 이 멘토링과는 차별화되게 강의 및 교육 그리고 영적 경건의 시간까지도 웹 서버에 멘토링 데이터를 남겨 둘 수 있다.

필자가 개발한 웹 멘토링 시스템은 교수, 즉 웹 멘토와 학생 즉 웹 멘티가 개별의 맞춤형 웹 사이트를 보유함으로 본인의 교육 환경에 최적화한 웹상의 카테고리들을 통해 지도하고, 지도받게 한다는 점이다. 개별의 멘토십 웹 사이트를 통해서 웹 멘티들은 자신들의 교육 방향에 대한 섬세한 자문과 영적인 인도를 받을 수 있다.

사이트는 단순하게 학업을 위한 구성이 아니라 웹 멘토들의 지식 기반을 구현하고 인생을 담은 결정체라고도 말할 수 있다. 웹 멘티들 또한 개별의 웹 사이트를 부여받음으로 웹 리서치 센터 즉 연구실로 사용하며 자신들의 전공분야를 지도교수를 통해 지도받고 교육적 스킬(skil)을 함양한다. 웹 멘토들은 자신이 맡은 웹 멘티들의 웹 연구소를 수시로 방문하여 지도하고 교육적, 영적 코멘트를 남길 수 있다. 웹 시스템은 복잡하지 않은 게시판 형태인데 이것은 철사를 이용해 클립을 발명한 것과 같은 발상이다.

● 웹 멘토&멘티 양방향 사이트 운영

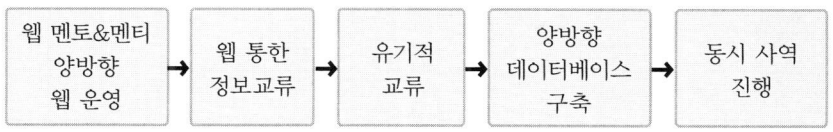

웹 멘토와 마찬가지로 웹 멘티들도 웹상의 콘텐츠를 통해 웹 사이트

를 오픈 퍼블리싱 개념으로 운영함으로써 웹을 전문적인 지식을 전달하는 매체로 사용할 수 있고 웹에 축적된 자신이 연구하는 분야의 전문 자료는 추후 강의를 위한 자료나 출판용으로 사용될 수 있다.

윌리엄캐리국제대학은 학생들이 이러한 후속 작업을 원할 경우 출판 시스템과 웹 개발 서비스 시스템을 동시에 지원하고 있다. 이러한 개별 웹 운영 시스템은 웹 멘토나 멘티가 상호구속 관계가 아닌 독립적 사고의 주체로서, 열린 공간을 통해 반성적 사고를 가능하게 한다. 그 외에도 지도받는 웹 멘토들은 웹 사이트를 통해 개별적인 동영상 강좌 또는 오프라인 세미나 등을 업데이트하여 보다 심도 있는 교육 사역의 범위를 넓혀 나갈 수 있다. 이러한 강의 노트 개념의 개별적 웹 사이트는 양방향의 웹 멘토링 과정에 대한 기록을 남김으로써 '메타인지'의 발달에도 기여할 수 있을 것으로 기대된다.

마지막으로 웹 멘토링 시스템을 통해 웹 멘토와 멘티에게 자유로운 피드백을 얻을 수 있는 기회를 제공한다. 웹 멘티는 웹 멘토와의 웹 멘토링 결과를 표현할 기회를 가져야 한다. 이를 통해 웹 멘티들은 과제 달성에 대한 자기 성취감이 수시로 높아질 수 있으며, 웹 멘토 및 전문가의 영적 조언과 격려를 받을 수 있다. 공개된 웹을 통한 연구 분야 격려는 오프라인을 통한 격려의 비중보다 클 수 있다. 반대로 공개적 비평을 받을 수도 있다.

● 웹 멘토링 커뮤니티 사이트 구축 절차

심사 및 지도방향 설정 → 웹 멘토&멘티 매칭 → 웹 구축, 맞춤 제작 → 오리엔테이션 → 운영 : 웹 멘토십 구축

3) 웹 멘토링 커뮤니티 사이트 구축 절차

웹 멘토링을 이용한 학업과정 절차는 다음과 같다.

첫째, 웹 멘토링 시스템을 위한 웹 사이트에 회원 가입을 한다. 구체적인 예로 윌리엄캐리국제대학교의 Ph.D 프로그램의 웹 멘토링 시스템의 경우 전공 분야 및 학업전반 지도를 담당하는 선임 지도교수 한 명, 웹 멘티 자신의 연구 분야 영역에서 최적의 교육 내용을 제공할 수 있는 지도교수 한 명 그리고 국제 개발학 전반을 지도하는 영어권 교수 한 명이 배정되어 입체적인 웹 멘토링을 제공한다. 더불어 선임 지도교수를 최고 관리자로 하여 그룹별로 웹 사이트를 구축할 수 있으며 좀 더 확장하여 그룹단위, 즉 강의실을 벗어난 개별적 웹 사이트 운영이 가능하다. 운영 면에 있어서 '따로 또 같이'의 개념이 적용되는 것이다.

둘째, 회원들은 웹 멘토 또는 웹 멘티 신청을 한다. 이때 웹 멘토는 학과에 대한 관심뿐만 아니라 주어진 과제를 충분히 해결할 수 있는 웹 멘티, 연구원 또는 연구 회원을 선발하여 관리한다. 관리자인 지도교수 또는 조교는 학습자의 선교학적 학습 능력을 충분히 고려하고 입학 신청 기록 및 내용을 충분히 반영하여 적합한 입학 사정 절차를 통해 웹 멘티 자격을 부여한다. 이때 웹 멘토는 웹 멘티가 앞으로 웹 멘토로서의 전문적 능력뿐만 아니라 웹을 다루는 기술적 부분, 개인의 인성적, 영적 측면도 고려하여 앞으로 지도력을 발휘할 수 있는지에 대한 가능성을 타진한다. 이를 통해 웹 멘토들에게 보다 업그레이드(up-grade)된 자격을 부여하고 격려할 수 있다.

웹 멘티는 자신이 도움을 받고 싶은 분야와 학습 과제를 자세히 기록하여 웹 멘토링 신청을 한다. 즉 수강 신청이 각 웹 멘토들의 홈페이지를 통해, 개인 웹 사이트의 개설을 통해 이루어지는 개념이다. 웹 멘토들의 개별 홈페이지는 각각의 사역을 위해 또는 교육을 위한 도구로 운영 또는 사용될 수 있다.

셋째, 웹 멘토와 멘티의 상호 커뮤니케이션을 통해 구체적인 교육을 주고받을 수 있는 단계로 진입하게 된다. 이때 웹 멘티는 웹 멘토에게 웹 멘토링 시스템을 위해 설치된 웹 사이트의 게시판, 전자메일 등을 통해 구체적인 웹 멘토링을 할 수 있으며, 웹 멘토는 웹 멘티의 게시글 내용을 확인한 후 피드백을 줄 수 있다.

I3M과 위드처치가 개발한 시스템에서 웹 멘토들이 주문하는 카테고리는 특별한 기술이 없이도 자유롭게 형성될 수 있다. 본격적인 웹 멘토링 진행 단계에서는 화상 채팅을 통한 실시간 일대일 대화, 웹 멘토링 페이지 상에서의 개인 공간 활용, 게시판, 메신저, 실시간 댓글 등 다양한 웹 멘토링 시스템 요소들을 활용하고 웹 멘토링의 실제에 적용할 수 있다.

웹 멘토링 전반에 대한 교육은 별도로 시행되어야 한다. 섬세한 연구를 기반으로 한 기술적 지원, 웹 커뮤니케이션을 위한 부수적 지원이 제공되어야 한다. 이에 최고 멘토십을 가진 교수는 이러한 권한에 대한 관리자로서 지속적이며 일관성 있는 모니터링을 해야 하며, 웹 멘토와 웹 멘티 사이의 부적절한 웹 멘토링 관계에 대해서는 교정과 조언을 아끼지 말아야 한다. 웹 멘토링은 또한 이러한

웹 연구소 기능을 겸한 웹 멘토링 사이트(www.v.withch.net/fuller)

스크리닝(screening)의 장점을 가지고 있다. 지도 과정이 눈으로 확인되고, 공개되기 때문에 보다 많은 책임감을 웹 멘토와 웹 멘티가 가져야 한다.

끝으로 영적인 웹 멘토링을 위해서 정기적인 묵상을 웹상에서 나누는 것은 무엇보다도 중요한 일이다. 웹상에서 동일한 말씀을 중심으로 서로가 시간을 정하여 묵상을 통해 서로 간의 영적인 교감을 얻고 은혜를 공유하며, 기도 제목을 나누고 격려하고 공감하는 시간을 갖는 것이다. 이것은 지식을 나누기에 앞서서 중요한 시간이며 비정기적이더라도 유지되어야 한다.

● 웹 멘토링 매커니즘

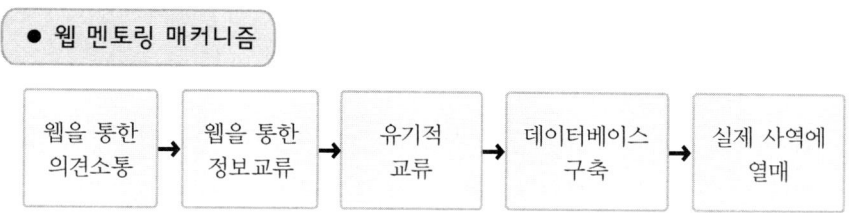

4) 이메일을 통한 멘토링 시 주의사항

이메일을 통해 정보를 주고받고 멘토링을 할 경우에도 섬세한 주의가 필요하다. 이에 보편적으로 인식하고 있으면 효과적인 요소들을 소개한다.

① **이메일을 위해 사용하는 용어를 선정하라.**

이메일은 전화나 직접 만나서 이야기하는 것보다 커뮤니케이션의 한계가 있다. 따라서 '아'라고 해도 '어'라고 잘못 알아듣고 서로 오해할 수 있는 상황이 연출되기도 한다. 반면에 글로도 사람의 감정이나 영적인 상태가 잘 표현된다. 말은 한 번 하면 다시 확인하기 어렵지만, 이메일은 기록이 남아 있기 때문에 보다 신중해야 한다. 따라서 간결한 문장 구성을 연습하고 용어 선택에 신중을 기하는 것이 좋다. 그리고 상대방에게 적합한 용어를 구사하는 것도 중요하다. 상대가 본인보다 손위임에도 젊은 사람들이 사용하는 대화체를 사용하는 것은 실례가 될 수도 있다.

② **맞춤법에 유의하라.**
글을 쓰는 데 있어서 오자와 탈자가 나는 부분은 참으로 어쩔 수 없는 부분이다. 그러나 가급적 오자와 탈자가 나오지 않도록 유의한다. 진지한 글 중간에 오자가 나오게 되면 중요한 일을 그르치게 되기도 한다.

③ **아바타 사용을 자제하라.**
많은 포털 회사가 자신들의 이메일 서비스에 아바타 시스템을 사용할 수 있게 한다. 젊은이들은 그러한 아바타들을 통해서 자신의 개성을 표현하기도 한다. 그러나 격조가 필요한 이메일에 아바타가 설정되는 것은 자제해야 할 것이다.

④ **회신 이메일은 반드시 새로 기록하라.**
일반적으로 친한 사람들끼리나 업무 관계에서는 회신 이메일을 자신이 받은 메일을 통해 다시 보내지만 원칙적으로 회신 이메일은 새로 기록해서 보내는 것이 상대방에 대한 예의이다.

⑤ **메일을 정리해서 저장하라.**
특별히 웹 멘토링의 일환으로 이메일 시스템을 사용한다면 가급적 주고받은 이메일을 폴더에 별도로 저장하든지, 자신의 웹 멘토링 사이트에 그때그때 저장해 두는 것이 효과적이다. 이는 훗날 전체적인 통신 내용을 일목 요연하게

볼 수 있게 하여 연구에 도움을 준다.

⑥ **하단에 자신의 전자명함(E-card)을 첨부하라.**
이메일 시스템에는 자신의 서명 또는 전자명함을 첨부하여 보낼 수 있는 기능이 있다. 이러한 시스템을 활용하면 자신을 소개할 수 있는 명함을 통해 자신의 개인 정보를 상대방에게 효과적으로 전달할 수 있게 된다.

⑦ **받은 편지함을 관리하라.**
이메일이 대량으로 쌓이게 되면 훗날 관리하는 일이 어려워진다. 스팸 메일 관리를 즉시 하고 받은 메일들 중 중요한 것은 잘 보관하는 것이 좋다.

⑧ **주소록 정리를 잘하라.**
웹 멘토의 경우 웹 멘티가 많아질 경우 주소록 관리를 잘못하게 되면 엉뚱한 메일을 상대방에게 보낼 수도 있게 된다. 이러한 실수를 줄이기 위해서는 평소에 리스트를 잘 작성하여 웹 디렉토리(directory)를 구성해 놓는 것이 좋다.

⑨ **이메일 서비스 회사를 잘 설정하라.**
한국이 주 활동 영역이라면 한국인들이 많이 사용하는 사이트의 서비스가 좋을 것이다. 그러나 외국이 주 무대라면 그 나라에서 많이 사용되는 회사 사이트의 이메일 계정을 만들어서 사용하는 것이 좋다. 참고로 미국에서는 MSN사의 이메일 서비스를 선호한다.

⑩ **이메일 소통을 맹신하지 마라.**
이메일을 통한 커뮤니케이션을 너무 믿지 말라. 이메일은 안 열어 볼 수도 있

고 실수로 삭제할 수도 있다. 이메일을 보내고 상대방에게 수신 확인을 꼭 하고 이를 통한 오해를 최소화하는 것이 좋다.

5) 웹 멘토링의 미래

웹 멘토링은 전방개척 선교학의 일환으로 정보를 효과적으로 보급하기 위한 도구로 탄생하였다. 그리고 21세기 선교를 위한 학문으로까지 발전될 가능성을 가지고 있다. 또한 시대에 뒤떨어지지 않은 학문을 배우기 원하는 다수의 현장 사역자들, 현역 선교사들의 지적 욕구를 충족시킬 수 있는 시스템이 웹 멘토링이다.

윌리엄캐리국제대학교의 설립자인 랄프 윈터 박사는 선교지를 실제적으로 교육하고 선교사들을 양육하기 위해 대학교 프로그램을 개발하여 학교의 문턱을 현장 선교사들을 위해 낮춘 가운데 선교사 및 예비 선교사들을 폭넓게 양육하고 있다. 이 대학교의 베스 스노덜리(Beth Snodderly) 교수는 필자와의 대담을 통해 윈터 박사가 대학을 실제로 선교학을 위한 연구실로 운영해 왔음을 피력하였다.

이는 보다 구체적으로 학교가 학생을 모집하는 구도가 아닌, 대학의 운영을 목적으로 둔 학교가 아닌, 학생들을 찾아가는 방식의 모습으로 구축하여 선교사들이 선교지를 떠나지 않고 현장에서 자신이 필요한 분야를 공부하고 지식을 보충할 수 있게 했다. 이것이 학생을 찾아가는 맞춤형 학교, '모바일 교육 시스템(Mobile Education System)'이다. 웹 멘토링과 같은 새로운 개념의 지도방법은 이 학교의 설립 취지와 일치하는 시스템이다. 스노덜리 교수는 이러한 진보적이면서도 긍정적인 참신한 시도들에 대해 랄프 윈터 박사도 천국에서 기뻐하실 것이라고 했다.

더불어 능률적인 가치를 창출할 뿐만이 아니라 선교학 발전을 위해서 웹 멘토링이 사용될 수 있는 몇 가지 근거가 있다. 첫째, 시간과 공간을 뛰어넘는 21세기의 커뮤니케이션 도구인 웹과 프로그램 환경을 통해 급변하는 선교지의 상황과 연구를 전 세계 선교 네트워크를 통해 체계적으로 관리, 지원할 수 있다.

둘째, 상호 작용 구성원들 사이의 지역적 한계를 탈피하고 그 대신 축적된 에너지를 통해 연구 시간을 확대함으로써 총체적인 학습 커뮤니티의 형성을 가능하게 한다.

셋째, 웹을 통해서 연구를 위한 상호 작용의 현실적인 제약을 뛰어넘을 수 있다. 이는 기술 적용에 대한 문제이지 다른 한계가 아니다. 인간은 하드웨어와 소프트웨어 기술 발전의 속도를 따라잡지 못하고 있다.

넷째, 평등주의적 성향이 학습 환경에 제공된다는 점이다. 네트워크 기반의 웹은 분명 다양한 계층, 각 영역의 사람들에게 부담없이 접근할 수 있게 도움을 준다. 가상이 아닌 웹상에서 멘토링 환경을 제공한다. 즉 나이, 성별, 경제적 수준, 가족 배경, 문화적 배경 더 나아가 각 나라별 문화적 배경, 인종적 배경, 종교적 배경 등 다양한 요인에 의해 구분되거나 소외된 많은 사람들에게 열린 공간, 웹을 통해 웹 멘토링 기회를 제공할 수 있다. 또한 비거주, 원격 양육 시스템으로 활용될 수 있다.

웹 멘토링 교육 시스템에서 하나의 웹 사이트는 곧 한 명의 학생이나 교수가 된다. 온라인상의 웹은 일종의 학생을 대신하는 존재로 오프라인에서 존재하는 학생의 실제 연구 내용과 철학, 지혜와 노력을 담아 놓는 곳이다. 웹 사이트 하나에는 그러한 가치가 담기게 되는 것이다. 개인만을 위한 것이 아니라 개인의 연구를 요구하는 수많은 사람들에게 도움을 주는 도구가 되는 것이다. 이상과 같이 웹 멘토링은 전 세계 각 계층의 학습을 돕기 위한 학교 시스템으로 교육적인 환경과 그를 위한 실제적인 기술을 제공하는 매체이다.

● 웹 멘토링 사이트 구현 실무과정

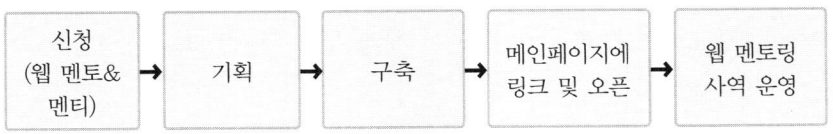

4. 웹 멘토링을 통한 교육 시스템 사례

    윌리엄캐리국제대학은 미국 파사데나에 위치하고 있으며 선교를 위한 실제적 교육을 하는 대학이다. 랄프 윈터 박사가 설립하였고, 현재 US Center for World Mission(USCFWM)과 긴밀한 네트워크가 이루어지고 있는 가운데 운영되고 있는 WCIU의 '인터내셔널(International)'은 지구촌의 회복을 염두에 둔 명칭이다.

    '국제적 발전(International Development)' 종교와 비종교를 떠나 건전한 사회 발전에 기여하는 모든 형식의 기여를 뜻한다. 즉 선교적인 열망이란 종교적인 색채를 띠기보다는 인권에 더욱 초점을 맞추고 인간이 존중되는 것이 바로 하나님께서 진정으로 원하시는 것이라고 믿는 것이다.

    하나님께서는 결코 맹목적인 종교 집단을 통해 영광받기를 원치 않으신다. 이것은 모든 선한 사업과 선교 활동의 목적이기도 하다. 우리의 선교 활동은 소망과 비전을 더욱 새롭게 해야 한다. 선한 사업은 일상생활의 중요한 것을 위해 하늘에 뜻을 둔 구체적인 목표를 추구하는 것이다. 때때로 선교는 세상 사람들이 감히 범접하기 힘든 거룩한 것으로 비춰지고, 선교 사역은 영생과는 아무런 관련도 없는 사업적인 것으로 생각되는 경우가 있다. 이러한 생각에 대해 윌리엄캐리국제대학은 인간이 가진 권위를 성육신하신 그리스도의 모습과 같이 낮추고 실제적인 대안과 방법을 제시하고 건강한 사역의 모델을 구축하는 데 기여해 왔다.

윌리엄캐리국제대학 GLC 웹 사이트(www.williamcarey.kr)

이러한 설립자의 취지에 발맞추어 2009년 9월 학기부터 이 학교의 Global Leadership Center(GLC)에서는 한국어와 영어를 동시에 사용하는 Ph. D 학위 과정을 위한 프로그램이 신설되었는데 여기에서 주목받는 부분이 바로 전 세계에 흩어진 선교사들을 교육하고자 개발된 웹 멘토링 시스템이다. 웹 멘토링 시스템 이해를 돕는 이 학교의 웹 사이트 주소는 www.williamcarey.kr이다.

I3M이 주관하여 새롭게 신설된 '웹 프로젝트 팀(Web-project Team)'이 기존의 윌리엄캐리국제대학교 전산팀과 공조하여 효과적이고 획기적인 웹 멘토링 시스템을 구축하고 지원하고 있다. 선교 사역의 일환으로 진행될 본 사역에 막대한 예산이나 고난이도의 시스템이 지원되는 것은 아니다. 새로운 개념으로 시행되는 선교 사역의 일환인 만큼 예산 책정이 별

도로 되어 있지 않고 긴급히 수렴된 적은 예산에 따른 기술도입도 쉽지는 않지만 본 프로젝트는 오병이어의 기적을, 다락방에서의 성령강림을 기대하는 마음으로 각 영역의 담당자들이 헌신하며 섬기고 있다. 이 또한 웹이기 때문에 가능한 것이다.

구체적으로 설명한다면, 우리가 인터넷을 통해 흔히 접할 수 있는 웹 사이트로 전문가가 아니더라도 유지와 보수가 간편하면서 멘토와 멘티들이 요청하는 카테고리를 신설하기 원할 때 확장성이 용이한 구조를 갖추고 있어야 한다. 또한 비용도 일반 템플릿 시스템의 원가에 맞춤형 제작을 지원함으로 사용자가 애정을 가지고 사용할 수 있도록 충분히 배려해야 한다. 각 페이지들은 웹 멘토와 웹 멘티들이 독립적으로 사용할 때에도 큰 문제가 없으며 관리자들이 음성, 동영상 파일을 이용자에게 제공할 수 있도록 서버를 대량 임대하여 교수와 학생 간 멀티미디어 교육이 가능하도록 채널을 오픈하였다. 이러한 채널들은 2010년 현재 규합되어 윌리엄캐리국제대학의 Ph.D 프로그램 과정 부설 GLC 내에 선교 교육용 인터넷 방송국(GIBS)과 웹 리서치 센터, '최찬영디지털라이브러리(Chan Choi Digital Library)'가 설립, 운영되며 전 세계 흩어진 선교사 교육과 선교 정보 전달에 효과적으로 기여하고 있다.

이러한 과정을 위한 자료와 교과서 또한 웹 멘토링 시스템이라는 이름에 걸맞게 전자 시스템으로 전환하여, 책으로 된 교과서 대신 본인의 인증을 부여받으면 유에스비북(USB book), 이북(E-book)을 공식 교과서로 사용하고 학생들은 이북리더(E-book Reader)를 보유하게 된다.

유에스비북은 기존의 자료를 출판하거나 인쇄하지 않고 웹으로 전달하고 유에스비를 통해 데이터 베이스를 구축하도록 돕는 시스템을 말한다. 학생들 개인 자료관리와 보안 등은 개인에게 할당된 유에스비를 거쳐 처리 및 관리하게 되며, 유에스비를 포트에 접속시키면 자동으로 해당 웹 사이트로 접속하게 되어 있는 보안 기능을 담아 로그온 키(Log-on

Key)와 같은 역할을 담당한다. 웹상에서 모아진 웹 멘티들의 검증된 자료 및 결과물들은 '윌리엄캐리대학교 출판사(William Carey University Publisher)', '윌리엄캐리도서관 출판사(William Carey Library Publisher)'와 한국어 선교도서 전문 '윌리엄캐리'를 통해 출판을 주선하고 홍보 및 세미나 개최 등 다양한 후속 서비스를 제공받게 된다.

1) 웹 멘토링 세부

전반적인 웹 멘토링 양육의 구체적 단계 및 실제를 살펴보고자 한다. 효과적인 웹 멘토링을 위해서는 우선 웹 멘토와 웹 멘티의 관계 설정이 필요하다. 단계별, 종류별 웹 멘토링 관계를 살펴보기로 하자.

동일 문화권 내의 웹 멘토링

어떤 경우 동일한 문화권 내에서 같은 언어를 사용하는 웹 멘토와 멘티의 관계로 웹 멘토링이 시작될 수 있다. 이러한 경우 비교적 웹 멘토링을 통한 효과가 크다. 왜냐하면 온라인상의 한계를 오프라인상에서 해결할 수 있는 가능성이 있고 공통적 문화 이해를 통해서 보다 쉽게 친밀감과 신뢰를 쌓아 나갈 수 있기 때문이다.

이러한 상황에서 여러 가지 관계가 형성될 수 있다. 신자와 초신자 사이의 웹 멘토링이 될 수도 있고, 신자와 구도자 사이의 웹 멘토링이 될 수도 있고, 리더십을 양육하는 웹 멘토링이 될 수도 있다. 이에 각 상황에 맞추어 프로그램과 교재 등이 웹상에서 제공될 수 있어야 한다. 예를 들면 온누리교회의 핵심 시스템인 일대일 양육을 위한 교재는 성도의 기본적인 신앙 성장을 위한 멘토링 교재의 모델이 된다.

참고로 온누리교회의 일대일 양육 교재의 구성을 살펴보고자 한다.

이것을 도입하여 웹 멘토링을 할 때 단계별 양육을 한다면 초신자들을 위한 적합한 웹 멘토링 콘텐츠의 기반이 된다.

> **● 온누리교회 일대일 양육 교재 구성**
>
> 1. 예수는 어떤 분입니까?
> 2. 예수는 어떤 일을 했습니까?
> 3. 예수는 지금 무엇을 하고 있습니까?
> 4. 예수를 믿으십시오.
> 5. QT의 이론과 실제
> 6. 구원의 확신
> 7. 하나님의 속성
> 8. 하나님의 말씀-성경
> 9. 기도
> 10. 교제
> 11. 전도
> 12. 성령 충만한 삶
> 13. 시험을 이기는 생활
> 14. 순종하는 그리스도인의 삶
> 15. 사역
> 16. 이 훈련 과정을 수료한 사람들을 위한 지침

또한 사랑의교회 제자양육 교재도 웹 제자 훈련을 위한 적합한 교재가 될 수 있다. 이러한 교재들이 파일로도 준비가 되어 있으므로 웹상에서 교육 교재를 통한 영적 훈련과 나눔을 갖는 것이 가능하다.

이 경우 멘토와 멘티가 별도의 웹 사이트를 갖기보다는 교회 홈페이지나 웹 멘토링 전문 사이트, 또는 블로그나 싸이월드 같은 채널을 통해 하나의 웹 공간을 지정하여 그곳에서 정기적으로 만나는 것이 중요하다. 이는 이메일을 통한 멘토링보다 멘토십을 위한 하나의 웹 공간을 지정하여 멘토링 내용을 데이터베이스화한다는 장점이 있다. 훗날 웹 멘토링의 내용을 살펴봄으로써 자신의 신앙 성숙 단계를 눈으로 확인할 수 있다.

교수와 제자 관계 웹 멘토링

다음으로는 교수와 제자의 관계를 통한 웹 멘토링이다. 이것은 학문적인 지식을 지도받고 깊이를 창출하는 과정이다. 교수는 제자에게 지적인 가이드를 주고 논문의 방향성, 집필을 준비하는 책의 방향성, 포럼의 준비 사항 등을 지도받고 발전시킬 수 있다. 따라서 지도교수는 학생에게 도움이 되는 도서 목록을 제공하고 독후감을 제출하게 한 뒤 웹을 통해 점검을 하고 조언을 줄 수 있다. 그리고 학생이 웹을 통해 업데이트하는 개인의 논문에 코멘트를 남김으로써 깊이를 더할 수 있다. 제자와 교수 각각의 웹 사이트는 하나의 연구소 또는 지식 기반 구축의 개념을 가지고 운영할 수 있다. 뿐만이 아니라 삶을 나누고 묵상을 나누는 등의 영적 생활 공유를 통해 영적 교감을 나눌 수 있다. 이 경우에는 웹 멘토와 웹 멘티가 각각의 웹 멘토링을 위한 웹 사이트를 운영하는 것이 바람직하다.

교육을 위한 웹 멘토링 사이트의 경우 교육적 자료가 축적되는 전문 사이트의 개념이 있으므로 개인적인 웹 멘토링 이외에 학문적 웹 멘토링의 내용은 콘텐츠화하여 추후 출판하거나 강의 등에 사용할 수 있다. 교수의 경우 웹 멘토링 사이트를 자신의 포트폴리오를 겸한 웹 사이트로 겸하여 이용할 수도 있다. 학생의 경우 또한 자신의 사역용으로 병행하여 사용이 가능하다. 이 경우 웹 사이트의 콘텐츠의 주체는 자신이며 사이트의 제목은 자신이 연구하는 분야를 통해 자유롭게 생성하게 된다. 더불어 웹 멘토와 웹 멘티 서로 간에 각종 소식, 뉴스 등을 통해 양방향 정보를 나눈다.

이러한 교육을 위한 시스템에서 전제되는 요소는 웹 멘토와 웹 멘티 사이에 공개적으로 교육용 웹 멘토링 사이트를 운영하겠다는 합의가 있어야 한다는 것이다. 오픈 퍼블리싱에 대한 규약을 맺는 것이다. 웹 멘티의 경우 아직 완성되지 않은 자신의 학문을 공개하고 싶지 않을 수도 있고 교수의 경우에도 자신이 지도하는 내용을 오픈(open)하고 싶지 않을 수도 있다. 이것은 강제적으로 시행할 수 없는 부분이고 자신이 연구하는 분야를 실제적으로 활용하고 싶고 피드백을 받으며 발전시켜 나가고 싶은 의지가 있을 때만이 가능하다. 그리고 사역의 일환으로 공개되는 사이트가 되기 때문에 분명한 사명 의식과 책임감을 가지고 섬겨야 할 것이다. 완성되지는 않았지만 실제적 사역으로서 웹 멘티 사이트를 운영하며 수집한 정보, 지도받은 내용, 영성을 나누고 반대로 각 선교지 또는 자신이 연구하는 분야 관련 관심자들로부터 피드백을 받으며 진화하는 학문을 만들어 가는 개념이다.

전방위적 웹 멘토링

전방위적 멘토링을 위한 예로 상담 사이트 또는 정보 제공 사이트를 들 수 있다. 이것은 웹 멘토가 분명하게 정해져 있는 상태에서 웹 멘티를 무작위로 정하고 광범위한 대상을 통해 불특정 다수를 웹 멘토링하는 개념이다.

이는 마치 노아의 방주와 같이 어떠한 방향을 향해 전진하는 배가 아니라 그냥 수면 위에 떠 있음으로 임무를 수행하는 개념이라고 할 수 있다. 인터넷 바다 위에서 그러한 노아의 방주와 같은 역할을 하는 웹 멘토링 사례라고 할 수 있다.

전방위적 웹 멘토링을 통해 자살 충동을 가지고 있는 청소년들을 대상으로 하여 웹상에서 멘토링을 하고 영적인 지도를 통해 그들을 깨울 수 있고, 동성 연애나 그 밖에 겉으로 드러내기 쉽지 않은 이슈 등의 수면 아래 문제에 대해 웹 멘티들을 익명으로 상담할 수 있다.

여기서 주의해야 할 사항은 자살 등 생명과 직결된 심각한 이슈를 웹상에서 상담할 때 역동 상담 등의 시도보다는 일반적인 내용을 통해 웹 멘토링을 해야 한다는 것이다. 한 예로 웹상에서 자살 상담을 시도하다가 역동 삼담으로 인해 내담자가 실제로 목숨을 끊은 사례가 있었다. 따라서 이에 보다 신중해야 한다.

또한 웹 멘토링을 통해서 제공받은 웹 멘티들의 정보를 놓고 기도할 수 있다. 기도의 능력은 온라인 또는 오프라인을 통해서만 전해지는 것이 아니다. 성령의 능력은 온, 오프라인을 따지지 않고 운행하신다.

전방개척 선교지의 웹 멘토링

끝으로 필자가 가장 중요하게 생각하는 전방개척 선교 지역에서의 웹 멘토링을 들 수 있다. 이 지역을 향한 웹 멘토링은 민감하다. 섬세한 주의와 훈련이 요구된다. 영적인 공격을 막아 내는 기도를 통한 지원도 다른 지역과 대상들을 위한 웹 멘토링에 비해 몇 갑절 많은 분량이 요구된다. 어떤 전방개척 선교지의 경우 종교의 자유는 주어지지만 포교의 자유를 금지한 국가도 있고, 아예 종교의 자유가 주어지지 않는 경우도 존재한다.

_ 전방개척 선교지

일반 선교 지역은 G2, G1 지역으로 나뉘어진다. G2지역은 복음주의자 비율이 15.5% 이상인 경우를 말하며, G1 지역은 복음주의자의 비율이 10% 이상-15.5% 미만이고, 이중집계 기독교인 수에 가중치를 부여한 값이 더 큰 지역의 경우를 지칭한다.

반면 전방개척 지역은 F1, F2, F3 영역으로 구분되며 F1 지역은 복음주의자 비율이 5%-10% 미만인 지역, F2는 복음주의자 비율이 0-5% 미만이고, 박해 지역이 아닌 경우를 의미한다. 끝으로 F3 지역은 복음주의자 비율이 0-5% 미만 지역으로 박해 지역인 경우 이에 해당한다.

현재 전 세계 인구 60억 중 약 5분의 1인 13억 명이 이슬람 교도이며, 세계의 200개 나라 이상에서 무슬림들이 생활하고 있다. 주요 분파로 무슬림의 10-15%가 시아파로 간주되며 그 나머지는 대체로 수니파로 분류된다. 아랍인들은 무슬림의 다수 집단이 아니다. 20개의 다른 나라에 약 2억 5천만 명의 아랍인들이 있기는 하지만, 아랍인들은 전 세계 무슬림 인구의 약 18%를 차지하고 있다.

두 번째로 큰 규모의 무슬림 그룹은 약 2억 명의 뱅갈인(Bangalish)들이다. 대규모의 무슬림 인구를 가진 나라들은 인도네시아가 1억 8천만, 파키스탄이 1억 5천만, 방글라데시가 1억 3천만, 인도가 1억 2천만으로 모두 동쪽에 위치한다. 그 다음 대규모 인구 국가는 이집트, 이란, 터키, 나이지리아로 이들 나라에는 무슬림 인구가 각기 6천만 명쯤 된다. 사우디아라비아의 경우, 경제적 그리고 정치적 잠재력은 상당하지만 그 인구는 약 1,500만 명에 불과하다.

이상의 나라들에서 무슬림이 다수파이지만, 각 경우마다 이슬람권의 종교적 권위와 그 역할은 다르다. 또한 같은 무슬림이지만 그 지역의 풍토나 문화에 의해서 다양한 이슬람 사회가 존재하고 있다. 먼저 무슬림권을 위한 웹 멘토링을 위해서는 선교사 자신이 위치한 지역의 정세와 환경 파악에 민감해야 한다.

또한 웹 멘토들은 이슬람 법의 근거로 꾸란이 작용하기 때문에 꾸란에 대한 이해의 폭이 넓어야 한다. 꾸란의 명령과 금지가 막대한 영향력을 발휘하고 있으며, 명백히 적용될 수 있는 경우에 그것들은 지배적인 권위를 발휘한다. 따라서 웹 멘토링의 적용 범위와 꾸란의 법 적용에 대해서도 파악하고 있어야 한다.

대다수의 전방개척 선교지의 선교적 사이트를 위한 웹 호스팅은 제 3국을 통해 이루어지고 국가 내 회사가 아닌 해외 사이트를 통해서 구축되거나 운영된다. 꾸란의 총 6,346절 가운데 약 500절이 법률의 형태를 취하고 있는데, 신에 대한 믿음의 권고, 기도, 자선, 금식, 순례 등의 종교적 의무와 관련된 기록이 있고, 상혼, 결혼, 그리고 이혼 등과 같은 주제들이 여러 단락에 선포되어 있으며, 형사법으로 불릴만한 구절은 미비하다. 하지만 웹 멘토링 행위 자체를 종교적 불법 행위로 간주하여 해당자를 자국 내에서 추방하거나 사형시킬 수 있다.

_ 영적 무장과 신변 안전

영적인 권위와 세력 다툼이 웹에서도 치열하므로 웹 멘토가 웹 멘티들을 대할 때 다른 지역이나 상황보다 갑절의 영적 훈련이 필요하다. 웹상으로 멘토링이 진행된다고 가볍게 여길 것이 아니라 오히려 웹상의 커뮤니케이션이 가지는 한계를 뛰어넘어야 하므로 더욱 깊은 주의와 관찰이 요구된다. 경솔하게 할 수 있는 일은 아니다. 또한 오프라인 미팅의 한계를 가지고 있기 때문에 친밀감 형성에 오랜 시간이 요구된다.

대다수의 전방개척 선교 지역의 웹 멘티들은 자신의 신변 문제 때문에 보안 관계에 민감할 것이다. 웹 멘토들은 이러한 보안 문제를 사전에 파악하고 주의할 사항에 대한 숙지를 철저히 하여 웹 멘티들을 보호하고 궁금한 사항들을 설명하고 지원할 수 있어야 한다. 전방 개척지의 웹 멘토링은 웹 멘티와 웹 멘토들의 생명과 직결된 문제이고 실제로 이러한 웹 멘토링을 근거로 하여 국가에서 선교사가 추방된 사례도 있다.

_ 사례

현재 이루어지는 무슬림 대상의 웹 멘토링은 변증 사이트 운영을 통해 종교에 관심 있는 일부 무슬림들을 대상으로 이루어지고 있으며 일종의 복음

전파 도구로 사용되고 있다. 이것은 개종의 사례를 만드는 일과는 다르다. 현재 그들의 입장과 상황에서 분명하게 "개종을 했는가? 그렇지 않은가?"는 중요하지 않다.

실제로는 개종과 비개종의 사실보다 그들이 궁금해하는 내용들에 대한 답변, 열린 대화와 실천적 사랑의 표현, 삶을 통해 무엇을 보여 줄 것인가에 대한 문제인 것이다. 웹 멘토링을 통해 몇 명을 개종시키고 그 사람들이 기독교에 어떠한 기여를 했는지를 보고하는 차원의 문제가 아니다.

웹을 통한 멘토링이 선교사 주도로 이루어질 수 있지만 현지인이 현지인을 웹 멘토링하는 것도 좋은 사례가 될 것이다. 아무래도 문화적, 언어적 동질감이 있고 그들의 종교에 대한 깊은 이해가 바탕이 된 가운데에서 동등하게 기독교를 받아들일 수 있는 입장이 되기 때문이다.

현재 인도네시아의 웹을 통한 전도용 멘토링 시스템을 구축하는 데 있어서도 일부 메시아닉(Messianic) 무슬림들의 경우 우려를 표명하고 있다. 왜냐하면 그들이 당할 보복이 두렵기 때문이다. 웹과 컴퓨터는 아직 인도네시아 지역 주민들에게는 보편화되지 않은 것이기 때문에 컴퓨터를 집에 소장하고 인터넷으로 무언가를 하는 작업을 지속하게 되면 주변 사람들을 통해 의심을 받게 된다는 것이다.

소맛(가명)의 경우 감옥에서 출소한 지 얼마 되지 않았다. 그의 죄명은 무슬림 신분으로서 예수 그리스도를 믿은 것이다. 그의 신분은 아직도 무슬림이다. 그가 출소한 후 그의 영향력을 이용하여 많은 크리스천 사역자들이 접촉을 시도하였다. 그는 주목받는 입장이었고 무언가를 성급하게 시도하기에는 주위에 감시의 눈들이 너무나 많았다. 특별히 누가 누구를 감시하게 되어 있는 것이 아니라 종교적인 반역 행위를 색출하기 위해서라면 모든 주민들이 다 감시자가 될 수 있는 상황이기 때문에 더욱 무서운 것이다.

전방개척 선교지에서는 웹 멘토가 웹 멘티를 직접 만나는 일이 어려우므로 영화를 본다든지 책을 읽고 느낌을 나누는 등의 공감대를 형성하는 일이 중요할 것이다. 처음부터 무거운 주제로 종교적인 변론을 하거나 설득을 하는 것보다는 가벼운 주제, 일상 생활과 직결된 문제, 삶을 나누는 일들을 통해서 천천히 자연스럽게 웹 멘토링을 시작할 수 있다. 아프가니스탄이나 북한과 같은 지역의 경우 지역적, 상황적 한계를 통해 양질의 교육 방법이 필요한데 웹 멘토링을 통해 학생들을 지도함으로써 효과를 얻을 수 있을 것으로 본다. 중국과 같은 전방개척 선교 지역을 대상으로 가정 교회를 위한 신학 교육도 가능하다.

_ 전방개척지 운영 원리 십계명

① 영적인 인도하심과 교류하심을 믿어라.

웹상에서도 영적인 공격은 감행된다. 느닷없이 컴퓨터가 꺼질 수도 있고, 다운될 수도 있으며, 서버가 해킹을 당할 수도 있고, 별것 아닌 댓글로 상대가 오해를 하고 상처를 받을 수 있다. 이러한 상황에서 당황하거나 인간적인 노력을 기울이기에 앞서 먼저 기도하고 성령님께 의지하자. 내가 무엇을 어떻게 함으로써가 아니라 성령께서 주관하셔서 웹 멘티들은 은혜를 얻을 것이다.

② 웹이라고 안심하지 말고 보안을 철저히 관리하라.

웹 멘토와 멘티의 생명과 직결된 문제이다. 오프라인보다 웹상으로 멘토링을 하기 때문에 비교적 보안에 있어 안심할 수 있고 제 3지역에서 거주하는 웹 멘토가 웹 멘티를 양육할 수 있다. 그러나 일부 국가에서 시행하는 노드(Node) 시스템을 주의해야 한다. 중국의 경우 개인 노트북을 회수하여 검열한 뒤 감시 프로그램을 설치한 후 돌려주기도 한다. 또한 사이트 해킹에 대한 대비책을 마련하고 이에 대한 정보를 미리 준비하고 있어야 할 것이다. 웹은 결코 무풍지대가 아니다. 웹을 통해 여러분은 생명을 위협받을 수도 있다고 생각해야 한다.

③ 현장의 종교, 문화적 이슈를 민감하게 다루어라.

담당하고 있는 나라의 종교에 대해 해박한 지식과 이해를 가지고 있어야 할 것이다. 기독교는 무조건 좋은 것이고 그들의 종교는 무조건 나쁘다는 원리로는 오히려 반감만 불러일으킬 수 있다. 그들의 종교에는 신념과 믿음과 세계관, 자신의 부모님으로부터 대대로 물려받은 유산으로서의 가치가 담겨 있다. 또한 현장의 정치적인 이슈와 문화적 이슈에 대해 민감하게 반응하고 대처해야 할 것이다.

④ 그 나라의 웹 문화를 잘 파악하라.

각 나라의 웹에는 각각의 문화적 요소가 존재한다. 형태나 구조가 다르고 각 나라의 글자 모양에 따라 독특한 타이포 디자인(typo design) 문화를 형성하고 있다. 선호하는 웹 콘텐츠, 커뮤니티 서비스가 각 나라별로 다르다.

⑤ 언어에 능통하고 웹을 통한 원활한 커뮤니케이션을 위한 방법 및 기술을 숙지하라.

웹상에서 사용되는 언어나 유행하는 말투들에 익숙하지 않으면 외계인 취급을 당할 것이다. 무엇보다 자연스럽게 그 나라의 웹 언어를 구사하는 것이 좋고 대상 연령을 지정할 경우 그 연령에 맞는 웹 언어를 구사하는 능력이 필요하다.

⑥ 그 나라 색, 아이콘에 민감하라.

예를 들면 어떤 나라는 붉은색으로 글자를 기록하는 일에 민감하고 어떤 나라는 그렇지 않다. 한 예로 중국인들은 자신들의 웹 사이트를 붉은색으로 디자인하기를 좋아하지만 한국인들은 붉은색을 잘 사용하지 않는다. 웹 사이트 그림에 절대로 십자가가 들어가서는 안 되는 국가가 존재하기도 한다.

⑦ 아름다운 글, 영향력 있는 글, 감동을 주는 글을 기록하는 연습을 하라.

이를 위해서는 책을 많이 읽어라. 좋은 글은 단숨에 써지는 것이 아니다. 좋은 책을 많이 읽고 깊은 사색을 통해 아름다운 글이 탄생하게 되는 것이다. 성경을 깊이 묵상하는 것도 좋은 글을 창출하는 데 도움을 줄 것이다. 웹 멘토링을 통해서 웹 멘티들이 처음에는 느낄 수 없겠지만 시간이 흐르면서 자신의 글이 점차적으로 표현 능력을 발휘하게 되는 것을 경험하게 될 것이다. 이것은 웹을 통해 꾸준히 글을 쓰게 되어 얻게 되는 결과라고 볼 수 있다. 또한 자신의 감정에 도취된 일방적인 글이 아니라 독자들과 호흡하는, 그들에게 피드백을 받는 대중적인 글을 작성하는 훈련을 하는 것이다.

⑧ 웹상에서 대화의 주제를 끌어내기 위해 다방면의 다양한 지식을 보유하라.

자신이 알고 있는 영역을 말하기는 쉽다. 그러나 그 이외의 영역을 말하려면 말문이 막힌다. 모든 사람의 관심이 자신의 관심사와 동일하리라는 법은 없다. 이러한 상황을 대비하여 다양하고 폭넓은 지식을 보유하는 것이 좋다. 자기 관심 분야의 전공 서적만 읽기보다는 각종 영역의 잡지를 읽어 보자.

⑨ 웹 멘토들은 삶에 있어서 늘 모델이 되는 생활을 해야 하고 그것이 웹상에서도 검증이 되어야 한다.

웹 멘토들은 실제의 삶에서도 존경받는 삶을 살아야 한다. 글이나 말로써만 모델을 제시하는 것이 아니라 삶과 생활에서 실천적인 모범을 보여 줄 때 웹 멘티들을 웹 멘토들의 권위에 순종할 것이다. 그러한 모습은 웹을 통해서도 얼마든지 드러난다. 웹 멘토링 페이지는 결국 웹 멘토와 멘티의 일기장과 같은 것이기 때문이다.

⑩ 말씀을 중심으로 웹 멘토링하라.

어떤 격언이나 지식보다 성경 말씀으로 양육하고 말씀으로 가르치라. 우리의 인간적인 노력이 때로는 아무 도움도 되지 않음을 말씀을 묵상할 때마다 느끼게 될 것이다.

_ 전방개척지 교육 원리 10가지

전방개척 선교지 교육 웹 멘토링을 위한 효과적인 원리 10가지.

① 웹 멘토링 전에 기도와 학습으로 준비한다.

웹 멘토링을 위해서는 사전에 철저한 기도와 동시에 학습을 위한 준비를 해야 한다. 실시간으로 하는 채팅이건 아니건 사전 지식이 충분해야 한다. 영적인 공격을 막아 내는 기도도 사전에 준비되어야 한다.

② 웹 멘티를 웹상에서 반갑게 맞이한다.

처음부터 무거운 주제를 다루기보다는 웹 멘토링 사이트를 스스로 찾아오고 싶은 마음이 들게끔 반가움을 글로 표현해 올린다. 웹 멘토링을 위한 글의 서두는 늘 이렇게 반가움의 표현에서부터 시작되어야 할 것이다.

③ 서로 공감대를 형성하는 주제로 글을 나눈다. 묵상을 통해 하루를 여는 것도 좋은 방법이다.

교육적인 주제만을 다루기보다는 최근에 본 영화 이야기, 뉴스 등을 통해 공감대를 먼저 형성하는 것이 좋다. 같은 시간을 정해 묵상을 나누고 묵상 글을 올려 서로의 은혜를 나누는 것 또한 공감대를 형성하는 좋은 방법 중의 하나이다.

④ 어려움이 있을 때에는 기술적인 문제를 찾기보다 성령에 간구한다.

대화 중 어려움에 부딪히거나, 웹상 커뮤니케이션의 한계를 느낄 때, 기술적인 문제점에 부딪혔을 때 인간적인 노력도 필요하지만 먼저 성령님의 인도하심을 간구하라. 원래 의도한 대로 주제가 바르게 전달될 수 있는 능력을 훈련하라.

⑤ 교재를 분명히 정하고 교수와 학생의 경우 연구 과제를 분명히 형성한다.

연구와 학업을 위한 분명한 교재를 지정하고 수업을 진행한다. 또한 연구 과제에 대한 목표를 설정하고 그 목표에 합당한 지도와 교육이 이루어져야 한다. 중간에라도 방향성이 잘못되었다면 즉시 수정할 수 있어야 한다.

⑥ 웹 멘토가 일방적으로 가르치는 것보다는 함께 나누는 분위기를 연출한다.

웹 멘토링을 통해서 일방적인 주입식의 교육을 하는 것이 아닌, 웹 멘티가 스스로 지각하고 사고할 수 있도록 도움을 주는 것이 좋다. 물고기를 잡아서 요리해 주는 스승보다 물고기 잡는 법을 가르쳐 주는 스승이 더 훌륭하다.

⑦ 지루하지 않도록 웹 기록상에서도 틈틈이 흥미로운 주제들을 나누어라.

웹을 통한 커뮤니케이션뿐만 아니라 일반 오프라인 대화에서도 대화가 지루해질 수 있다. 채팅이나 답글의 분위기가 다소 딱딱해질 때에는 분위기를 수시로 전환하는 것이 좋다.

⑧ **시간에 제약받지 않는 웹 멘토링이라 하더라도 시간을 정한다.**

웹 멘토링은 비교적 시간의 제약을 받지 않는다. 자신이 원하는 때에 글을 남기고 자신이 원하는 때에 글을 읽을 수 있다. 그러나 어느 정도 패턴을 정하고 규칙을 정하여 글을 남기는 시간과 글을 읽는 시간에 대한 약속을 하면 더 효과적이다. 기대감을 가지고 웹에 들어 왔으나 아직 글이 남겨져 있지 않으면 실망감을 가질 수도 있다.

⑨ **서로의 기도 제목을 웹상에서 나눈다.**

서로의 기도 제목을 나누고 수시로 기도에 대한 피드백을 나누는 것이 중요하다. 웹 멘토링에서 가장 중요한 것은 영혼 구원이다. 상대를 진심으로 아끼고 사랑하며 기도로 지원하는 것이 서로를 위한 가장 큰 요소이다.

⑩ **웹 멘토와 웹 멘티의 관계가 교육 이전에(신학적 또는 선교학적 측면이라기보다) 성경적인지 늘 점검한다.**

웹 멘토링의 내용이 선교학적, 신학적인 측면인가를 가늠하기 앞서서 그것이 성경적인지 늘 생각하고 점검해야 할 것이다. 대부분의 경우 어떠한 이론과 논리의 가치보다 성경이 말하는 사랑이 더 중요하다.

웹 멘토링 시간을 통해 지난 시간 중에 은혜로웠던 사건이나 글 등을 나누고 감사했던 일, 어려웠던 일 등을 나눌 수 있다. 금전적 요청을 제외한 도움을 요청할 수도 있다. 웹 멘토는 웹상의 흔적들을 통해서 웹 멘티의 영적 상태를 점검할 수 있다. 영적 생활을 점검하게 돕는 도표와 같은 것을 사용해도 좋다. 웹 멘토는 늘 가르치려는 자세에서 벗어나 나누려는 마음가짐으로 임해야 한다.

웹을 통해 조언을 하는 데 있어서도 자유로운 채팅 분위기를 조성하고 상대방의 취미나 관심사를 잘 감지하면 좋다. 웹상에서도 상대방의 느낌은 전달된다. 상대의 감정과 영적인 상태를 민감하게 파악할 수 있어야 한다. 또한 장점이 있다면 칭찬하고 단점이 있다면 조심스럽게 조언해 준다. 그리고 상대방이 발견한 좋은 아이디어나 이론은 아낌없이 칭찬해야 한다. 때로는 웹 멘토가 웹 멘티를 통해 도움을 얻는 경우도 발생한다.

_ 성공을 위한 10개 수칙

성공적인 웹 멘토링을 위해 웹 멘토가 가져야 할 10개 수칙

① 웹 멘토는 자신의 능력보다 늘 먼저 하나님을 의지하라.

웹 멘토가 교만해서는 온전한 멘토십이 구축될 수 없다. 늘 겸손함을 가지고, '나는 할 수 없지만'이라는 마음을 가지고 하나님께 의지하고 순종하고 여쭈어 보자.

② 웹 멘토 자신도 외적 훈련, 인터넷 기술 훈련 등을 통해 성장해야 한다.

웹 멘토 자신도 늘 발전하는 삶을 추구해야 한다. 그를 위해서는 육신이 건강해야 하고, 영적으로 맑아야 하며 웹 기술 등을 배우려는 자세를 겸비해야 한다.

③ 개인적인 비밀을 유지하고 웹 보안에 만전을 기한다.

웹상의 모든 멘토링은 비밀이 유지되어야 한다. 단 서로의 합의를 통해 공유하기로 결정한 내용 및 학술적 가치가 있는 논문 등은 웹 멘토의 지도 아래에 공개 설정을 할 수 있다. 이것은 학술적인 웹 멘토링에서는 일종의 제약이 되는 요소이다. 그러나 전방개척 선교지에서의 웹 멘토링은 철저한 보안이 요청된다. 웹 멘토링의 개인적인 상담은 절대로 공개될 수 없다.

④ 어떤 분야이건 말보다는 삶을 통해 보여 주어라.

웹 멘티들은 웹 멘토 사이트를 보면서 삶을 배우고 모델링하고 싶어 할 것이다. 웹 사이트를 통해 건강한 삶의 자세를 분명하게 보여 줄 수 있는 웹 멘토가 될 수 있어야 한다.

⑤ 상대방을 진심으로 아끼고 사랑하라.

웹 멘토는 웹 멘티를 책임감을 가지고 지도하고 격려해야 한다. 어떠한 상황에도 훈계보다는 사랑으로 양육하고 성령의 인도하심이 중재되기를 소원해야 한다. 진심으로 아끼고 사랑한다면 상대의 허물도 보이지 않는다. 그리고 사람을 이용하려고 해서는 안 된다.

⑥ 웹상 언어 사용에 주의하고 인터넷 예절을 지켜라.

웹상에서의 표현과 언어 구사가 자유롭지 않거나 미숙한 경우가 있다. 어떤 선교사의 경우 웹상에 선교 편지를 게재하는 데 마침표를 찍지 않는다. 웹 언어를 사용할 때 유행어라고 남발하지 말고 선별된 언어를 선택, 사용하며 예의롭고 정중한 표현력을 키워야 한다.

⑦ 2, 3개월에 한 번씩 두 사람의 관계를 웹상에서든 오프라인상에서든 평가하라.

정기적으로 웹을 통한 웹 멘토와 웹 멘티의 관계가 온전하게 잘 형성이 되고 있는지를 확인하라. 그리고 미흡한 부분, 오해가 있는 부분이 있다면 솔직하고 과감하게 오픈하고 방향성을 재설정해야 할 것이다. 2, 3개월에 한 번씩 정기적으로 서로 간의 피드백을 갖는 시간을 설정하는 것이 중요하다.

⑧ 공동의 목표를 설정하라.

학업뿐만이 아니라 전방개척 선교지에서 무슬림을 대상으로 멘토링을 하건, 교회의 새 신자를 대상으로 하건 멘토십의 목적이 분명해야 한다. 그러한 방향과 목표를 함께 설정하며 나가는 것이 중요하다.

⑨ 일방적인 대화가 아닌 배려와 합의 가운데 진행하라.

웹 멘토가 일방적인 권위의식을 가지고 웹 멘토십을 발휘한다면 웹 멘티는 쉽게 지쳐 버리거나 웹 멘토를 떠나고 싶은 마음을 가질 것이다. 웹 멘토는 이러한 권위주의를 버리고 겸허한 마음으로 웹 멘티를 존중하여 대화의 합의점을 가지고 웹 멘토십을 구축해야 할 것이다.

⑩ 웹 멘티가 웹 멘토의 권위에 순종하게 행하라.

웹 멘티는 웹 멘토에게 순종하는 모습이어야 한다. 그러나 웹 멘토가 맹목적인 순종을 상대에게 요구하기보다는 그들이 순종할 수 있는, 존경받는 온전한 모습을 찾아서 스스로 가꾸어야 할 것이다.

끝으로 웹 멘토링을 위한 효과적인 요소로서 몇 가지 더 제안한다면 첫 번째, 동성끼리 웹 멘토링을 하는 것이 좋다. 오프라인뿐만 아니라 웹을 통해서도 감정 교류는 일어난다. 늘 경계하고 주의를 요하는 것이 좋다. 그러나 교육을 목적으로 하는 경우(교수와 제자)와 부부 사이에서의 웹 멘토링은 예외로 한다.

두 번째로는 웹 멘토가 웹 멘티보다 연령대가 더 높으면 좋다. 그러나 교육을 목적으로 하는 경우에는 웹 멘토가 웹 멘티보다 나이가 어리다 하더라도 예외로 할 수 있다.

세 번째로는 교육 과정에서의 환경 여건 때문에 한 명의 웹 멘토에 여러 명의 웹 멘티가 설정될 경우 교육 배경과 영적 성장 상태 등의 구분을 통해 일정 수준의 그룹을 형성하여 지도해야 한다. 하지만 가급적 너무 많은 인원으로 멘토링 그룹을 형성하는 것은 바람직하지 않다. 인원이 많을수록 보다 섬세한 영적 교류 등을 놓치기 쉽기 때문이다.

끝으로 웹상에서 웹 멘토, 멘티가 서로를 선택할 수 있는 원칙을 설정한다. 이러한 여러 가지 요소들을 잘 지켜 나갈 때 전방개척지를 대상으로 개인적 웹 멘토링, 삶을 나누는 웹 멘토링, 종교적 해답을 얻고 지도를 받는 웹 멘토링, 전문적 교육을 위한 웹 멘토링 등의 다양한 웹 멘토링 방법들이 실효를 거둘 것이라고 본다.

_ 웹 멘토-인터넷 선교사

웹 멘토는 그 자신이 인터넷 선교사로서의 역할을 인정받는다고 믿어도 좋다. 웹 멘토링의 기본적인 자질은 영적인 성숙과 건강한 인격을 소유하는 것이다. 바울이 비록 그의 사역지에서 짧은 기간 동안 사역을 했다 하더라도 그의 사역 기간은 단 몇 주로 평가될 것이 아니라 그동안 쌓아 온 영적 깊이로 평가되어야 할 것이다. 이처럼 인터넷 선교사, 웹 멘토의 역할은 기술적으로 웹을 잘 다루는 사람에게 주어지는 명칭이 아니라 영적 지도자의 위치에 서고 그를 통해 평가받을 때 부족함이 없는 사람이어야 한다.

웹 기술은 그들이 품을 수 있는 한계를 뛰어넘게 하는 도구로서의 역할을 한다. 즉 거리적 한계, 시간적 제약 등을 웹을 통해 지원받는 것이지 결코 인격적 성숙이 덜 된 상태에서 웹 기술, 전략 등을 보유하고 있다고 해서 가능한 사역이 아니다. 따라서 웹 멘토 후보자들은 잠재된 다수가 존재하며 그들이 웹을 운영할 수 있는 기술을 보유할 때 더 큰 시너지가 형성된다. 리더십들이 웹 멘토링 기술과 실제적 사역에 익숙해질 때 효과는 더욱 커진다.

웹 멘토의 역할을 보다 증진시키는 훈련으로 기도 생활, 말씀에 기초한 삶, 내적 치유 등을 들 수 있다. 웹 멘토들의 이러한 기본적인 영성 훈련을 통해 웹 멘티에게 건강한 영향을 물려 줄 수 있다. 이 외에도 가정 생활에 모범이 되어야 하며, 사회 속에서 올바른 세계관을 가지고 기독교인으로 살고 있어야 한다. 즉, 직업관, 재물관, 언어생활, 시간관리 등에 대해 안정적인 철학이 있어야 한다. 더불어 율법적이지 않고, 하나님의 음성에 귀 기울이며, 자신의 은사를 스스로 발견하고, 인생을 힘차고 밝고 즐겁고 건강하게 살아내며 세상을 주도하는 자이어야 할 것이다. 또한 선교와 전도에 대한 열정이 있으며 사역에 대한 헌신도가 뛰어날 때, 성령의 역사하심과 함께 역동적 반응이 일어 날 것이다.

5. 웹 멘토링에 도움을 주는 도구들

1) USB 교과서-미라클 프로젝트

USB의 용량은 점점 커지고 가격은 상대적으로 저렴해지고 있다. 정보 전달의 효능을 높이기 위한 반가운 소식이 아닐 수 없다. 웹을 기반으로 정보를 전달하고 축적할 때 USB(또는 USB 겸용 SD 카드)는 개인이 보유할 수 있는 초소형 데이터베이스 장치가 된다. 동영상과 같은 대용량의 파일들은 휴대용 외장 하드 디스크에 저장하고 문서 파일 등은 USB로 충분히 저장이 가능하다.

최근에는 보안 기능이 강화된 USB, 물에 빠져도 저장된 내용들이 안전하게 보관되는 방수(water proof) USB, 외부의 충격에도 안심하고 사용할 수 있는 티타늄(titanum) USB, USB 겸용 SD 카드도 개발되어 있다. 또한 앞에서 언급한 것처럼 USB 안에 프로그램을 심어 인터넷 접속을 별도로 하지 않아도 개인 인증 장치가 된 USB를 포트에 장착하기만 하면 자동으로 해당 사이트에 접속되어 로그온까지 처리하게 할 수 있다.

잡지사의 경우 오프라인 잡지 이외에 USB 안에 잡지의 정기구독 분 또는 과월호를 파일에 담아 구독자들에게 서비스로 제공한다면 좋은 기여가 될 것이다. 그리고 멤버십으로 아이디가 기록된 USB를 가지고 있으면 앞으로 출간되는 잡지나 단행본에 대한 파일을 공식적으로 다운로드 받을 수 있도록 하여 우편으로 발송받는 번거로움을 줄이고, 회사 측에서는 배송을 위한 경비를 절감할 수 있다.

예수님의 오병이어 기적에서 영감을 얻어 필자가 '미라클 프로젝트'로 명명한 USB 자료 나눔 운동을 통해 전 세계에 파송되는 또는 파송된 선교사들에게 선교를 위한 정보를 나누고자 하는 운동은 현재에도 진행 중이다. 휴대가 간편한 USB에 선교사들에게 유익한 각종 정보를 비롯한 교육 자료를 담아 전달하는 기적은 지금도 일어나고 있다. 작은 정보 씨앗 하나가 전 세계를 살리는 역할을 하는 것이다.

선교사를 위한 '미라클 유에스비(Miracle USB)' 내에는 성경 연구를 위한 각종 주석 시리즈, 단행본, 묵상지, 찬송가 및 복음성가 악보, 선교사가 담당하는 지역 현지언어 찬양모음, 현지어 성경, 현지에서 인쇄하여 사용할 수 있는 현장언어 전도지, 선교사 케어에 필요한 정보 및 연락처 등이 파일로 담겨 있다.

더불어 USB는 '유에스비북'으로 명명되어 원격 교육 시스템에 걸맞는 교과서로서 각광받을 것을 기대한다. 각종 텍스트북(text book)을 USB로 전달할 경우 이메일을 통해 전달받는 번거로움을 줄일 수 있고, 다운로드가 용이하지 않은 지역을 배려할 수 있으며, 학생들이 자료를 관리하는 데 큰 도움을 줄 수 있다.

2) E-book & E-book Reader

전자책 또는 이북은 휴대기기(휴대전화, PMP, PDA 등)나 컴퓨터로 볼 수 있는 특수한 포맷의 파일을 명칭한다. 최근 들어 PMP, MP3 플레이어, 휴대전화에서 텍스트 파일을 표시하는 기능을 전자책 기능이라고 이해하는 경우도 있지만 이것은 정확한 개념의 전자책 기능은 아니다. 이러한 기능은 단순히 텍스트 파일(text file)을 읽을 수 있는 것이고 진정한 '이북리더'의 성격과는 다르다. 따라서 일반적으로 전자책이라고 할 때에는 텍스트 파일과 같은 범용 파일이 아니라 저작권 보호를 위해 'DRM(Digital Rights Management)' 기능이 가능한 특수한 포맷을 가진 파일을 말한다. 전자책은 해당 업체 및 솔루션에 따라 기능의 차이가 있지만 일반적으로 책갈피, 메모, 줄 긋기, 검색 기능, 사전 기능 등 책과 같이 독자가 문자를 읽을 때, 학업을 할 때 요청되는 유용한 기능들을 지원한다. 어도비(Adobe)사의 'PDF' 파일도 대표적인 이북 포맷이라고 할 수 있다.

사람들은 종종 이북과 랩톱(lap-top)의 차이를 이해 못하는 경우가 있는데 랩톱의 LCD화면을 통해 읽는 전자책은 일반 책을 볼 때와 달리 장시간 사용하면 눈에 피로가 쌓인다는 단점이 있다. 따라서 이러한 단점을 보완하는 것이 이북이 해결해야 할 기술적 과제인데, 최근에는 IT 제조업체들이 전자책 재생을 극대화할 수 있는 최적화된 전용단말기를 제작, 보급하고 있다. 이러한 단말기를 '이북리더' 또는 '전자책 단말기'라고 부른다. 이북리더가 기존 휴대 IT기기와 다른 점은 LCD 대신 '전자종이(E-paper)'를 화면으로 사용하는 점이다. 전자종이는 종이의 느낌을 그대로 느낄 수 있다는 것이 장점이다. 현재 개발되어 있는 전자종이는 머리카락보다 작은 캡슐에 검은색과 흰색 입자가 들어 있다. 이 캡슐에 전기신호를 가하면 양극에는 흰색 입자가 음극에는 검은색 입자가 달라붙으면서 색을 나타내는 원리이다. 전기신호가 멈춰도 입자는 그대로 위치해 있기 때문에 지속적인 전기신호(전기공급) 없이도 색을 표현할 수 있는 것이다. 이 때문에 전자종이는 LCD와 달리 사용시간이 아니라 사용량에 따라 전력을 사용하게 된다. 따라서 전자잉크를 사용하는 전자종이는 화면 뒤에 빛을 내서 글자 등을 표시하는 LCD와 달리 백라이트가 존재하지 않는다. 그래서 독자가 전자책을 가독할 때 눈이 피로해지지 않는다. 간단하게 원리를 설명하면 화면이 변할 때만 전기적 신호를 받아서 페이지가 바뀔 때 전자잉크를 전자종이 위에 표시하는 것이다. 이 원리를 통해 전자책이 글자를 보여 줄 때에는 전력이 소모되지 않고 단지 어플리케이션을 작동할 때만 전력이 소모됨으로 장시간 독서를 가능하게 한다.

전자종이는 LCD와 달리 여러 가지 장점을 가지고 있다. 첫 번째로는 햇빛 아래에서는 잘 보이지 않는 LCD에 비해 야외에서도 가독성이 좋으며, 눈의 피로가 종이책을 보는 정도와 동일하다. 또한 전력 소비량도 LCD에 비해 100분의 1 수준으로 적다. 최근에는 전자종이가 이북 단말기뿐 아니라 야외, 즉 지하철의 빌보드(billboard)나 쇼핑몰의 간판 등의 광고용으로 많이 사용되고 있다.

세계 IT업체들이 이북단말기를 속속 내놓는 것은 이 시스템이 책을 비롯해 뉴스, 이미지 등을 유통할 수 있는 좋은 환경을 제공해 주기 때문이다. 미주와 유럽의 경우 전자책의 점유율이 종이책의 점유율을 이미 앞질렀다고 한다. 더불어 이북 포맷에는 DRM을 적용할 수 있어 안전하게 콘텐츠 유통이 가능하다는 장점 때문에 콘텐츠 불법 복제로 골머리를 앓고 있는 콘텐츠 업체에서는 환영하는 입장이다. 그리고 이북이 디지털 제품임에도 불구하고 종이책이 가진 아날로그적인 느낌을 가지고 있는 것도 이북 단말기의 장점이다. 이북 단말기는 사뭇 돌판과 같이 보여 마치 원시대로 돌아간 느낌을 준다.

이북 단말기 가격은 기능에 따라 200-300$ 대로 형성되어 있으며, 이북 한 권당 가격은 일반 종이책의 50% 수준이다. 윌리엄캐리국제대학과 같이 전 세계가 강의실이 되는 학사 시스템에서는 인터넷을 통해 손쉽게 자료를 제공받는 '이북'과 '이북리더'가 정보 전달 및 연구를 위한 유용한 도구가 될 것이다. WCIU의 경우에도 2,500개 이상의 논문을 디지털라이즈(digitalize)하여 학생들이 웹과 각종 디바이스를 통해 공급받아 이북리더로 사용할 수 있도록 구성되어 있다. 또한 이북리더는 음성 강좌 MP3 파일, 오디오 북(audio book) 사용이 가능하다. 이북은 이미 이 대학의 공식 텍스트 북이다.

3) 전자 도서관

'OL(Operation Literatures/www.ol.withch.net)', 한국어로 '문서선교연합'이라는 단체는 원래 몇 개의 선교 단체들이 연합하여 각 단체의 파송 선교사뿐만 아니라 전 세계 선교지의 모든 선교사들에게 지속적으로 선교학적 자료 그리고 전도를 위해 활용될 수 있는 각종의 자료들을 무상으로 보급하고자 설립된 단체이다.

이를 위한 네트워크 기반은 2004년 세계한인선교대회를 통해 형성되었으며 현재는 다량의 자료를 축적한 단계에 와 있다. 앞으로는 보다 다각도로, 수집된 자료들을 웹상에서 찾기 쉽게 분류하여 각 선교사들이 원하고 찾는 자료들을 맞춤으로 제공할 수 있도록 하는 섬세한 서비스를 준비하고 있다.

OL 웹 사이트(www.ol.withch.net)

더불어 '최찬영 디지털 라이브러리'는 해방 후 한국 최초로 파송되어 글로벌 리더십으로 활약하신 최찬영 선교사님을 기념하기 위해 설립되었는데 Ph. D 프로그램을 위한 각종 맞춤 자료를 제공하고 있다. 앞으로 본 채널들은 각 선교사 이메일 주소를 통해 정기적인 웹진을 발송하고 웹진을 통해서는 선교 현장과 선교사의 삶을 위한 고급 정보들을 실어 나를 예정이다. OL 전자 도서관에는 현재 선교학 논문자료, 선교정책 관련 칼럼, 단행본, 각 언어별 제자양육 번역자료, 현지어 찬양 등이 제공되고 있다. 기본적으로 모든 서비스는 선교사에 한하여 무료로 이용할 수 있고 앞으로는 미디어 정보 제공 부분을 더욱 강화해 나갈 계획을 가지고 있다.

최찬영 디지털 라이브러리 웹 사이트(www.v.withch.net/glc1)

OL 전자 도서관은 선교타임즈, 전방개척 선교(KJFM), 한국 선교(KMQ), IJFM(International Journal of Frontier Mission), 윌리엄 캐리국제대학교 등과 연계하여 자료를 공유하기 위해 협력·운영되고 있다. 앞으로 더 큰 문서나눔 연합체가 형성될 때 원격 강의 및 웹 멘토링을 통해 교육받는 전 세계 선교사들에게 현실적 도움이 되고 시너지가 형성될 것이라고 본다. 일반 영리적인 목적과 실리적 이익 추구만을 위해서는 다소 어려운 이러한 웹 사역이 선교사들을 위한 열린 전자 도서관으로서 선교적 데이터베이스를 구축하고 공유하는 기반이 되기를 소원한다. 이러한 기반은 앞으로 '최찬영 디지털 라이브러리'를 통해 더욱 발전되어 운영될 예정이다.

4) E-QT

　인터넷을 통해 묵상을 나누는 일은 인터넷 선교 초창기부터 우선적으로 발전되어 왔다. 세계인터넷선교학회(SWIM)의 경우 1996년 설립된 이래 두란노의 《생명의 삶》 묵상지를 인터넷상에 보급함으로 인터넷 선교의 지평을 열어 왔다. 묵상지는 웹진 형태로 또는 텍스트로 폭넓게 보급될 수 있으며 각국의 언어로 번역하여 제공하기가 좋다. 현재까지의 사역 중 가장 영향력 있는 기독교 웹 콘텐츠로 전자묵상지를 들 수 있는데 현재에는 자신의 전자노트에 묵상을 기록해 저장할 수도 있고, 그 내용을 전자편지로 만들어 은혜를 나누고 싶은 사람과 함께 공유할 수 있고 더 나아가서는 전도지로 활용할 수도 있다.

　웹 멘토와 웹 멘티의 관계에서도 매일 일정 시간에 오프라인상에서 만나 함께 묵상을 나누면 좋겠지만 여건상 어려울 때에는 인터넷상에서 함께 묵상을 나눌 수 있고 이때에 인터넷상에서의 E-QT 코너를 통해 유익한 도움을 받을 수 있다. 현재 다양한 전자묵상지가 웹상에서 제공되고 있으며 자신의 개인 웹 사이트를 보유하고 있다면 게시판을 통해 자신만의 묵상 채널을 개발할 수도 있다.

5) 아이팟을 통한 E-learning 모델

　풀러신학교의 경우 멀리 선교지에 나가 있는 선교사들을 교육하기 위해 원격 지도 프로그램에 대한 개발을 해 왔다. 따라서 시간을 내서 일부러 학교를 찾아와서 수업을 해야 하는 장벽을 보완하여 선교사들의 현장으로 찾아가 과목을 개설한다든지 인터넷을 통한 원격 강의 시스템 개발에 관심을 가져 왔다.

이에 특별히 애플 사의 아이팟(i-pod) 시스템 기반을 활용하여 파사데나를 찾지 않아도 강의를 청취할 수 있는 콘텐츠를 선교지로 보내는 방법을 채택했다. 이러한 시스템에 따라 학생들은 각 선교 현장에서 자신이 원하는 강의 콘텐츠를 아이튠(itunes)을 통해 내려받은 후 자신의 아이팟에 담아 어디서든지 강의를 재생해서 듣고 연구할 수 있는 혜택을 맛보고 있다.

풀러신학교 측은 각 과목의 강의 이외에도 세미나, 또는 정보성 동영상을 제공함으로써 입체적 정보 전달에 최선을 다하고 있다. 비록 풀러신학교의 오프라인 캠퍼스는 협소하지만 전 세계를 강의실로 만들어 합리적인 수업 방법을 진행함으로써 많은 현장 선교사들에게 실제적인 혜택을 부여하고 있다. 이러한 강의 전달 방법을 통해 학교는 장기적으로 운영, 예산 절감의 효과도 기대하고 있다. 아이튠을 통한 선교학 강의는 현재 제한된 언어로 제공되고 있지만 앞으로 각국 언어로 번역된 콘텐츠로 전환될 때 보다 큰 선교적인 효과를 거둘 수 있을 것이라고 확신한다.

특별히 애플 사의 아이팟, 아이폰(iphone)은 통신(Tele-communication), 이메일, 엔터테인먼트(entertainment)를 위한 게임, 길 안내를 위한 네비게이션(navigation) 기능 외에 유저(user)들의 생활에 유용하고 흥미를 유발시키는 다양한 어플리케이션을 다량으로 제공, 서비스하고 있기 때문에 보다 많이 선택될 가능성이 많은 미래적인, 무한 가능성을 보유한 디바이스(device)로 사료된다. 특별히 지난 아이티 지진 피해 때 아이폰을 통해 내려받은 응급구조 어플리케이션을 통해 생명을 건진 사례도 있다.

6) 웹 리서치 센터

보다 폭넓은 리서치를 위해 웹상에서 네트워크를 구축하는 것은 이상적이고 효과적인 발상이다. 선교를 위한 리서치는 현장에서 이루어진다. 이러한 상황에서 각 선교 현장을 한 눈에 볼 수 있도록 도와주는 것이 웹이다. 이러한 광범위한 시각을 통해 폭넓은 선교 전략이 구축될 것이다. 웹상에 올려진 각 지역의 리서치들은 선교 리더십들이 총체적인 선교 전략을 수립하는 데 도움을 줄 것이다.

또한 웹 리서치뿐만이 아니라 웹 선교포럼 등을 온라인상에서 개최함으로 선교 현장을 떠나지 않고도 수시로 서로의 의견과 정보, 생각을 나누고 지도를 받으며 사역 방향을 개선해 나갈 수 있다. 일부 선교 포럼에서 "선교 전략이 현장에서 구축되는 것이 옳은가? 아니면 본국에서 구축되는 것이 옳는가?" 또는 "선교 본부가 선교 현장인가? 아니면 한국인가?"와 같은 모달리티와 소달리티의 관계성에 관련한 이슈가 던져질 때가 있다. 이러한 경우 웹을 통해 공정하고 균형 있는 정책과 전략을 마련할 수 있다. 웹은 현장과 파송 교회를 잇는 역할을 할 수 있다. 파송 교회와 선교 현장의 역할은 다르다. 서로 간의 역할이 잘 조화를 이룰 때 건강한 선교 결과가 창출된다.

더불어 선교학자들의 웹 연구실을 통해 개인 관심 분야나 전문 분야에 대한 연구 내용을 웹상에 올려 놓음으로써 정보를 공유하고 피드백을 받을 수 있게 된다. 각 선교 연구가들의 웹 연구실의 링크들을 하나로 묶어 항공모함과 같은 선교 연구소의 역할을 감당할 수 있다. 윌리엄캐리국제대학교 GLC 내에 설치된 '웹 리서치 센터(Web Research Center)'는 세계의 선교 신학자들을 통해 선교 동원, 정책, 전방개척지 선교 연구를 표방한다. 이 센터는 리서처(researcher)들의 웹을 통한 리서칭(researching)이 기본 사역이다. 앞으로는 실력 있는 웹 선교 리서처(Web Mission Researcher)를 선발 및 지원하고 웹 선교 포럼, 웹 선교 컨퍼런스(conference) 등의 행사를 기획하고 있다. 각종 사역에 바쁜 지역의 선교 리더십들을 웹상에서 한자리에 모으는 현실적인 시도가 될 것이다.

# 제9장 전방개척 선교지에서 인터넷 교회 개척

　교회가 건강해지므로 선교지가 건강해졌다. 온누리교회 하용조 목사는 건강한 목회를 통해 건강한 선교가 창출된다고 하였다. 이에 반하여 교세가 발전함에 따라 교회의 기업화 등 여러 가지 부작용 및 문제점들이 수반되는 가운데 일부 선교 지역은 교회 개척 및 성장 운동을 통해 내외적으로 발전을 이룩했다. 반면 전방개척 선교 지역의 경우 이러한 방법에도 불구하고 낮은 개척률을 보이고 있다. 필자는 현재 한국적 상황에 입각한 교회 개척 원리가 전방개척 선교 지역에는 접근조차 되지 않는 현실 가운데 성경적 대중 커뮤니케이션 원리에 입각한 대안으로 부각된 선교 방식 중 인터넷을 통한 교회 개척의 선교적 의의를 본 장에서 보다 강하게 제시하고자 한다. 또한 인터넷이 가지고 있는 장점이 전방개척 선교 지역의 교회 개척을 위한 대중 커뮤니케이션과 어떠한 연관성이 있는지를 알아보고 전방개척 선교 지역에서의 대중 커뮤니케이션 도구로서의 인터

넷 교회를 개척하는 데 실제적 적용의 예를 소개하고자 한다.

전방개척 선교 지역에서는 시대적, 지역적 특성을 고려해 상황과 문화에 맞는 다양한 교회 개척 방법이 연구되고 적용되어야 한다. 따라서 교회가 인터넷과 같은 대중커뮤니케이션을 위한 기술을 동원하여 전도되지 못한 영역을 복음화하고자 하는 노력은 보다 고무적이라고 평가할 수 있다. 즉 변하지 않고 타협되지 않는 진리와 함께 다양한 접근 방법 및 기술의 사용은 전방개척 선교 지역 교회의 개척과 성장을 위한 효과적인 시도이다.

1. 인터넷 교회 개척

선교 사역은 단순하게 정보로서의 복음을 전달하는 개념이나, 일정한 규칙이나 시스템만으로, 단체의 매뉴얼 또는 일정 기간의 훈련 프로그램만으로 효과적으로 전개 및 운영이 되는 것이 아니라 종교, 사회, 정치, 경제, 역사, 동향, 정보 기반, 문화 이해, 예술적 이해, 윤리, 규범, 코드 등을 총망라해 규합하고 그를 통해 산출된 방법이 전략으로서 동원되어야 한다.

기존의 교회 개척 방식이 어떤 지역에서 실효를 거두었다 하더라도 그 방식이 모든 지역에 적용될 수 없다. 변화하는 정세에 따라 선교 단체는 체계적이고 구체적인 방법과 전략을 새롭게 수립하고, 연구기관을 설치하여 각 나라별 상황을 연구하고 현장을 리서치하여 현 시대, 그 장소를 위한 가장 적절한 접근 전략을 세워 각지의 파송 선교사들에게 제공해야 한다.

인터넷을 통한 대중 커뮤니케이션 기술은 정보 전달과 그 정보의 이해를 돕는 다양한 기술과 각 계층의 눈높이에 이해의 폭을 맞추는 다양한 표현 방법, AOD(Audio On Demand), VOD(Video On Demand)와 같은 시스템, 폭넓은 네트워크, 양방향 대화 등을 통해 공간을 뛰어넘는 대화 도구 및 정보 전달 도구로 발전했다. 특별히 웹 기술은 원칙적으로 교회를 개척할 수 없는 전방개척 선교 지역을 위한 원격 교회로 세워져 무형의 교회이지만 기독교의 교회적 요소를 제공하고 있다.

기술은 우리가 다른 사람과 소통하고 관계를 맺는 방법을 형성한다고 쉥크 교수는 말하였다(쉥크 2003:218). 따라서 현 정세 상황에 따라 교회 개척에 대한 패러다임을 오프라인 교회 설립에만 국한시킬 필요가 없다. 예수님과 바울의 사역에서도 찾아볼 수 있는 대중 커뮤니케이션 원리를 통해 비춰 볼 때 이전의 한국 개신교회의 개척 원리가 실제적인 영혼과의 대화, 양육 및 구원보다는 눈에 보이는 발전에 치우쳐 있었음을 알 수 있다.

시간이 갈수록 전방개척 선교 지역의 오프라인상 교회 개척이 불가능해지는 가운데 선교 방법의 새로운 패러다임으로는 웹 교회 개척이 주목받고 있다. 실제로 각 선교 현장의 보고에 따르면 교회나 신학교를 세우는 등의 전통적 선교 방식은 전방개척 선교지에서 배척당하고 있다고 한다. 종교적인 접근 자체가 불가능한 상황, 즉 종교적 사안이 법적으로 연결되는 대부분의 전방개척지에서 지금까지 진행해 왔던 교회를 세우는 등의 공개적인 종교 활동은 사실상 불가능한 것이다. 이제는 이전 형식의 교회 설립, 대규모 세례식 등 가시적 복음 전파의 활동을 전방개척 선교지의 공공 장소에서 기대하는 것은 어려운 상황이 되었다.

그런데 이러한 시점에서 전방개척 선교지에서의 인터넷 교회는 전도, 예배, 양육, 교제 등 이전 교회가 지원했던 요소들을 온라인상에 공급함으로써 현실적 제약을 뛰어넘고 교회로서의 역할을 감당하고 있기에 더욱 비중 있는 발전이 요구된다. E.R 데이톤은 선교를 위한 방법을 채택하는 데 있어서의 조건을 성경에 기초하거나 성경적으로 정당화되는 정도, 방법에 의해 요구되는 기술상의 지식, 평신도의 참여와 전문가의 실천의 대비, 상대적인 재정 비용, 지역 회중의 생활을 위한 방법상의 관계, 복음전도의 목표에 주어진 방법의 적절성 등으로 명시하고 있다(데이톤 1991:358). 우리는 이러한 범주에서 실제적 전방개척 선교를 위한 보다 적합한 아이디어를 얻을 수 있을 것으로 기대한다.

2. 적합한 인터넷 교회

성경적인 적합한 교회 모델을 살펴본다면, 선교를 위해 움직이는 교회를 예로 들 수 있으며, 단순하게 선교 현지 상황을 고려한 이동적 교회만을 뜻하는 것이 아니라 교회 구조의 유동적 변형을 가능케 하는 교회여야 한다. 유대 공동체가 이방인들과의 교류에 갈등하고 있을 때 베드로는 꿈을 통해 선교적 교회의 개념을 이해하게 되었다(행 10:9-23). 적합한 교회를 이해하는 것은 우리가 기존에 생각하고 개념을 가지고 있던 교회에 대한 고정적인 관념, 선교와 전도에 대한 고정적인 관점을 바꾸는 것에서부터 시작될 수 있다. 예루살렘의 박해를 시작으로 교회는 이스라엘 밖으로 움직이며 복음을 전파하기 시작했다. 복음을 받아들이지 않는 지역을 향한 이동성, 그들을 끝까지 받아들이고자 하는 수용성, 그들을 진심으로 이해하고자 하는 마음이 살아 움직이는 생동감 있는 선교적 교회의 기본적인 요소라고 할 수 있다.

이러한 개념에서 3차까지 전도 여행을 했던 바울은 스스로가 선교적 교회로서의 역할을 감당했다. 그 자신이 움직이는 교회요, 전도를 위해 이동하는 도구였다. 우리가 때때로 복음을 전할 때 박해를 받는 것은 복음 자체의 내용 때문이 아니라 복음을 전할 때 받아들이는 사람들에게 걸맞지 않는 전달 방식 때문일 수 있다. 전달 방식은 계속 변화하고 움직인다. 고(故) 김 사무엘 선교사는 "우리가 교회를 세우러 가는 것이 아니라 교회가 되기 위해 그곳으로 간다."라고 말하여 전방개척 선교지의 사역에 대한 개념을 정리했다.

바울 시대의 선교적인 교회는 결코 고정되어 있는 건물의 개념이 아니라 움직이는 교회였다. 바울 자신 스스로가 교회였다. 대중 커뮤니케이션을 위한 목표를 두고 대중과의 대화를 형성하였다. 바울은 거의 매일 회당에서는 유대인들과, 경건한 사람들과 변론을 하였고 또 다른 한편으로는 상가들이 밀집한 장터에서 흔하게 만나는 상인들, 주민들과 담소하고 변론하였다. 이것이 바울이 선택한 움직이는 형식의 교회 운영자로서, 인터넷을 통한 유동성 있는 교회 개척 전략이다.

우리가 현대적 개념으로 이해한다면 교회 개척을 위해 교회를 건축하는 일을 먼저 하는 것이 아니라 이동성 있는 인터넷 접속을 통해 교회적 요소를 제공하는 것이다. 또한 적합한 교회는 단순하게 물리적인 환경 면에서 움직이는 교회를 뜻하는 것이 아니라 문화 이해의 관점에서 융통성과 기동성이 있는 교회를 말한다. 마음이 열려 있는 교회, 타 문화를 포용할 수 있는 교회가 진정한 의미에서의 적합한 교회이다.

시대적 변화 가운데 교회 모습 또한 변화되어야 한다. 현대 사회 속에서 국제적인 커뮤니케이션을 어렵게 만드는 것은 각 문화를 바라보는 개인과 집단의 선입견, 고정관념 때문이다. 때로는 선교사의 자세가 지난 패러다임 속 교회 개척 운동의 어떠한 이익과 이데올로기에 관련하여 세계화를 거부하는 조류 가운데 거할 수도 있다(Kirbride 2001:32).

현재 다수의 무슬림 국가들이 가지고 있는 '크리스천 포비아(Christian Phobia)' 현상은 일부의 공격적인 교회 개척 운동을 통해 크리스천 스스로 제공한 것이고 어쩌면 바울의 선교 정신과 대치될지도 모른다. 이러한 배경을 뒤로하고 비공격적인 선교 방식으로 활용될 인터넷 교회 개척은 복음을 대중들이 스스로 선택하게 하는 역할을 가능하게 한다.

3. 원격 양육

인터넷은 마치 잘 닦여진 로마의 도로 그리고 수로와 같은 역할을 한다. 잘 닦여진 그 길들을 통해 각지로 서신을 보내는 것이 용이했던 것처럼 인터넷은 정보 전달에 있어서 잘 닦여진 길과 같은 역할을 대신한다. 현대 사회에 있어서 우편 제도는 점점 자리를 잃어가고 있다. 하지만 인터넷의 전자 우편 시스템은 단점을 내포한 근대적 우편 제도를 개선한 것일 뿐만 아니라 사람과의 정보 교환을 보다 쉽게 하여 적극적이고 풍요로운 원격 커뮤니케이션을 돕는 도구가 되고 있다.

E.R. 데이톤은 성경 번역, 라디오 방송 선교, 광고, 편지 선교를 간접 선교 방법으로 분류했다(데이톤 1991:360). 현대에 있어서 인터넷을 통한 교회 개척, 네트워크 형성, 웹을 통한 멘토링은 예수님과 바울 사역의 연장선상에 둘 수 있다. 인터넷은 네트워크를 효과적으로 형성, 지속할 수 있게 하는 도구이다. 물론 인터넷 기술만으로는 최고의 효과적인 네트워크를 유지할 수는 없다.

바울이 서신을 통해 지속적인 네트워크 형성을 하고 나중에 그 선교 현지를 방문하여 실제적인 오프라인 커뮤니티 형성을 지속한 것처럼 현대 크리스천들도 성경이라는 콘텐츠와 인터넷 기술과 오프라인 사역을 통해 네트워크를 융합한 교회 개척 방식을 채택한다면 전방위적인 복음 전파를 위한 직접 접촉을 통한 직접 선교에 버금가는 효과를 거둘 수 있다.

또한 원격 양육 시스템은 가정 교회를 지원하는 도구가 된다. 바울은 '지역 교회'를 교회로 규정하였으나 개인 또한 우회적으로 하나의 교회로 표현했다(빌 4:15). 바울은 '가정 교회'를 도시 연합의 '온 교회'와 다른 개념으로 이해하였으나 작은 모임 또한 교회로 인정하였다(브래닉 2009:31-33). 전방개척지의 경우 이러한 가정 교회의 존재 가능성이 많은데 인터넷은 이러한 교회들을 지원하는, 이러한 교회들이 더욱 교회다워질 수 있도록 양육하는 원격 지원의 창구가 된다.

4. 재정과 인터넷 교회 개척

잘못된 교회 개척에 대한 이해로 인해 '교회 개척=재정'이라는 인식을 주어서는 안 된다. 교회를 통해 현지인들이 선교사들에게 재정을 기대하게 하는 심리를 낳는 것에 주의해야 한다. 교회 개척은 결코 재정 운영의 원리로 시행되는 것이 아니라 하나님께서 주신 다양한 영역의 전문성을 통해 역할을 개인들이 극대화하고, 지상 명령 수립을 위해 최선을 다하는 실제적인 행위로 구성된다.

이에 대해 네비우스 정책과 인터넷 교회 개척은 개척과 운영 면에 있어서 균형을 제공한다. 첫 번째로 인터넷을 통한 교회 개척은 자립을 용이하게 한다. 인터넷 기술은 없어서는 안 되는 중요한 요소이지만 기본적인 사역을 위한 세팅은 적은 비용으로 구축이 가능하다. 따라서 각 선교 현장에서 인터넷을 통한 교회를 개척할 때 굳이 외부에서의 거대한 양의 재정을 보조를 받지 않아도 자립과 시작, 운영이 가능하다.

두 번째로 자전이 가능하다. 인터넷을 통해 교회를 운영하기 위한 기술과 영성 훈련은 비전문가에 의해서도 가능하다. 따라서 교회 개척과 운영을 비전문가이어도 스스로 사역으로서 인정만 한다면 충분히 감당할 수 있다. 예를 들어 모든 성도가 가르치는 자와 배우는 자가 되어 인터넷상에서 웹을 통해 멘토링을 할 수 있다. 성경 교육뿐만 아니라 각 분야의 멘토링은 선교와 관계가 있다. 선교의 가장 좋은 방법은 자기가 아는 기술을 배우고자 하는 사람과 나누는 것이다(컷벌트 2004:65).

끝으로 자치적 운영이 가능하다(곽안련 1994:87). 교회의 자립 운영을 위해서도 웹 기술은 선교 현지에서 수입을 창출하게 하는 장점이 있다. 이것은 바울이 했던 것과 동일한 자비량 선교를 가능하게 한다.

전통적인 교회 운영으로는 헌금밖에 수입을 기대할 수 없지만 인터넷을 통한 교회 개척은 현장에서 웹 에이전시 운영 등 비즈니스 선교 등을 병행해 자치적인 재정 구축을 가능하게 한다. 또한 인터넷을 통한 장기적인 교회 운영은 자원봉사 지도자를 배치하기에 용이하다. 웹 사역 구조상 전임이 아닌 웹상에서 어느 정도의 시간을 할애만 해도 운영이 되기 때문이다. 따라서 보다 많은 사람들이 역할을 분담하여 교육과 훈련을 통해 사역의 구도가 그려진다.

인도네시아와 기타 지역에서 웹 비즈니스를 병행하여 웹 멘토링을 한 무슬림권 웹 교회 개척 사례가 있다. 네비우스 정책을 자립, 자치, 자전의 정책으로, 단순히 외형적인 노력으로만 이해하는 것이 정당하지 못한 것처럼(목만수 2002:217) 인터넷을 통한 교회 개척도 더 나은 선교 방법만을 추구하고자 하는 시도로서가 아니라 영적 성장을 위한 열망임을 알아야 한다.

5. 선교적 교회와 인터넷 교회의 관계

　현 시대 전방개척 지역을 위한 적합한 교회 개척을 위해 염두에 두어야 할 원리 중 하나로 이동성을 들 수 있다. 예수께서는 복음을 받아들이지 말라고 한 곳에서는 떠나라고 하셨다(눅 9:5). 바울은 그의 사역 초창기 유대인들을 향해 복음을 전하다가 별다른 성과가 없음을 빠르게 깨닫고 이방을 향해 복음을 전하는 방식으로 전략을 전환하였다(행 9:20-31, 13:1-3). 박해를 피해 유대 땅을 떠나게 된 예루살렘 교회의 방향성은 어쩌면 이방을 위해 복음을 전하게 된 시대적인 사명, 하나님께서 원하시는 방향성이었을 것이다(행 8:1-3).

　고린도전서 9장 20-23절을 통해 바울은 "유대인들에게 내가 유대인과 같이 된 것은 유대인들을 얻고자 함이요, 율법 아래 있는 자들에게는 내가 율법 아래에 있지 아니하나 율법 아래에 있는 자 같이 된 것은 율법 아래에 있는 자들을 얻고자 함이요, 율법 없는 자에게는 내가 하나님께는 율법 없는 자가 아니요, 도리어 그리스도의 율법 아래에 있는 자이나 율법 없는 자와 같이 된 것은 율법 없는 자들을 얻고자 함이라. 약한 자들에게 내가 약한 자와 같이 된 것은 약한 자들을 얻고자 함이요, 내가 여러 사람에게 여러 모습이 된 것은 아무쪼록 몇 사람이라도 구원하고자 함이니"라고 말했다.

　바울은 한 지역, 한 교회에 머무르지 않고 지속적인 이동을 했고, 이동을 계획했다. 그는 이방인들에게나 유대인들에게 복음을 전할 때 일방적으로 자신의 주장만을 피력하고 돌아서는 방식의 선교를 채택하지 않았다. 또는 주입식 전도 방식도 사용하지 않았다. 그는 소위 적합한 선교 방식으로 각 영역과 계층의 사람들에게 움직이며 접근하여 수용성 있게 그들의 문화와 언어로 대화하였다. 현 시대 전방개척 선교지에서의 교회 개척은 환경적 불안정 요인으로 인해 건물 중심의 교회를 구축하기보다는 인터넷 교회의 이동적 환경을 활용하는 것이 큰 장점 중의 대표적인 한 예이다.

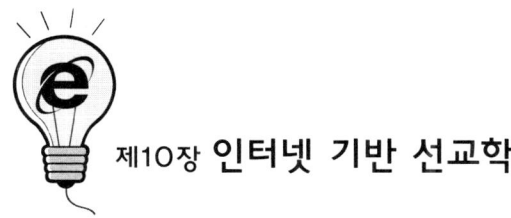
제10장 인터넷 기반 선교학

1. 현 시대 선교 전략 구조 조정

　빌 게이츠는 그의 저서 『미래로 가는 길』을 통해 정보 통신에 관하여 논하였고, 『생각의 속도』에서는 DNS(디지털 신경조직망)에 대해 소개하였다. 그는 앞으로 어떠한 일을 위한 결정과 그에 따른 행동의 속도가 인간이 생각하는 속도만큼 빨라질 것을 말하였다. 2010년 현재는 인간들도 디지털 사고가 필요한 때이다. 이 시대는 모더니즘 시대적으로 각종 결재 체계를 따르다 보면 중요한 일의 때를 놓치게 되는 속도전쟁 시대이다. 세상은 그렇게 빠른 속도로, 빛의 속도로 움직이는데 혹시 교회는, 선교계는 공룡처럼 둔하게 움직이고 있는 것이 아닌가? 세상이 빛의 속도로 움직인다면 교회와 선교계도 빛의 속도로 움직여야 한다. 그래야만 서로 간에 적합한 의사 소통이 가능하게 된다. 세상은 저만치 앞서 가서 이야기하는데 교회는 한참 뒤에 서서 외친다면 그 소리가 세상에 들릴리가 없다. 더불어 이 시대에 있어 연결성은 하나 혹은 둘 간의 연결이 아닌 각양각색의 다수 대중과의 연결이 조합된 네트워크로 이해된다. 따라서 어떠한 상황이나 현상을 이해하는 폭이 이전 세대에 비해 상당히 넓어졌다. 어떠한 사물을 표현할 때에도 이전에는 단순한 몇 가지의 의견만이 창출되지만 현재에는 보다 다양한, 또는 신 개념의 피드백(feed back)이 도출된다. 빌 게이츠는 『생각의 속도』를 통해 디지털 신경망 구축을 위한 핵심 원리를 말하고 있는데, 이에 몇 가지를 정리해 본다.

① **앞으로 의사 소통은 이메일로 한다.**

이메일을 통해 의사소통하게 되면 기록, 즉 데이터베이스가 남게 된다. 따라서 정확하고 신속한 의사 전달이 가능하여 업무 효율을 높이게 된다.

② **판매 관련 자료를 온라인상의 통계를 통해 분석한다.**

온라인상의 통계 자료는 비교적 정확한 분석을 가능하게 하고 정기적인 결과물로 미래를 준비할 수 있다.

③ **지식 근로자들이 고차원적인 사고를 할 수 있도록 배려한다.**

미래는 지식 근로자들의 세상이 된다. 아이디어 개발과 지식 기반 구축이 힘이 되며 이들을 장려하기 위해서는 창의적인 지원이 요구된다.

④ **디지털 도구를 각종 영역에 적극적으로 활용하여 효과를 증진시킨다.**

소프트웨어(softwear)의 개발 속도가 하드웨어(hardwear)의 개발 속도를 따라가지 못할 정도로 빠르게 진화하고 있다. 각종 디지털 도구의 첨단 기능을 자신의 것으로 만들어야 한다. 첨단기기는 얼리어답터(early adopter)

만의 전유물이 아니다.

⑤ 결재 체계 및 업무 커뮤니케이션 시스템을 위한 서류를 디지털(digital)화 한다.

유에스비, 외장저장장치(external hard disk) 등의 용량은 커지고 가격은 낮아지고 있다. 각종 서류 및 자료들을 디지털로 데이터베이스화한다.

⑥ 디지털 디바이스(digital divice)를 활용하여 단순한 작업을 위한 시간 낭비를 축소해야 한다.

정보전달 등의 단순한 업무는 전화를 통해서 일일이 하기보다는 이메일이나 웹 사이트를 통해 공지한다. 이를 위해서는 사용자 및 네트워커들이 정기적으로 이메일, 웹 사이트 게시판을 확인하는 훈련이 요구된다.

⑦ 디지털을 통한 피드백 통로를 구축한다.

웹 사이트를 통한 피드백은 앞으로 발전을 위한 소중한 통로이다.

⑧ 디지털 통신으로 비즈니스 구조를 온라인과 오프라인으로 나누어야 한다.

온라인으로 할 수 있는 영역이 있고 그렇지 않은 부분이 존재한다. 분명하게 역할과 영역을 구분하고 그에 따른 사역의 배치가 요구된다.

⑨ 업무 과정을 즉시체제(Just-in-Time)로 바꾸어야 한다.

결제 체계를 최대한 간소화하여 생각한 즉시 행동할 수 있도록 배려한다.

⑩ 디지털 도구로 고객들이 스스로 문제점을 해결해야 한다.

이 시대에 디지털 도구는 모든 사람이 소유할 수 있다. 따라서 모두가 보유한 디지털 도구를 통해 그 디바이스를 통한 양방향 커뮤니케이션 구조로, 보다 합리적으로 문제 해결 체계를 구축할 수 있다.

피터 드럭커(Peter Drucker)에 따르면 미래 기업의 기본적인 경제 활동의 원천과 생산 요소는 자본, 토지, 노동이 아니라 지식이며, 지식은 전통적인 생산 요소와 같은 또 하나의 자원이 아니라 오늘날 '유일하게 중요한 자원'이다. 새로운 지식은 새로운 사업을 등장시키고, 새로운 사업은 기업 경영에 혁명적인 변화를 요구한다. 세상은 이렇게 모더니즘 사고에서 포스트 모더니즘적인 디지털 시대에 접어든지 오래되었다.

그런데 교회나 선교 세계는 아직도 모더니즘적인 이해와 사고를 통해 움직인다. 이에 선교 구조 조정이 절실히 필요하다. 선교 전략 패러다임을 바꿀 수 있는, 이를 뒷받침할 수 있는 학문이 요구된다. 맥가브란은 선교 기지를 중심으로 움직이던 선교 형태에서 토착 교회를 세우고, 그 교회를 성장시키는 방향으로 선교 전략 구조를 조정해야 한다고 주장하고 실제로 현장에서 그렇게 시행하였다. 현장을 바라보자.

2. 인터넷 선교학의 과제

인터넷을 통한 파급효과가 큰 만큼 이에 대한 교회적, 선교적 이해는 전문화되어야 한다. 예를 들어서 연설을 잘하는 사람이라고 해서 교회 예배에서 설교를 잘한다는 법은 없다. 설교를 잘하기 위해서는 우선 삶이 바로 서야 하고, 영감을 받아야 하고, 깊은 통찰력과 성경에 대한 지식이 기반되어야 한다.

또 다른 예로 도장을 잘 판다고 해서 도장을 잘 파는 사람을 장인으로 부르지만 뛰어난 예술가로는 부르지는 않는다는 것이다. 도장을 파는 일과 판화 작업은 과정이 얼핏 보기에는 동일해 보이지만 기능적인 면과 감정 표현의 폭은 서로 다르기 때문이다. 어떤 일이 우위하고 열등하고의 문제가 아니라 기술만으로서의 인터넷은 교회적인 적용과 선교적인 이용에 문제가 될 수도 있다.

도구를 사용하는 데 있어서 사용 목적과 방향, 장소와 대상에 적합한 각종 어플리케이션이 필요하다. 따라서 인터넷을 기반으로 한 커뮤니케이션 기술에 대한 이해는 교계에서 여러 각도로 연구되어야 한다. 각 문화별로 웹 문화가 별도로 존재한다는 점, 인터넷 커뮤니케이션을 통한 감정 전달 방법, 색과 아이콘의 조합을 통한 영성 전달, 기존의 콘텐츠와 웹 기술의 적절한 조합 등이 시대의 흐름과 세상의 조류에 발맞추어 꾸준히 연구되어야 한다. 인터넷 선교학의 경우 특별히 목회학 과정에서 채택할 경우 교회 웹 사역을 위한 실제적이고 효과적인 정보들이 교육될 수 있다. 일반적으로 현재 교회 홈페이지나 사역 관련 웹 사이트들은 웹 에이전시에 의해 주도적으로 제작, 운영되고 있다.

그러나 이러한 부분을 기술자들에게만 의존할 것이 아니라 교회 내의 전문 전임 사역자들 또는 목회자들이 감당하게 한다면 현재보다 전문적인 운영 방식을 통하여 보다 많은 아이디어들이 창출되고 현재의 사역 효율을 뛰어넘는 아웃풋(out-put) 창출을 기대할 수 있다. 20년 전만 해도 음악목사라는 제도가 존재하지 않았고 찬양 신학교도 없었지만 현재는 그렇지 않다. 이와 마찬가지로 10년 후에는 인터넷선교신학교가 존재할 수도 있다. 필자가 설립한 I3M 인터넷선교아카데미(현재는 GLC 인터넷선교아카데미)는 이러한 비전을 가지고 설립되었다. 최근에는 윌리엄캐리국제대학 GLC Ph. D 학위 과정에서 웹 멘토링을 커뮤니케이션 분야의 한 과목으로 채택하였다.

이렇게 선교학과에서 필수적 학문이 될 수 있는 이유로는 인터넷을 통한 커뮤니케이션 방법이 일종의 글로벌 커뮤니케이션을 형성하게 하는 효과적이고 핵심적인 도구이기 때문이다. 선교 사역의 숙제는 적은 재정을 통해 큰 비중의 사역을 운영해야 하는 것이다. 이러한 기본적인 장애와 장벽들을 가지고 섬겨야 하는 선교 사역들의 경우에 웹 사역이 가진 장점으로는 교회로서의 운영과 BAM(Business as Mission)이 모두 가능하다는 것이다.

GLC 인터넷선교아카데미 웹 사이트(www.academy.withch.net)

3. 인터넷 기반 선교의 상황화 연구

인터넷 선교 적용 지역은 세계인터넷선교학회의 초대 회장이자 KAIST 테크노경영대학원 원장을 역임했던 이재규 교수의 이론대로라면 복음이 오프라인상에서 직접 전달되기 어려운 전방개척 선교 지역 중 인터넷이 개발된 선교 지역으로 규정된다. 이 규정은 약 10년 전의 것이다. 이때는 웹을 기반으로 사역하는 선교사들이 많지 않은 상황이었으므로 한시적으로는 맞는 의견이었다.

그러나 현재는 보다 많은 인터넷 선교사가 양육되어 폭넓은 지역을 대상으로 한 인터넷 선교가 이루어져야 한다. 인터넷 선교는 작은 그룹에서 큰 그룹으로 발전되는 모습이 아니라 큰 그룹에서 작은 그룹으로 이동하는 그림으로 개발되어야 한다. 즉 포털 사이트에서 개인 페이지로 이동하는 모델이다.

이제 현장에서 성공적인 인터넷 기반 선교 사역을 시행하기 위해서는 언어, 문화, 기술, 예술감각 등이 조합된 작품을 형성하고 전문적인 웹 멘토링 기술이 필요하다. 또한 현장에 적합하게 대응할 수 있는 인터넷 상황화에 대한 연구가 인터넷 선교학의 카테고리 내에서 연구되어야 한다. 선교학적으로 웹 상황화를 위해서는 교회 정치, 리더십 훈련, 예식, 웹 커뮤니케이션, 웹 제자양육, 웹 멘토링 등 여러 분야를 통한 적용점을 찾아야 한다. 인터넷 선교학을 일반 신학교의 정식 커리큘럼으로 채택시키기 위해서는 많은 과제가 남아 있다.

웹 상황화에 대해 이론과 기술적인 요소들을 어떻게 선교 단체 지도자들과 교단 지도자 그리고 학교 관계자들에게 이해시키는가 하는 과제가 있다. 수많은 리더십들이 필요성에 대한 인정은 하고 있지만 기존의 패러다임에 묶여 수용을 못하거나 자신이 모르는 분야이므로 소극적으로 대처 또는 채택을 보류한다.

두 번째로 인터넷 기반 선교 사역은 결코 이론만을 습득하여 진행할 수 있는 학문이 아니기 때문에 현장과 연결된 리서치와 실습의 과정을 충분히 거쳐야 할 것이다. 이에 대한 실습은 선교 훈련 중 현장 학습을 통해서 그리고 웹 공간을 통해서 할 수 있으므로 현실적으로 학업을 위한 현장을 구축하는 일은 어렵지 않다.

McQuilkin & McGavran(맥가브란 아카이브)

세 번째로 웹 세대차로 인해 발생하는 문제점을 고려해야 한다. 제 1세대 인터넷 상황화가 방향성을 잃을 경우 그 다음 후속 사역들이 균형을 잡지 못할 경우가 있다. 현재 기독교 내 인터넷 기반 선교와 목회에 대한 부정적인 이미지는 어쩌면 이러한 잘못된 요인에서 기인한 것이라고도 말할 수 있다.

네 번째, 인터넷 상황화 선교에서 영적인 능력과 영역 문제를 어떻게 다루어야 할 것인가에 대한 과제가 있다. 인터넷 사역은 영적인 사역이다.

영적인 부분과 첨단 기술을 통한 상황화 사역은 분리될 수 없는 영역이다. 크라프트 교수는 그의 저서 『왜 상황화가 잘 이루어지지 않는가?』에서 일반적으로 상황화가 잘 이루어지지 않는 것은 훈련이 부족하기 때문이라고 말하고 있다(이재완, 253). 인터넷을 기반으로 한 사역에서도 영적인 훈련과 성령의 인도하심을 의지하는 훈련을 통해 사역의 기반이 형성되어야 한다.

이러한 여러 가지 이슈들에 대해서 랄프 윈터 박사는 '미션 퍼스펙티브스'를 통해 "기독교라는 나무는 한 사회에서 길러서 자라게 한 후 새로운 문화적인 환경에 옮겨 심어서, 그 나무의 잎사귀와 가지와 그것을 전해 준 사회의 산물임을 뚜렷하게 나타내서는 안 된다. 복음은 씨를 심어서 받는 사람들의 문화적인 토양 내에서 싹을 틔우고, 그곳의 비와 영양분에 의해 길러져야 한다. 참된 복음의 씨에서 나오는 싹들은 땅 위쪽을 보면 그것을 전해 준 사회와 상당히 다른 것처럼 보일 수 있지만, 땅 밑 곧 세계관의 차원에서 보면 뿌리는 같으며 생명은 같은 근원에서 나온다."라는 말로 답을 하였다(Winter, Hawthorne: 1999).

4. 웹 기반 선교 우선 지역

2007년 이후 아프가니스탄은 한국인의 신분으로는 입국이 불가능하거나 들어가기 어려운 나라가 되었다. 특별히 아프가니스탄은 전쟁 이후 복구를 위한 노력이 많이 요구되며 이를 위해 정부 측은 전 세계 각국의 도움을 요청하고 있다. 그러나 수도인 '카불(Kabul)'에서만 이러한 추세를 보이고 있고 그 외의 지역은 각 부족의 자치 운영 형태를 보이며 분열 양상을 띠고 있다.

여기서 특별히 주목할 점은 탈레반 시절 아프간은 국가 내 모든 서양 문화적인 요소를 말살하여 전국의 도서들을 불태운 것은 물론 신문사, 방송국, 출판사를 폐쇄하였다는 것이다. 아프간은 현재 자라나는 학생들을 가르치고 정보를 전달할 수 있는 매체가 절실히 필요한 상황이다. 아프간 정부가 전쟁 이후 복구 사례를 조사한 결과 독일, 일본, 베트남보다 한국의 전후 상황이 자국과 동일하다고 판단, 한국형 전후 복구 체재를 도입하고자 여러 가지 노력을 시도하는 중이다. 이에 한국의 새마을 운동과 같은 시스템들이 실효를 거두기를 기대한다.

아프간은 특별히 교육의 부재, 교수의 부재를 대체할 지원 방법을 필요로 하는데 이에 웹 멘토링 시스템이 적합하리라고 믿는다. 본 시스템을 통해 원격으로 학생들을 지도할 수 있고 이를 통해 개인 생활의 수준을 향상시키며 산업 발전에 기여할 수 있다는 결론에 이른다. 따라서 아프가니스탄과 같은 지역에서 가장 최선적으로 요구되는 학문이 의학일 수 있지만 의학, 경영, 기술 등을 교육할 수 있는 기반이 되는 커뮤니케이션 학과의 설치를 제안하고 이를 위한 기술 지원 및 시스템 개발을 위해 고려해야 한다.

제11장 선교 현장에서 인터넷 선교 사례

1. 초기 인터넷&컴퓨터 선교 사역

초기 인터넷 사역의 역사는 1980년대로 거슬러 올라간다. 필리핀 민다나오에서 장기간 선교 사역을 감당했던 H 선교사의 경우가 좋은 예가 된다. H 선교사의 경우 컴퓨터 하드웨어나 프로그램 등을 다루는 공학 분야의 전문가가 아니었음에도 컴퓨터에 대한 관심과 데이터베이스 구축에 대한 이해도가 높아 일찍부터 컴퓨터 사용법을 숙지하고 자료들을 데이터베이스화하는 데 노력해 왔다.

그러던 중 필리핀 민다나오 지역에 선교 사역의 기반을 형성하게 되었고, 이때 중점적으로 H 선교사가 선택하게 된 선교 도구에 관심이 많았다. 그것은 바로 당시에 한국과 동남아시아 지역에 붐이 일기 시작하던 PC방 운영 사역이었는데 민다나오 지역에서 운영하던 PC방은 폭발적인 반응을 보여 하루 평균 오백 명 이상의 사용자들이 H 선교사가 운영하던 PC방을 사용했던 것으로 회고한다.

그러나 시간이 지나면서 빠른 속도로 교체되어 가는 하드웨어와 소프트웨어, 그리고 당시에는 값비쌌던 인터넷 전용선 설치 등의 문제들에 부딪쳐 결국 운영 타산이 맞지 않아 PC방 사역을 지속할 수 없었다. 실제로 인터넷과 관련된 선교 사역을 하는 데 비전이 있었고 여력만 된다면 지속하고 싶었지만 여러 가지 문제, 더불어 몇 차례의 PC방 기기 도난 사건 등으로 결국 새로운 사역 방향을 모색할 수밖에 없었다.

그러나 당시의 PC방 사역이 상처와 상실감만을 안겨 준 것만은 아니었다. 최근 H 선교사가 민다나오를 방문했을 때 PC방 사역을 하면서 양육했던 현지인 제자가 전도사가 되어 150명이 모이는 현지 교회를 맡아 담임을 하고 있는 모습을 보고는 사역을 하던 현장에서는 느껴보지 못했던 기쁨과 감격을 맛보았다고 하였다.

또한 V 지역의 O 선교사의 경우 선교지가 개방된 후 컴퓨터가 제대로 보급되지도 않은 시점에서, 지역 언어로 제작된 포털 사이트를 설립·운영하고 있다. 아직까지 재정적 어려움을 가지고는 있지만 현재까지 수많은 회원을 확보하고 그 지역에서 충실하게 네트워크를 형성해 놓은 결과 긍정적인 미래를 기대할 수 있게 되었다.

많은 선교사들이 인터넷 선교를 위한 기본적인 지식과 교육을 받지 못한 가운데 흔히 붐(boom)을 형성한다는 말만을 듣고 선교를 위한 도구로 선택하고 있다. 이전의 컴퓨터 선교, 현재의 인터넷 선교가 그러한 맥락에서 이해되는데, 문제는 좋은 도구라 할지라도 잘 다루지 못한다면 효과를 거둘 수 없다는 데 있다. 현장에서 인터넷 선교 사역이 잘 되지 않았다고 할 때 그 도구를 다룬 선교사의 능력에 문제가 있을 수 있기 때문에 이 사역을 총체적으로 부정적인 결론으로 평가할 수는 없다.

하나님께서는 인간들이 부족하게 이끌어 온 사역에 기름 부으시어 결국에는 아름다운 꽃을 만개하게 하시고 준비된 자들을 통해 열매를 맺게 하신다. 선교 사역은 소명을 받은 헌신된 전문가들을 통해 이루어진다. 이 말은 선교를 위한 자원 봉사자는 필요가 없다는 말이 아니라 자원 봉사자들만의 사역에는 한계가 있다는 말이다. 훈련되고 소명이 분명한 인터넷 선교 전문가들이 앞에서 끌 때 전방개척지를 위한 인터넷 선교 사역이 온전히 섬겨진다.

2. 웹 방송국

필리핀의 마카티 지역에서는 현재 KCN(Korean Christian Network)이라는 이름의 인터넷 방송국이 구축되어 인터넷 선교의 지평을 넓히고 미래적 모델을 제시하고 있다. KCN은 원래 소수의 선교사들을 중심으로 한 공중파 방송 사역을 중심으로 태동되었다. 그러나 공중파 방송을 위한 임대료 인상 등과 같은 재정적 문제와 원하는 방송 채널의 시간대 선정이 용이치 않았던 여러 가지 어려움들이 인터넷 방송 시스템을 선택하게 하고 발전시키게 한 동기가 되었다.

본 사역의 장점을 살펴보면 아래와 같다.

첫 번째로 인터넷은 특별히 방송 송신을 위한 채널 임대료를 지불하지 않아도 되는 장점이 있다. 따라서 경제적인 운영을 가능하게 한다.

두 번째로는 임대 시간에만 방송을 내보내는 것이 아닌 1년 365일 내내 서버에 방송을 올려 놓으면 청취자들이 방송을 선택하여 들을 수 있다는 장점이 있다.

세 번째로는 공중파 방송과 마찬가지로 실시간 방송이 가능하다는 점이 있다. 스트리밍 서비스를 위한 웹 기술은 시간이 흐를수록 발전하고 있다.

네 번째로는 청취자들에게 일방적으로 들려만 주는 방송이 아닌 웹페이지를 통해 양방향 커뮤니케이션을 가능하게 한다는 점이다.

다섯 번째로는 KCN 방송국 사역에 참여하는 방송 동역자들, 선교사들이 여러 지역에 흩어져 있다 하더라도 각자의 방송 분을 스스로 녹음하여 웹에 올려 놓는 방법으로 사역을 유지할 수 있다는 장점이 있다.

끝으로 유튜브(U-Tube) 등에 소개가 될 경우 전 세계적인 청취자를 확보할 수 있다는 장점들을 근거로 하여 필리핀에서 사역 중인 선교사들이 연합하여 사역을 시작하게 되었다.

구체적인 태동은 지난 2008년 7월 KCN 방송국 개국을 선포하고 마카티 소재 새생명교회의 정기환 목사와 ECI 어학원(원장 주진우)이 주축이 되어 선교사 네트워크, 고품질의 하드웨어 시스템 그리고 기도와 연합이 중심이 되어 기초를 쌓았다.

같은 해 10월에는 I3M의 필자를 초빙하여 인터넷 방송국 구축을 위한 노하우를 전수받고 타 사이트와 전략적 합병, 웹 네트워크 구축 및 콘텐츠 개발을 위한 아이디어들을 나누었다. 현재는 교민들에게 포괄적인 도움을 주는 여러 가지 다양한 한국어 방송 프로그램을 구축하여 방송국을 운영 중이지만 앞으로는 필리핀 현지 언어인 따갈로그 방송을 마련하여 현지인 전도에 전력을 다할 예정이다.

이를 위해 민다나오 다바오에서 사역 중인 H 선교사를 중심으로 현지 무슬림들을 위한 사역을 구축하고 현지인들을 훈련하여 현지인 자체적으로 운영되는 방송국이 되고자 기도하고 있다. H 선교사는 이미 미디어 사역을 훈련을 받은 전문가로서 비록 오지에서 어렵게 사역을 섬기지만 현지인들에게 접근할 수 있는 좋은 도구인 인터넷 선교 사역을 통해 접촉점을 만들고 이를 통한 지역 부흥을 꿈꾸고 있다.

필리핀 마카티의 KCN이 주목을 받는 이유는 필리핀을 시작으로 인도네시아, 말레이시아, 싱가포르, 태국, 베트남, 캄보디아 등 동남아시아 지역 인터넷 방송 선교 사역을 위한 네트워크 구축의 가능성을 보여 주었기 때문이다. 필리핀 지역의 경우 영어 사용권이고 종교의 자유가 있으며 인터넷 시스템 보급이 잘되어 있는 상태이다.

필리핀을 중심으로 이러한 선교적 인터넷 방송 리소스가 제작되어 보급되는 좋은 사례가 만들어진다면 동남아시아 타 지역의 인터넷 방송 선교의 포문이 보다 쉽게 열릴 수 있다. 말레이시아 등 여러 지역에서도 이와 같은 시도가 있었던 것은 사실이나 현실적으로 구축되지는 않았고 실제로 시행을 하게 된 것은 KCN이 처음이다. 처음이기 때문에 시행착오를 거듭할 수 있겠지만 그러한 경험이 자료가 되어 미래를 위한 디딤돌이 될 것이다.

현재 KCN은 현지인 전문 웹 선교 방송 사역자 발굴을 염두에 두고 그들을 위한 훈련 시스템도 병행하여 구축하고 있는데 현지인 사역자들이 돕는 자의 개념으로 저임금에 남용되는 대상으로서가 아니라 존중되고 실제 KCN의 주인으로서 세워지고 주도해 나가는 역할을 감당하게 되기를 기도하고 바란다. 또한 방송이 가지고 있는 교육 정보 전달 영역을 더욱 관심 있게 바라보고 잘 개발하여 양질의 교육 콘텐츠가 더욱 많이 제작되고 보급되기를 기대해 본다.

3. 인도네시아 사례

인도네시아 자카르타의 K 교수는 지난 10여 년간 대학생 선교를 섬겨

오면서 자신의 전공인 컴퓨터 공학의 장점을 살려 인터넷을 통한 웹 멘토링을 시행해 왔다. K 교수는 인터넷상에 인도네시아 청년들이 관심 있어 하는 주제들을 업데이트하고 카테고리를 확장해 왔으며 도시 선교의 특성을 살려 웹을 통해 네트워크를 형성하는 데 주력했다.

인도네시아는 동남아시아 다른 지역에 비해서 인터넷 보급률이 낮은 편이지만 사용 빈도는 높은 편이다. 무슬림 국가로서 종교의 자유는 주어져 있지만 공공장소에서 포교행위는 엄격하게 금지되어 있다. 인도네시아의 크리스천들은 사회적으로 불이익을 당할 수 있음으로 이러한 웹을 통한 멘토링과 전도 활동은 긍정적으로 평가되고 있다. 또한 다수의 인도네시아 신학생들이 인도네시아에서의 선교 사역으로 인터넷을 통한 선교 사역 교회 개척에 많은 관심을 가지고 있다. 이러한 미래적 관심을 가지고 인도네시아 기독교인들을 대상으로 한 또는 무슬림이지만 기독교에 관심이 있는 이들을 대상으로 한 웹 멘토링 시스템을 현재에도 가동하고 있다.

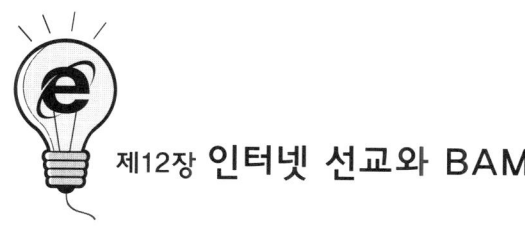
제12장 **인터넷 선교와 BAM**

1. 재정 대신 다른 것

바울은 그의 삶이나 선교 사역을 위해 재정적인 도움을 타인으로부터 거의 받지 않았다. 그의 서신을 살펴보면 그는 자신과 자신의 동료들의 의식주 문제를 위해 스스로 일을 한 것으로 보인다. 바울과 바나바는 그들의 첫 번째 선교 여행에서 아무런 도움을 받지 않았고(고전 9:6, 18), 두 번째 여행에서는 빌립보와 데살로니가, 고린도에서 일을 한 기록이 있으며, 세 번째 여행에서는 에베소와 로마에서도 일을 한 흔적을 보인다(행 18:3, 20:34, 28:30, 고전 4:12, 살전 2:9).

바울은 이렇게 생산적인 삶의 자세를 선교 현지에서 보여 주었고 이러한 태도는 현지인들에게도 굉장히 긍정적으로 평가된 것으로 보인다. 따라서 선교사의 재정적인 자립은 많은 장점을 가져다 준다. 선교 사역을 통해 지원을 받을 것이 있다면 재정보다 사람이라고 본다. 특별히 인터넷 비즈니스를 통한 자립은 선교사에게 사역을 위한 보다 많은 채널들을 제공한다.

애초에 J. C. 페니(미국의 유명 백화점)가 설립된 것은 사업 선교의 기초를 마련하기 위함이었다. 독실한 기독교인이었던 페니는 사람들에게 필요한 것을 최저가로 제공하기를 원했다. 네브라스카 주의 어머니들은 아이들이 새 학기에 필요한 물품 목록을 들고 와도 J. C. 페니에서 쓸데없는 물건을 강매할 것이란 의심을 할 필요가 없었다. 기독교 정신이 기반이 된 정직한 상도를 통한 성공을 거둔 사례이다.

동방견문록으로 유명한 마테오리치(Matteo Ricci)는 시계와 지도를 만들어 판매함으로 선교 사역을 하는 동안의 생활비를 스스로 마련하였고 베이징에서는 하프시코드 레슨을 하였다. 또한 일본 예수회는 중국과 비단을 거래하여 차액을 분배받았고 윌리엄 캐리는 농장의 관리인으로 캘거타대학의 강의 수입으로 성경 번역 사역을 지속적으로 감당할 수 있었다(그리피스 2006:103).

이렇게 노력하는 자세와 투명한 비즈니스를 통해 선교 사역의 명맥이 이루어진 것이다. 더불어 마이클 프로스트(Michael Frost)와 앨런 허쉬(Alan Hirsh)는 '우물과 목책'의 비유를 통해서 양을 관리할 때 목책을 사용하여 양들을 가두려고 하는 것보다 우물을 파 두어 양들이 물을 마시러 돌아오도록 하는 관리 방법을 제안하며 영혼 관리에 대한 우리들의 편협함과 강제적인 방법들에 대하여 생각할 수 있는 근거를 제공하였다. 이렇듯 자비량 비즈니스 사역은 자신에게 도움이 되기도 하지만 선교지에서 현지인들에게 도움이 되며 선교사와의 자발적인 소통의 기반을 제시하는 역할을 하기도 한다.

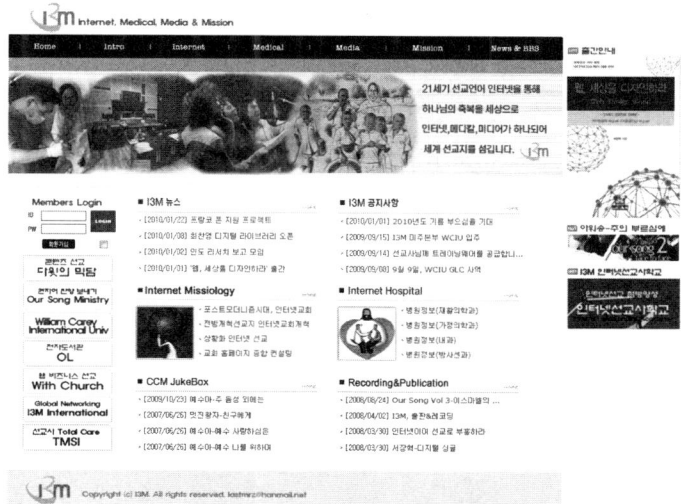

I3M 웹 사이트(www.i3m.or.kr)

2. 구조적 모델

　　인터넷 선교와 웹 비즈니스의 구조처인 모델로 I3M(Internet, Medical, Media and Mission)과 위드처치(With Church)의 사례를 소개할 수 있는데, 이를 통해 선교 사역과 비즈니스 사이의 상관관계와 긍정적인 요인을 발견할 수 있다. 비즈니스 선교 초창기에는 구조상 비즈니스와 선교가 분리되어 시행될 수밖에 없다. 선교로서의 비즈니스는 마인드(mind) 문제이지 분리와 비분리의 문제가 아니다. I3M의 경우 위드처치라는 웹 에이전시와 병행해서 운영되고 있는데 I3M은 각종 인터넷 기반 선교 사역을 감당하고 있고 위드처치는 기업으로 운영되고 있다. Business and Mission과 Business as Mission의 중간 개념이라 할 수 있다.

I3M의 기술 부분은 위드처치가 지원하고 있으며, 위드처치의 회사 운영 정신은 I3M을 통해 제공받는다. 또한 '아이 플러스 위드(I+With: '나'가 '함께'와 합쳐져 '모두'가 된다는 뜻)'라는 이름으로 두 개의 독립 단체가 병합되어 운영되거나 공동의 프로젝트를 진행하는 경우도 있다. 비즈니스 안정이 선교 단체의 안정을 제공한다.

어린이들이 좋아하는 '파워 레인저(Power Ranger)'처럼 별도로 분리되어 기능을 발휘하다가 합체하여 더 큰 시너지를 발생하는 구도가 된다. I3M의 경우 많은 영역의 인터넷 기반 사역을 선교지를 대상으로 지원하고 대신 선교지의 발전을 추구한다. 비용보다는 돈으로 환산될 수 없는 더 큰 것, 바로 생명을 구하는 일을 위해 투자하는 개념과 원리이다. 위드처치는 또 다른 브랜치로 기독교 정신을 가지고 사업체로서 운영된다.

현장에서 신용 있는 비즈니스를 지속하려면 성경적인 비즈니스 마인드, 청지기적인 자세가 중요하다. IBM 초기의 모든 영업사원들은 고객에게 필요한 양 이상으로 제품이나 서비스를 판매하면 오히려 해고를 당했다. 그 결과, IBM 영업사원들의 제안과 지식을 신뢰하는 고객들은 더 이상 입찰가를 낮추는 행동을 하지 않았다. 대신 아무리 높은 직책의 중역이라도 긴밀한 고객 관계를 유지하기 위해 한 달에 한 번은 외부로 나가서 영업을 해야 했다. IBM은 섬기는 자세를 통해 성장한 대표적인 기업의 사례이다. 이렇게 성실한 자세로 기업을 운영할 때 어려움은 없을 것이다. 욕심 부리지 않고 지혜롭게 운영한다면 크리스천의 선교적인 마인드로 운영하는 비즈니스만큼 진솔하게 대가를 지불받는 일도 드물 것이다.

3. 전방개척 선교 현장의 IT 비즈니스 선교

1) BAM 탄생의 의의

급격하게 변화되는 세계 정세에 발맞추어 선교를 위한 방법과 그 패러다임도 빠르게 변화되고 있다. 이 시대에 있어서 선교는 단순하게 정보로서의 복음을 전달하는 개념이나, 선배들로부터 물려받은 일정한 규칙이나 시스템, 단체의 매뉴얼 또는 일정 기간의 훈련 프로그램만으로 효과적으로 전개 및 운영이 되는 것이 아니라 여러 분야와 학문이 총망라되어 산출된 방법이 전략으로 동원되어야 하는 복잡함이 요구된다. 그리고 어떤 하나의 이론이 모든 지역에 적용될 수 없다는 어려움이 있다.

선교 단체는 이에 발맞추어 각 지역에 맞는 체계적이고 구체적인 방법과 전략을 활발하게 수립해야 한다. 별도의 연구기관을 설치하여 각 나라별 상황과 현장을 리서치하고 현 시대, 그 장소를 위한 가장 적절한 접근 전략을 세워 각지의 파송 선교사들에게 제공하고자 노력해야 한다. 전방개척지를 위한 선교 방법의 새로운 패러다임으로 NGO 선교, 비즈니스 선교, 인터넷 선교, 학원 선교 등이 주목되고 있다.

2) 선교사 파송 추세

《월드 크리스천 트렌드》의 자료에 따르면 2008년 기준 전 세계에 파송된 정식 선교사 수는 총 43만 4천 명으로 집계된다. 또한 단기 선교사로 각지에서 사역을 하는 기독교인의 수는 40만 명에 이른다. 파송 단체는 총 4,150개이고 전 세계 전체 기독교의 헌금 집계 3천 2백억 달러의 약 6%만이 선교에 사용된다고 발표했다. 구체적으로 산출된, 세계 선교를 위해 사용되는 180억 달러의 예산 중에서도 150억은 이미 복음이 전파된 기독교 국가에 지원되고 있는 것이 현실이다. 이미 복음화된 지역에서 사역하고 있는 선교사의 수 또한 31만 7천 명에 이른다.

집계를 통해서 볼 때 아직도 선교가 전방개척 선교지를 위해 지원되기보다는 이미 복음이 전파된 지역에 집중되어 있음을 알 수 있다. 결론적으로 활발히 진행되고 있는 선교 지역 재배치에 대한 제안이 결코 이른 이슈가 아님을 알 수 있다.

전체 선교비 중 나머지 21억 달러가 비기독교 국가에서 복음을 전파하는 데 사용이 되고 있다. 또한 비기독교 국가 지역에서 사역하는 선교사 수는 10만 6천 5백 명에 이른다. 마지막으로 선교사 1만 5천명이 미복음화된 국가, 즉 최전방 개척지에서 사역 중이며 전체 예산 중 3억 달러만이 이 지역을 위해서 지출이 되고 있다.

선교사 1만 5천명이 전세계 인구의 33%에 달하는 미전도 종족, 그리고 복음을 극렬히 거부하는 민족과 나라를 위해 헌신하고 있는 것이 사실이다. 이것은 헌금과 자원의 불합리한 배분구조를 입증하는 통계이다. 실제로 각 선교 현장의 보고에 따르면 교회나 신학교를 세우는 등의 전통적 선교 방식은 전방개척 선교지에서 배척당하고 있다. 이러한 시점에서 가능성을 두고 활발히 발전되고 있는 것이 비즈니스를 통한 선교 또는 비즈니스와 함께 하는 전방개척 선교 전략이다.

3) 현황

2008년 선교지 리서치에 따르면 비즈니스를 통한 선교는 전문 선교단체 이외에도 대부분의 전방개척 선교 단체들이 필요에 의해서 표방하고 있는 것이 현실이다. 여기서 비즈니스 선교의 몇 가지 방향을 살펴본다.

4. 비즈니스 선교의 유형

1) Business for Mission

　IT 비즈니스 선교는 몇 가지 형태를 가지고 상업 활동을 통한 문화적 선교 명령을 수행하고 있다. 비즈니스 선교의 첫 번째 형태는, '선교를 위한 사업(Business for Mission)', 즉 선교를 위해서 비즈니스를 하는 방안이다.

　전방개척 선교지는 거주에 있어서 명확한 신분을 요구하는데 이러한 상황에서 불이익 또는 거주를 거부당하는 기독교 목회자의 신분을 위장 또는 대체하기 위한 수단으로 비즈니스인으로서의 신분이 이용되고 있다. 아무래도 헌신도가 높은 목회자 선교사가 많은 현 실정에서 이러한 방법을 통해 교수로서의 신분, 사업가로서의 신분을 가지고 선교 현장에서 공식적으로 머물며 활동을 할 수 있는 입장을 취하게는 되지만 전문성의 결여로 공식적 활동의 한계를 갖게 된다.

　이것은 선교를 위해 비즈니스를 운영하는 것으로 비즈니스 따로 선교 사역 따로의 개념으로 이해하는 개념이다. 현장의 많은 선교사들이 신분 위장용으로 업체 대표의 직함을 가지고 사역을 하며 사업 실적은 전혀 내지 못하고 가정예배에만 관심 있는 경우이다. 현지인들은 이러한 선교사들의 전문적이지 못한 자세에 실망감을 갖게 되기도 한다. 비즈니스가 이러한 모습으로 사용될 때에 반감이 일거나 실망감을 초래하게 되고, 재정적 적자가 누적되게 되면 실패로 마감하게 된다.

다수의 비즈니스 선교 사역이 이러한 개념으로 인해 좋은 사례를 만들지 못하고 있다고 본다. 선교사가 이러한 오류를 범치 않기 위해서는 신학과, 선교학 이외에 비즈니스를 위한 전문적인 교육을 받고 전문성을 보유하려고 노력하는 자세가 중요하다. 또한 신학 교육에서도 적절한 경제학 이론이 필요하다.

일반적으로 모덜리티로서 교회의 역할이 선교비를 마련해 선교지에 보내는 역할을 하는 것으로 여겨지기도 한다. 성도들은 선교에 참여하지는 않지만 선교비를 보냄으로써 선교에 참여한다고 생각하는 것이다. A국에서 활동을 하고 있는 목회자 출신 선교사의 경우 사역지에서의 공식적인 신분을 위해 그리고 선교지 영혼들과의 접촉점을 찾고자 현지 파송 후 지역 시장에서 가축을 판매하는 직업을 통해 사업장을 확장시켰지만 전문 지식 결여 및 노하우의 부족으로 실패했다. 그 후 또 다른 업종을 선택해서 많은 자본을 들여 사업장의 외형적인 규모는 갖추었지만 전문성의 결여로 한국 또는 외부로부터 전문 디자이너 등을 지원받아야 실제적으로 운영이 될 수밖에 없는 사업적 구조로 어려움을 겪고 있다. 따라서 이런 경우는 손실을 겪으면서 사업장을 유지하는 방법밖에는 없다. 기독교 원리로 손해를 감수하고라도 영혼들을 섬기는 것은 옳은 일이지만 무조건 대책 없이 퍼 주는 형식, 손해를 보는 형태로서의 비즈니스는 올바르지 않다. 충실한 서비스를 제공하고 그에 합당한 이윤을 남기는 것은 죄가 아니다.

이러한 이해 속에서 부실하게 창출된 사업장의 산출물들이 지역 주민들에게는 특이한 것이 못 되고 한국 커뮤니티에서 판매되기에는 결과물들의 수준이 떨어진다는 이해관계로 한 번 정도는 팔아 줄 수 있지만 지속적으로는 어렵다는 답을 받아 결국 비즈니스 운영이 더 어려워졌다. 현장에서도 본국에서도 외면받는 비즈니스가 된 것이다.

투명한 비즈니스는 선교라는 명분을 내세워 호소에 의해 지속되기보다는 보다 성경적인 상업 논리 가운데 실제로 소비자를 충족시킬 수 있는 납득할만한 서비스 방향성을 보여 주어야 한다. 이러한 상황에서 '눈 가리고 아웅' 식으로 선교사가 사역지에서 거주하기 위한 수단으로 비즈니스를 선택한 점이 오히려 비즈니스 선교의 효과적인 역할을 축소시킨다는 우려의 목소리도 있고, 이러한 단편적, 한시적 시각으로 인해 실제로 발전될 수 있는 비즈니스 선교가 공격 또는 오해를 받고 있다는 의견도 있다.

2) Business and Mission

비즈니스 선교의 두 번째 방향성으로 비즈니스와 선교를 병행하는 '사업과 선교(Business and Mission)'로서의 방법이 있다. 이것은 첫 번째 방법이 주로 비즈니스를 실제적 사역으로 하기보다는 신분을 입증하기 위한 수단으로 이용하는 것이라면, 두 번째 방법은 두 마리의 토끼를 잡는 방법이라고 할 수 있다.

이 방법은 선교는 선교대로 현지 상황을 이해하면서 펼쳐 가고 비즈니스는 비즈니스대로 진행하는 것이다. 비즈니스를 통해 선교 사역의 재정적 입지를 구축하는 등의 실속 있는 사역 형태를 유지하는 것을 뜻한다. 그러나 이것이 사업은 사업대로 선교는 선교대로 병행하는 일종의 이원론적인 사역의 구조를 뜻한다.

어떤 면에서는 사역을 위한 예산을 마련하였던 바울의 자비량 사역의 모델과 흡사하다고도 할 수 있다. 물론 두 가지 방향을 성공적으로 섬길 수도 있고 반대로 모두 어려워질 수도 있다. 성공적으로 이끌어 간다면 좋겠지만 현실적으로 한 가지 사역도 힘든 현지의 상황에서 두 가지를 병행하여 성공적으로 섬긴다는 것은 이상적이지만 현실적으로 불가능할 수도 있다.

보통 비즈니스는 비즈니스대로 사역은 사역대로 진행한다는 철학이 일반적인데 이렇게 병행할 수밖에 없게 만드는 한국 교계의 이해 또한 약점으로 지적될 수 있다. 풀러신학교의 임윤택 교수는 선교 단체를 파라처치(para-church)로 부르는 것을 거부한다. 선교 단체는 교회이다. 교회를 세우고 예배하는 사역은 사역으로 인정하지만 비즈니스는 사역으로 인정하지 않는 시각을 바꿔야 한다.

첫 번째 방법이 주로 목회자 출신의 선교사들이 선택하는 경우로 실제로 비즈니스의 경험과 연륜 및 이해가 없는 가운데 선택한 최선의 방법이라고 생각한다. 두 번째 방법은 목사 출신의 선교사가 아닌 일반 전공을 교육받고 사회 생활의 경험이 있는 선교사의 경우에 속한다고 보며 실제 사례를 통해 성공적인 비즈니스 케이스를 속속 발견할 수 있다.

3) Business as Mission

끝으로 '선교로서 사업(Business as Mission)', 즉 별도의 선교 사역을 비즈니스에 도입하는 모델이 아니라 선교 자체로서 비즈니스를 이해하고 비즈니스 자체로 선교하고 사역하는 모델이다.

이는 사역의 중심을 참으로 지혜롭게 구축하고 만들어 가야 하는 과제가 있다. 확고한 사업 철학이 성립되어 있지 않으면 세상의 비즈니스 방법과 그 치열한 틈에 섞여 정체성을 잃어버릴 수 있다. 성공과 이윤을 위해서만 달려가는 현실 속에서, 더더군다나 경제적으로 급박한 상황 가운데 영육 간의 전투가 치열한 선교 현장의 비즈니스는 그 자체만으로 최악의 상황이 될 수 있다. 현재 IT 비즈니스는 선교적 사업으로 전방개척 선교지를 위한 가능성으로 대두되고 있다.

기독 실업인의 이름으로 현장과 연계하여 비즈니스를 만들고 네트워크를 하던 어느 업체의 대표는 현재까지 많은 빚을 내어 사업 투자를 하고 있지만 회수는 되지 않고 명맥만을 유지하고 있다고 어려움을 토로했다. 그러나 그러한 어려움이 있음에도 비즈니스 자체를 사역으로 이해하는 한 사람의 신앙인으로서 생활하고 호흡하며, 그들과 동화되어 복음을 전하는 것은 장기적으로 볼 때 좋은 모델이라 할 수 있다. 비즈니스는 단순하게 거주를 위한 수단 또는 생계를 위한 수단이 아니라 복음적 사역이고 그 자체가 교회적 사역, 선교적 사역이다. Business for Mission 또는 Business and Mission의 개념으로 사역하면서 Business as Mission의 개념으로 사역하는 것으로 착각하는 일은 없어야 한다. 어느 현장 선교사의 경우 현지인 도우미를 고용하는 것이 선교적인 일이라고 믿는 경우가 있다. "도우미를 통해 선교사가 겸손하게 도움을 받으며, 또 도우미에게 필요한 재정 지원을 하고 차차 복음을 전할 수 있으니 얼마가 좋은 일인가"라고 했다. 그러나 그 도우미들에게 점차적으로 복음을 전한다 할지라도 주인과 하인으로 형성된 관계로 인해 자신과 예수님과의 관계 또한 투영하게 된다. 선교사들은 현장에서 비즈니스에만 전념하고 싶어도 후원 교회의 눈치를 보느라 사업과 교회, 두 토끼를 잡으려고 애쓰는 경우가 있다. 건강한 BAM의 확산을 위해 후방의 이해가 먼저 선행되어야 한다. 선교사들이 사업만을 하여도 지적하지 말고 비즈니스 자체를 선교 사역으로 이해해야 한다.

5. IT 교육 사업을 통한 사례

이러한 상황 가운데 A국을 대상으로 전문성(professionalism)을 통해 전개된 사역 중 대학교 운영 또는 교육 사업을 통한 사역이 성공적으로 평가되고 있다. 각처에서 진행 중인 이러한 대학 설립 사업 중 우리가 잘 아는 몇 가지 사례는 성령의 아홉 가지의 열매를 얻는 것을 목표로 하여 국가적으로도 큰 관심과 지원을 받아 진행되었다. 현재 훌륭한 학교 시스템을 통해 역사를 만들어 가고 있으며 제2의 거점 지역을 마련하여 사역을 보다 폭넓게 진행하고 있다.

1) IT 교수 선교사

기독교 정신과 철학을 가지고 있지만 표면적으로는 IT 교수 요원들로 드러나지 않는 선교사로서 사역을 섬기고 감당한다. 그들에게 있어서 삶 자체가 선교이고, 학생들에게 그리스도인으로서의 자신의 삶을 보여 줌으로 강제적인 개종을 강요하는 것이 아닌 자발적인 전도를 이끌어 낸다고 할 수 있다. 그들의 아픔에 같이 울고, 손을 잡아 줌으로, 또한 자신들의 강의와 졸업생들을 위한 방향, 진로를 제시함에 있어서 충실함으로 본연의 사역을 감당하는 것이다. 제자들에게 필요한 인생의 모델을 자신들의 삶을 통해 제시하는 것이다.

이것은 결코 이원론적인 이해로는 불가능한 사역 모델이다. 아직도 무슬림 지역에서는 한인 교회를 섬기며 이러한 삶을 통해 사역하는 것이 아닌 몇 달에 한 번 불러 모아 사역비를 제공함으로 선교 사역을 유지하는 방식의 선교가 진행된다. 새로운 패러다임은 이전 방법과는 다른 적극적이고 긍정적인 방법이라고 할 수 있다. 단순하게 금전을 직접 제공하는 것이 아닌 사랑, 복음 그리고 경건한 그리스도인으로 선교지의 영혼들에게 유용한 지식과 기술을 제공함으로 사역의 완성도를 높이는 것이다.

2) 팀워크

이러한 사역은 팀워크(team-work)를 통해서 보다 효과적인 결과를 창출할 수 있다. 비즈니스 사역이 어떠한 입장에서 볼 때 "자본과 기술을 가진 소수의 사역자만이 가능한 것이 아닌가?"라는 의문을 가질 수 있다. 막강한 지원이 없으면 불가능한 것으로 보일 수도 있다. 하지만 현지의 IT 비즈니스를 한 사람만의 능력으로 이끈다면 소규모에 그칠 수밖에 없지만 네트워크를 형성하고 한국의 동역자들과 연계하여 진행한다면 보다 조직적인 사업장 규모를 형성 유지할 수 있다. 따라서 IT 비즈니스 선교의 성공을 위한 핵심은 어떤 네트워크를 보유하고 있고 유지할 수 있는가이다. 내가 할 수 없는 일은 다른 사람에게 요청하는 것이다. 이것은 제시하는 이와 네트워크를 맺고자 하는 이 사이의 신뢰가 형성되어 있고 서로가 투명한 이해와 방향성을 가지고 있어야 한다.

3) 적절한 노력

더불어 동남아시아 지역을 중심으로 한국의 문화를 선호하는 소위 한류열풍이 불고 있다. 이것은 선교를 위해 굉장히 긍정적인 상황으로 선교사들은 이제 자신이 관심이 없건 있건 간에, 개인적 의향과는 상관없이 의도적으로 문화, 특별히 사람들이 관심을 갖는 대중 문화를 이해하고 성경적으로 풀어내야 선교지에서 문화적으로 고립되는 현상을 막을 수 있다. 비즈니스는 산속으로 들어가는 길이 아니라 사람들이 가장 많이 모이는 상점들이 밀집한 아레오바고로 적극적으로 나가야 성공한다. 따라서 비즈니스를 통한 문화적 선교 병행 또한 과제라고 할 수 있다. 대중 문화와 비즈니스는 연결고리가 있다.

어느 기업은 디자인에 기업의 사활을 건다고 선포하였고, 디자인 능력과 수준이 미래를 이끌어 간다고 하였다. 또한 IT 전반에 관련한 인터넷 기술, 웹 기술에 대한 요청이 선교지로부터 쇄도한다. 따라서 이에 대하여 우리는 관심과 노력을 기울여야 한다. 선교지에 좌판만 벌여 놓으면 성령님께서 소비자를 이끌어 주시는 것이 아니다. 인터넷을 통한 관련 비즈니스가 큰 비중을 차지하고 있고 거의 대부분의 비즈니스가 인터넷 기술과 연관되어 있다. 웹을 통한 전자 상거래 시장 형성이 오프라인 시장의 규모를 앞지른지는 오래되었다. 이것은 선교 현지도 마찬가지이고, 현재는 한국 상황보다는 조금 늦는다 하더라도 세계화 상황 가운데에서 곧 한국과 비슷한 또는 앞서는 상황이 다가오게 된다.

4) 좋은 일자리 제공

어떤 이와 이야기를 나눌 기회가 있었다. 그런데 대화 중 그 사람은 내가 섬겼던 교회에 대해 굉장히 좋은 감정을 가지고 있었다. 반가운 마음에 기독교 신자인지를 묻자 그는 신자가 아니라고 했다. 그런데 어떻게 그 교회를 아느냐고 했더니, 알고 보니 교회를 좋아한 것이 아니라 교회에서 부설로 운영하는 중고 옷 가게를 무척 자주 애용했는데 교회를 다니지는 않았지만 그 가게를 통해 그 교회에 대해 좋은 인상을 갖게 되었다고 했다. 교회가 무엇인가를 나누어 주고 헌신하고 섬길 때 좋은 인상을 준다. 전방개척 선교지를 대항한 전략의 변화가 성공적 사역 결과를 가져오고 있다. 이전의 목회자 중심 사역 모델들이 점차 사라지고 평신도, 특별히 전문인으로 구성된 팀이 사역지에 들어가서 그들이 가진 노하우를 통해 체계적인 IT 비즈니스를 형성하는 추세가 늘어나고 있다. 현장에서 교회를 세우지만 예배하는 인원도 많지 않고 당장 필요한 재정 문제를 해결해 줄 수 없다. 이러한 상황에서 "교회 다니세요"라고 메시지를 전하는 것은 불가능하고 또 전하여도 잘 듣지 않는 말이지만 "좋은 일자리를 제공합니다!"라는 메시지는 그들의 마음을 스스로 움직이게 하는 매력적인 것이다.

물론 선교지에 들어가는 것은 대접받기 위해서, 환대받기 위해서가 아니다. 복음을 전하기 위한 미끼로 일자리를 제공하자는 것이 아니다. 일자리를 주고 싶은 마음은 복음을 주고 싶은 마음과 마찬가지로 사랑하는 영혼들을 위한 선교사들의 배려이고 염원이다. 이미 선교지에 마음을 두고 섬기는 것은 이 모든 미련을 뒤로하고, 생명도 내어 놓고 섬기는 것이기에 어떤 모습이든 사역자에 대한 의심의 여지는 없다. 박해와 순교도 각오하는 일이지만 보다 지혜롭고 조심스럽게 할 것을 제안한다. 그러한 새로운 제안들을 통해 접근한다고 겁쟁이라고 손가락질하지는 않을 것이다.

IT 비즈니스는 매우 효과적인 선교 방법으로 가장 보편적인 삶의 형태, 즉 삶에서 가장 시간을 많이 보내는 곳을 통해 사역을 하는 것이다. 이러한 가운데 가정과 회사 또는 학교 그리고 교회가 하나로 뭉쳐진 형태의 사역 형식이 새로운 대안이다. 그러나 과연 IT 비즈니스 자체가 선교인가 또는 사업인가라는 혼란 또는 한계를 사역자 스스로 가질 수 있다. 그 답을 체계적으로 가르쳐 주는 곳이 없기 때문이다. 신학교, 선교학과에서는 이미 20년 전의 선교 신학을 가르치고 있고, 1-2년 남짓한 선교 훈련을 통해 비즈니스의 노하우를 경험한다는 것은 현실적으로 어렵다.

선교사 스스로 살기 위해 먹는가 또는 먹기 위해 사는가 하는 논리 가운데 자신의 정체성을 잃어버릴 수도 있다. 내가 비즈니스를 성공하기 위해 이 땅에 온 것인지 복음을 전하러 온 것인지 몰라 경험도 없고 잘 안되는 비즈니스는 뒤로하고 골방에 소수라도 모아 비밀리에 예배하는 전방개

척지의 사역자들도 있다. 비즈니스에는 전혀 관심이 없고 그저 같이 예배하고 친교하는 것이 행복하고 즐겁기에 가정 교회를 형성한다. 은혜로운 일이다. 하지만 장기적인 사역의 관점에서 볼 때 과연 잘하기만 한 일일까? 바로 눈앞을 볼 때에는 마음이 편하고 "내가 분명 선교사구나"라는 정체성이 확립되고 같이 예배하는 한 사람 또는 소수의 현지인이 귀하고 또 귀하겠지만 장기적인 안목으로 볼 때 그 사역자는 비즈니스에 실패한 것이고 다수의 현지인들을 위한 사역은 실패한 것이다.

우리는 살기 위해 먹지만, 먹는 것 자체를 소홀히 해서는 안 된다. 돈이 삶의 목적이 될 수는 없지만 경제 활동 자체를 등한시해서는 안 된다. 특별히 비즈니스가 선교를 위한 도구가 될 때는 더욱 그러하다. 전방개척 선교 지역에서 교회를 세우고 무슬림을 개종시키는 일보다 비즈니스를 잘하는 것이 우선적인 사역이 되는 것이다. 온전한 경제 원리는 타락의 과정을 통해 얻게 된 부산물이 아니라 하나님께서 선물로 주신 귀한 것이다. 삶과 선교적 소명을 분리해서는 안 되고 삶 자체가, 비즈니스 자체가 하나님의 사명이라고 믿어야 하는 것이다. 드라마 "상도"의 거상 임상옥과 같은 순결한 선교사 상인들이 많이 배출되어야 할 것이다.

한국에서는 이러한 이해가 든든하게 기반이 된 상태에서 선교 사역 선상에서 자본과 기술을 제공하며 지속적인 일거리를 창출하도록 선교 현장과 공조해야 한다. 교회 건물을 짓는 데에만 헌금하지 말고, 기업의 기반이 되는 현지 인력 개발을 위한 헌금 및 투자가 현 시점에서 가장 필요한 부분이라고 현장 사역자들은 입을 모아 전한다.

또한 깨진 독에 물 붓는 식의 현장 교회 건축을 위한 지원이 아닌 성공적인 사업이 기대되는 곳에 대한 구체적인 투자로 자본 형성을 하고 자본 투자에 적합한 현장의 기술, 현지 인력 개발이 시급하다. 이를 위해 현지에 한국 브랜치(branch)를 형성하고 장기적인 투자가 가능한 연합 사업체 구성을 제안한다. 또한 장기 헌신자와 단기 봉사자가 연합하여 현지와 한국을 오가면서 진행하는 사업 방향도 긍정적이다.

이것이 바로 기업의 목적인 이윤 추구를 위해 진정한 가치를 생성하는 방법이고, 주먹구구식의 한시적 생계 유지 또는 머물기 위한 신분 및 위치를 제공받는 방법이 아닌 경쟁력 있는 장기적 '사역장' 구성의 요소라고 할 수 있다. 현실적으로 가장 시급한 부분은 아웃소싱(out-sourcing)을 위한 현지와 한국과의 연계 그리고 지역 교회와의 연결이 비즈니스 선교사가 지향하는 '브랜칭 그리고 네트워킹(Branching and Networking)' 구축을 위해 선행되어야 할 요구 사항이다.

5) Christian Resource Networking

이러한 사역을 위한 연합 운동에 관해서는 현지에서의 사업과 교육 사역을 통한 구체적인 예와 리서치를 통해 제시한다. 현장의 선교사들은 현장의 가능성을 누구보다 먼저 발견할 수 있다. 그리고 그 가능성을 구체적으로 외부와 연결하는 역할을 주도하여야 한다. 이 부분은 반드시 관심과 노력이 필요한 부분인데 특히 전문 분야에 대한 폭넓은 이해와 발빠른 네트워크 구성을 통해 가능해진다. 우리는 이러한 움직임을 통해 자신이 하는 사역을 재발견하게 될 것이다. 선교사 자신이 바로 허브(hub)와 같은 역할을 하는 것이다.

시너지(synergy)라는 말은 헬라어 시네르게스(synerges)에서 유래를 찾을 수 있다. 바울은 이 단어를 자신과 브리스길라와 아굴라, 우르바노, 디모데, 에바브로디도, 빌레몬, 마가, 아리스다고, 데마, 누가와의 관계를 묘사할 때 사용하였다. 그는 또한 자신이 '동역자로 부르는 다른 사람'에게도 이 단어를 사용하였다(롬 16:3, 9, 21; 빌 2:23, 4:3; 살전 3:2; 몬 1:1, 24). 신명기 32장 30절에도 한 사람은 천의 힘을 내고 두 사람은 만의 능력을 발휘한다고 말한다(쉥크 2004:66).

쉽게 이해하기로 말 한 마리는 실제로 약 2톤 정도의 힘을 발휘할 수 있다고 한다. 그런데 말 두 마리가 힘을 모으면 4톤의 힘을 내는 것이 아니라 그보다 훨씬 강력한 약 23톤의 힘을 낼 수 있다고 한다. 이처럼 기능적 협력관계를 통해 우리는 생각보다 더 큰 효과를 내어 성과를 거둘 수 있게 되는 것이다. 특별히 IT 비즈니스 선교의 영역은 그러하다.

이제는 비즈니스 선교사가 선교지에 어정쩡하게 거주하는 입장이 아닌 오히려 외부로의 네트워크 채널을 켜고 가동하여 스스로 자신을 모바일화해서 협력이 가능한 연합 체제를 형성하는 것이다. 이것은 단순하게 물건 하나를 파는 개념이 아닌 장기적 안목을 가지고 네트워크 기반을 두루두루 형성하는 데 관심을 갖는 것이다. 그로 인해 장기적인 안목으로 사회에 영향력을 줄 수 있는 사역 규모 형성을 목적으로 한다.

'사역의 재발견(Rediscovery of Work)' 측면에서 우리는 첫째 '노드 디벨로퍼(Node Developer)', 둘째 '링크 메이커(Link Maker)', 셋째 '플

로우 제네레이터(Flow Generator)'의 역할을 감당할 수 있다. 큰 그림을 그린다면 우주적 중심으로서, 글로벌 세계에서 전 세계 교회의 자원들을 동원하여 기회를 제공하고 지식·정보산업 중심의 산업도시에서 안정적이고 지속적인 경제체계 발전을 모색하게 할 수 있다. 그리고 부가적으로 유입산업을 통한 인력증가, 유출 인력감소 등 현지 동향과 현지 밖의 상황을 읽어 내고 이해하며 대처함으로써, 성공적인 IT 비즈니스 사역을 섬길 수 있다.

누가 이러한 사역을 제대로 감당할 수 있겠는가? 바로 현장의 선교사들이다. 소비도시에서는 고부가가치를 창출하는 것이 중요한데 대부분 개발도상국의 입장인 생산도시에서 전환 산업구조의 선상으로 선진화 및 국제화를 추구하며 노무 송출수입을 통해 산업발전에 투자, 서비스 산업 등의 일자리 창출 영역이 발전하고 있다.

6. A시의 IT 비즈니스 현황

＊ 보안상 현장 리서치를 통해 A라는 가상도시의 2009년 상황을 설정하여 재구성했다.

C국의 한 도시인 A시의 경우 제3차 산업 집중 소비도시로서의 3차 산업 인력 비중은 74.2%(C국 평균 31.4%)이고 3차 산업 비중은 GDP 56.3%(D시 44.1%, C국 평균 40.2%)를 차지한다. 또한 노무 송출수입 의존도 심화로 분기당 80억 위엔 이상의 수입을 거두고 있으며 이는 A 지역 자치주 재정수입의 3배에 달하는 실정이다. 이것은 그 지역 GDP의 30% 이상으로 기간 산업의 부재 위기 속에서 노무 송출수입의 감소 가능성과 한시성을 안고 있음에도 대체 산업의 부재로 현재 구조가 유지되

고 있다.

그런데 2009년 당시의 문제점으로 다가오는 것은 특별히 K족의 이동으로 인해 노무 송출수입이 타 지역으로 이전 가능하다는 것이다. 선교현지의 산업화 부진과 유효한 일자리 부재로 인한 인력유출로 환경이 더욱 어려워졌으며, A지역 발전에 대한 기대심리 부재로 청년인구 유출, 고물가와 저임금환경으로 인한 유입수입의 감소, 그리고 소비감소로 종사인원 74.2%가 타 도시로 이동하였다.

이는 3차 산업 중심의 소비도시인 A시의 경제 위기의 가능성까지 보여 주는 결과이다. 이에 현장의 사역자들은 구체적으로 주력산업 개발, 산업인구 유출방지, 지속적 가치창출을 위해 노력하고 있다. 주력산업 개발 및 전략과 계획의 필요성 그리고 삶의 질 향상이 좋은 직장, 경제적 윤택, 선진적 문화환경을 제공하는 주요 성공 요인이 될 것이라고 전망한다. 사역의 주요 성공 요인을 성공적 산업유치라고 평가해도 될 것이다.

1) A시 경제 현황 및 산업 개발의 필요

A지역의 IT 산업의 스와트(SWOT)를 분석하면 이곳은 지식·정보산업의 가능성을 내포하고 있고, 한국과의 근접성을 활용하여 발전 가능성을 가지고 있으며, 한국 관련 지식 정보산업을 유치하여 발전을 유도할 수 있다. 즉 한국의 소프트웨어(S/W) 개발을 위한 아웃소싱 기지로 개발시키면 좋다는 것이 비즈니스 전문가들의 의견이다.

개발 내용의 한 예로 지식·정보산업 입주단지 개발을 예로 들 수 있다. 이는 한국 기업의 D시 및 S시 지역선호현상에 대비하여 보다 경쟁력을 가지고 추진할 수 있는 사안이다. 하지만 A지역에 대한 한국 기업의 신뢰 부족이 문제가 될 수 있다.

이러한 점을 감안하고라도 A시는 한국의 IT 인력부족 현상을 해결할 수 있는 가능성을 가지고 있으며, 한국 IT 기업의 C국 시장 진출 모색을 위한 교두보 역할을 할 수 있고, 중앙 및 지방정부의 적극적인 유치지원 환경이 위기 또는 기회를 제공하는 길이 될 수 있다.

구체적으로 A시에 비해 C국 타 지역의 경우 IT 산업의 영세성이 있고 전체적인 IT 기술인력이 현저히 부족한 것이 사실이다. 더불어 한국 표준어 구사 능력이 부족하고, 문화적 환경적 기반이 미비하며 낮은 공공 서비스의 수준이 네트워크 및 브랜치를 형성하는 데 한계가 있다.

2) A시의 장점

하지만 A시의 경우 한국어가 가능한 인력이 많이 거주하며, 벌어들인 외국 자본 유출을 막기 위한 인력의 회귀 및 정책 구성이 활발하여 한국과의 문화적, 민족적 근접성이 민족 간의 거리를 좁히고 있다고 한다. 이 점이 가장 큰 장점 및 지역적 특성이 된다.

또한 경쟁력 있는 노동 임금은 A시의 사역을 더욱 가능성 있게 한다. 조금 더 구체적으로 이곳 전방개척 선교지 웹 비즈니스의 단점과 장점을 살펴본다면 장점으로는 정보·기술(IT) 산업은 한국어가 가능한 A지역 인력을 활용하여 한국의 정보·기술(IT) 산업의 일부를 아웃소싱하는 것을 목표로 한 산업 개발이 가능하다는 것이다.

한국은 실제로 IT 인력난 문제를 해결하고, 일반 기업들은 C국 정보기술 시장 진출의 교두보를 확보하기 위해 A시에 많은 관심은 있으나, 실제로 활용 가능한 인력의 부족으로 인해 D시, S시 등지를 우선 진출지역으로 고려해 왔다.

정보·기술 산업은 한국의 주력 산업이므로, 이에 대한 아웃소싱 시장은 점차 확대될 것으로 전망되며, 이를 A지역에서 확보하기 위한 기반조성이 중요하다. 이러한 상황을 해결하기 위한 효과적인 전략수립이 필요한데 그 중 확장성, 지속성, 안정성, 특화성, 우세성, 공유성, 현실성, 방향성에 대한 확고한 고려가 필요하다.

한국은 현재 정보•기술 전문인력 부족 심화현상으로 소프트웨어(S/W) 개발이 늦어지고 인력 부족난이 심각하다. 또한 이공계 기피현상으로 고급핵심인력 양성의 어려움을 겪고 있다. 이미 '국제 정보기술 아웃소싱(Global IT Out-sourcing)'을 위한 협력체계 구축을 위해 많은 업체들이 C국과의 교류를 타진 또는 희망하고 있다.

이것은 근무시간 차이, 언어적•문화적 차이를 통한 인도와의 아웃소싱의 어려움을 뒤로 한 한국 정보·기술 산업이 C국에 거는 기대를 반영한 것이다. 한국 정보·기술 산업의 필요는 C국이라는 거대 정보·기술 시장 진출 교두보를 야기한다.

정보·기술 인력난을 해소하기 위한 제조업 생산 기지로 동북아 전 지역을 고려할 수 있다. 경제권 진입을 위한 교두보 확보의 필요성이 요청되는 가운데 C국 거대 정보·기술 시장을 진입하는 데 섣불리 달려들기보다는 성공 타당성을 검토하는 것이 중요하다. 이를 위해서는 시장 및 물류에 유리한 곳을 통한 우회적 수출확대 및 대규모투자가 필요하고 입지 선정이 중요하다. 기존 경제권의 경쟁 및 제조 생산비 증가를 통해 새로운 경제권 진입과 안정적, 경제적 부품 및 원자재 공급을 목표로 제조 생산 기지와의 근접성 활용 및 원자재 공급, 언어적 문화적 차이를 해결해야 하는데 이에 K족을 통한 커뮤니케이션이 장점으로 꼽힌다. 더불어 상대적으로 저렴한 인건비가 A지역 최대의 가능성이라고 할 수 있다. 문제는 디자인 감각이다.

3) 선교의 블루오션

현재 IT 비즈니스 선교는 선교 세계의 '블루오션(Blue-Ocean)'으로 성공적 사업과 영혼구원의 두 마리 토끼를 잡는 입장이다. 이는 결코 맘몬의 원리에 이끌리는 것이 아니라 하나님의 경제 논리 즉, 헌신, 믿음, 순종이 기반이 된 성령께서 이끄시는 사업 노하우에 기반한다. A시는 현재 훼손과 오염이 심각하고 맘몬과의 영적 전쟁이 치열한 가운데 있다. 이에 모 산학 협력 단체는 C국에 진출을 희망하는 한국 기업의 자본 유치 및 기술 유입을 통한 지속적 사업을 구상하고 있다.

구체적으로 대학 시설을 활용한 인력 공급, C국 내 한국 기업의 사업화를 위한 컨설팅, 법률 서비스, 재무 서비스, 연구소 운영, 연계 기술 제공, 교육과 영업의 협조, 아웃소싱 개발, 대정부 서비스 등을 제공하고 있다. 이는 신뢰성 있는 협력 파트너로서 산학 연합 센터를 제공하는 서비스를 통해 동문 네트워크를 가동하고 폭넓은 사업 기반을 형성한 장기적 선교 기반의 교두보가 되는 것이다. 구체적으로 운영되는 A지역 몇 개의 유한공사, 성시연구소, 교육원, 언어공학연구소 등을 사례로 들 수 있다.

4) 한국과 연계

끝으로 사업체 형성의 구체적인 예로 한국의 B사를 소개한다. 선교 스테이션으로서 B업체는 최신 기술인 웹 서비스와 '넷 플렛폼(Net Platform)'을 기반으로 한 다양한 기술을 고객 사이트에 적시에 적용하여 고객으로서 회사가 '이비즈니스 솔루션(E-business Solution)' 시장 변화에 적극적으로 대응할 수 있도록 기업용 어플리케이션을 개발하고 관련된 컨설팅 및 개발 솔루션을 제공하는 넷(Net) 전문, 웹 에이전시 회사이다.

　기본 사업분야로는 인터넷 쇼핑몰, 커뮤니티, 포털 운영, 인트라넷 시스템 등 다양한 인터넷 비즈니스 솔루션 기획, 개발 및 유지 보수를 담당하고 있다. C국 지역에 대한 사업으로는 시스템 개발인력 아웃소싱 및 스테핑(staffing)을 담당한다. 보유 기술로는 웹 프로그래밍, DB 프로그래밍 및 튜닝, 윈도우즈(Windows), 스마트 클라이언트(Smart Client) 관련기술 등의 시스템 프로그래밍(System Programing)이 있다.

　현재 A시 교육단체산학협력단지 내에 약 10명의 인원으로 구성된 팀을 통해 IT 비즈니스 선교 체제를 운영하고 있다. 팀의 보고에 따르면 아직까지 A시 내의 교육 재단으로부터의 지원은 미비하고 운영이 힘든 것은 사실이지만 구체적인 사업체 구성을 통한 선교 스테이션의 역할을 감당하고 있다고 자부하며 진솔하게 득과 실을 증거하였다. 단체는 또한 정보기술교육원 및 교육단체부설 정보기술교육원을 병행·운영하여 현지인들을 위한 미래적인 청사진을 제시하고 있다. 앞으로 보다 많은 단기 봉사자 교육생을 배출함으로써 사역에 박차를 가하고자 한다고 밝혔다.

7. IT 비즈니스 선교의 과제

　우리는 문화적 선교 명령의 수행에 대한 하나님으로부터의 메시지를 저버리지 말아야 할 것이다. 이제 이분법적 이해와 사역 태도를 벗고 충실한 비즈니스 선교 사역 명령의 수행을 위해 현 시대, 최선의 선교의 도구인 생활로서의 선교, 사업으로서의 선교를 통해 성경의 근본이 되는 우수성, 전문성, 유용성, 나눔과 섬김의 자세를 통해 그리스도의 보혈의 의미를 전할 수 있다.

현지 인력을 위한 일자리 창출은 결국 현지 교회를 지원하고, 협력하고, 협력을 받아야 하는 구조가 된다. 이를 위해 보다 폭넓은 '네트워킹 브랜칭(Networking Branching)'의 중요성은 성공적인 비즈니스 기반 구축을 위한 '글로벌 네트워킹(Global Networking)' 형성을 위한 필수 요소이다.

이것은 헌신과 믿음 그리고 순종의 문제이다. 결코 자신의 이성적·합리적 판단이 아닌 성령의 인도하심에 순종하는 것이다. 어떠한 전략보다도 가장 중요한 것은 성령님의 인도하심을 구하는 것이다. 그와 함께 우리는 이전까지의 습관과 태도에서 벗어나 선교 현지의 그들에게 현실적으로 다가가 말씀을 통해, 성육신을 통해 변모한 '나'로서 그 명령 앞에 서야 하는 과제가 있다.

전방개척 선교 웹 사이트(www.kjfm.withch.net)

제13장 에필로그

1. 선교 율법주의

　우리가 흔히 범하는 오류가 '정통'이라는 이름으로 고집하는 선교 원칙주의, 베테랑 우선주의가 아닐까 한다. 검증 단계를 통해 원칙을 세우는 일은 중요하다. 그러나 하나님의 사역은 때로는 융통성 있게 움직인다. 때로는 편협함과 보편성을 내려놓고 보수적인 방법론, 매너리즘에 빠져 있기보다 현 상황에 맞게 방법을 재편집하고 융통성 있는 접근 방법을 강구하는 것이 옳다. 상황에 따라 복음을 전달하는 도구는 바뀔 수 있다. 눈에 보이는 가시적인 성과에 기본을 두어 왔던 점을 반성해야 한다. 이제는 현장의 실상을 인정하지 않고 정책이 수립되어서는 안 되며, 현장을 이해하지 않은 원칙론에 휩싸인 채 고집하는 율법주의적 방향성에 대한 경각심을 가져야 할 때이다. 우리는 선교를 논하기 앞서서 교회 정치

개혁에 대해 먼저 생각해 봐야 할지 모른다.

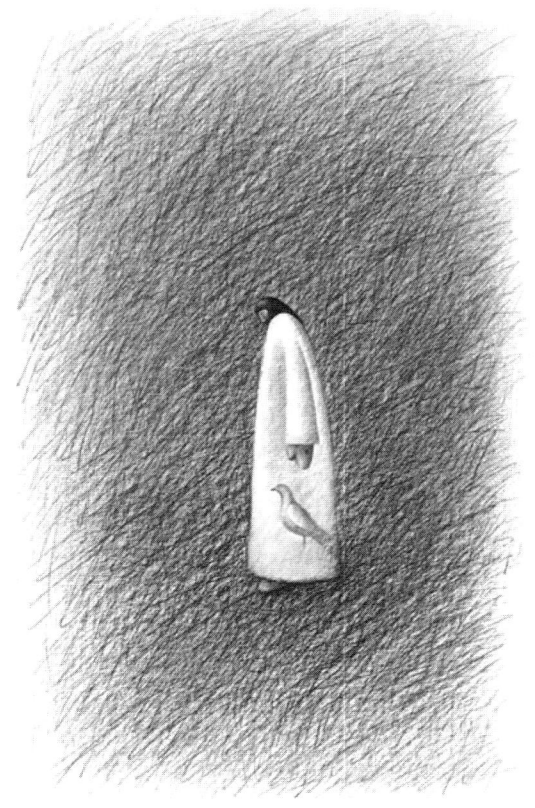

시대가 바뀌면 문화가 바뀐다. 동일한 문화권 내의 언어라 할지라도 시간이 흐르면 변화된다. 이와 같이 커뮤니케이션 방법과 언어를 이해하는 데 있어서도 선교사들이 민감하게 감지하지 않으면 선교 대상들 속에서 대화가 단절되어 고립되고 말 것이다. 이제는 지난 시간과 문화들에 포커스를 맞춘 교과서적인 선교학 강의를 답습할 것이 아니라 새로운 선교학, 시대에 맞는 새로운 언어 및 문화 적응 방법을 습득하고 현장으로 나가야 하는 시점이다. 새 술은 새 부대에, 새로운 시대에는 새로운 패러다임 적용이 필요하다. 선교사들이 선교학 강의를 듣고 현장에 나가서는 정작 활용할 것이 없다고 한다. 그보다는 보다 현실적이고 실용적인 학문이나 실제적 방법을 성경적으로 사용할 수 있도록 교육하고 적용을 위한 방향성을 제시하는 것이 시급하다.

전통적인 현장 선교 중 한 예로 인도네시아의 가장 큰 한인 교회는 선교를 한다는 명목 아래에 두 달에 한 번씩 인도네시아 각 지역에 흩어져 사역하는 현지인 사역자들을 불러 일정 액수의 사례비를 지급한다.

그 중에 정말 그 돈과 상관없이 열심히 사역하는 현지인 사역자도 있지만, 대다수는 그 돈을 받기 위해 아무것도 하지 않고 그저 그리스도인이라는 명칭을 가지고 살아간다고 한다. 이것은 성경적이지도 않고 건강한 성경적 선교 방법도 아니다. 그 사역자들이 외형적으로는 목회자의 모습을 하고 있고 우리가 인식할 수 있는 교회 내에서 사역하지만 실제로 거듭난 사역자들이라고 보기는 어렵다. 성령의 역사나 진정한 교회 사역으로서의 열매가 없다.

이것은 어쩌면 가시적인 축복과 성장을 추구하는 한국 교회의 부정적인 단면을 현지에 그대로 수출한 결과라고 할 수 있다. 그렇게 사역하면서 자신들의 교회는 인도네시아 내 200여 개 교회를 설립하고 성장시켰다고 자랑하는 담임 목회자의 말을 들으면서 내심 마음 한 구석에 씁쓸함을 금할 수 없었다. 한국 교회는 예배와 기도를 통해 훈련을 쌓는 것이 특징이다. 한국 선교의 저력이 무엇인가를 논한다면 그것은 새벽 기도와 철야 기도의 뜨거움을 통해 부여받은 영성이라고 말할 수 있다. 그런데 이러한 영적 능력이 개인의 신앙을 위해서만 축적된다면 그것은 반쪽의 신앙이요, 반쪽의 믿음이 된다.

C국을 섬기는 어떤 선교사는 한국의 모 교회에서 십자가가 달린 교회를 개척하기를 원하면서 3만 불을 헌금하자, 고심 끝에 결국 그 헌금을 교회에 다시 돌려주고 십자가가 달린 교회를 개척하지 않겠다고 했다. 십자가는 중요한 것이지만 그 의미가 중요한 것이지 그 모양이 중요한 것은 아니다. 주님의 십자가가 있어야 할 자리는 교회 지붕 위가 아니라 우리의 마음 속이다. 또한 어느 지역에 낡은 교회가 있어 교회 개척을 지원하고자 재정을 지원했다. 그런데 그 지역 교회 장로들의 요청이 교회를 근사하게 지어 놓으면 공무원들이 와서 돈을 요구하기 때문에 그렇게 교회를 새로 짓지 말고 건물은 외형 그대로 놓아두고 비가 새는 지붕만 고쳐 달

라고 했다. 그 부탁을 받은 선교사님은 깊은 고민에 빠졌다. 자신이 만약 큰 센터를 짓는다면 한국 교회에는 선교적 과업으로 소개되어 자랑거리가 되었을지는 모르겠지만 그곳 상황은 그렇지 않은 것이다. 결국 그들의 요청을 수락했고 선교사는 자신의 선택을 잘했다고 믿었다. 십자가를 세우는가, 그렇지 않은가 또는 멋진 예배당을 건축하는가, 그렇지 않은가보다 더 중요한 일이 있다. 그것은 바로 십자가의 의미를 새기고자 하는 한국 성도들의 선한 마음이다. 하지만 때로는 우리의 눈에는 당연하게 인식되는 것이 어떤 이들에게는 부담이 되기도 한다.

2. 선교지를 위한 그 교회

바울의 데살로니가 교회는 이전에는 존재하지 않았던 특별한 교회 개척 상황, 즉 짧은 기간이었음에도 현실적인 선교의 성공적 사례를 보여줌으로써 후세들에게 실제로 선교를 위한 여러 가지 방법들이 존재할 수 있음을 암시한다. 즉 장기 선교도 단기 선교도, 오프라인 선교도 인터넷 선교도, 어느 한 가지 방법이 최종적 대안이 되는 것이 아니라 방법과는 상관없이 복음을 전하는 이들과 함께 역사하시는 성령께서는 어디에나 존재하시고 그리스도를 믿는 이들을 위한 공동체를 위해 부흥을 허락하신다는 것이다.

우리가 관심을 가지고 주목할 것은, 의를 훈련하는 데 있어서 "진정한 노하우란 무엇인가?"라는 점이다. 의는 하루 아침에 만들어지는 것이 아니다. 데살로니가 교인들을 향한 바울의 훈련 기간이 비록 3주였지만 리더십으로서의 바울은 기간에 상관없이 맡은 공동체를 충만하게 만들 영적인 충전이 되어 있었다는 사실이다. 바울이 사역한 그 3주라는 기간의 내면에는 엄청난 지도자의 영적 기반, 의로움의 기반, 도덕적 기반이 튼튼하게 받쳐 주고 있는 것이다. 이것이 3주의 기간을 통한 선교이건 3년의 기간을 거친 선교이건 그 사역 기간을 통해 사역의 가치를 측정할 것이 아니라, 눈으로 보이는 면 밑에 있는 사역자의 의의 깊이가 선교를 위한 방법론보다 중요하다는 것이다. 선교지를 살리는 최고의 전략이 빛과 소금이 된 내 자신인 것이다.

무슬림을 개종시키는 것 또는 그렇지 않은 것, 눈에 보이는 현장 선교를 통한 교회 건물의 건축이 중요한 것 또는 중요하지 않은 것이라고 판단하는 시각 자체가 바뀌어야 한다. 어느 지역과 어떤 상황에서는 교회 건물을 건축하는 것이 의미 있고 중대한 일일 수 있다. 문제는 그러한 일의 옳고 그름을 판단하기에 힘을 쏟기보다는 보다 본질적인 일들을 위해 노력하고 기도해야 한다는 것이다. 굶고 있는 자녀를 위해서라면 부모는 무슨 일이든지 가리지 않고 할 수 있다.

바울은 짧은 시간에 교회를 세우고, 자신이 맡은 선교지를 떠났지만 지속적인 원격 지원과 양육 방법을 통해서 교인들을 지속적으로 양육하고 관리하였다. 바울은 한 곳에 머무르는 사역 직무를 소유한 선교사가 아니었다. 거주 그리고 비거주의 기능적인 측면, 원격 그리고 현장 사역의 개념적 측면 등에 대한 이해의 사이에서 바울은 비거주 선교사, 원격 지도 목사로서 지역에 교회를 설립하고 그 교회에 부흥을 맛보게 하였다. 그리고 현장을 떠난 후에는 거주 담당 선교사를 파송하거나 현대 인터넷 선교와 같이 서신을 통한 교육을 통해 장기적으로 자신이 개척한 교회의 지역 신자들을 돌보는 방법을 선택하였다. 사역지에 장기간 머물면서 사역을 섬겼던 사역자들도 있었다. 사역자 서로 간의 롤(role)이 달랐던 것이다. 사역자의 모습이 다르듯이 각양의 사역을 위한 역할이 다른 것이다. 인터넷을 통한 선교 방법, 웹 멘토링과 같은 전략은 전방개척 선교 등과 같이 단기간에 승부를 걸 수 밖에 없는 선교 상황에 적합하다.

필자가 사역을 섬겼던 앤텔롭밸리(Antelope Valley) 지역은 일종의 캘리포니아에 위치한 선교지이다. 이곳은 LA카운티의 경계에 위치한 지역으로 모하비 사막 근처에 있다. 미국의 공군 기지로 개발되었으나 현재는 더운 날씨와 열악한 환경, 경제활동의 정체로 척박한 땅이다. 더불어 영적 고립지역으로 교회 간의 분쟁이 심하고 성도 간의 분열이 극에 달하였다. 필자는 파사데나에 거주했기 때문에 주말에만 교회로 올라가서 사역을 했다. 이에 주중에 중고등부를 영적으로 양육하는 데 현실적인 어려움을 가졌다. 그런데 중고등부 전용 웹 사이트(AVOUT)를 개설하고 나서부터는 웹상에서 학생들과 수시로 대화하고 그들의 웹 콘텐츠를 보면서 영적 지도를 위한 방향성을 갖게 되어 비교적 짧은 시간 안에 교역자와 중고등부가 결속하여 부흥하는 체험을 하게 되었다. 웹이 사역자와 성도 간 거주지역의 차이로 발생하는 괴리감을 최대한 축소해 주는 효과를 거둔 것이다. 이것은 웹 멘토링을 목회에 적용시킨 좋은 사례가 될 수 있다. 다른 한편으로 효과적인 선교적 콘텐츠 개발 사례라고 할 수 있다. '채팅방'을 통해 나눈 그들의 웹상의 대화는 일종의 선교적 콘텐츠라고 할 수 있다. 이에 선교적 콘텐츠들을 확보하기 위해

AVOUT 웹 사이트

서 우리는 콘텐츠 개발을 위해 개미군단의 역할이 매우 중요할 것을 인식해야 하고, 프로와 아마추어의 협력 저널리즘의 활성화, '오픈 소스 저널리즘(Open Source Journalism)'의 확대, '오픈 퍼블리싱'에 대한 인식을 강하게 가져야 한다.

하나님의 나라는 양적인 것보다는 질적인 것에 있다. 하지만 더 나아가 양적인 문제와 질적인 문제 양쪽의 균형이 간과되서는 안 된다. 모더니즘이든 포스트 모더니즘이든 우리에게 중요한 것은 문화의 어느 한쪽 편에 서는 것이 아니라 양쪽을 어우르는 것이다. 우리가 이 시점에서 선택할 수 있는 정답은 계속하여 변화되는 세계에 맞는 변화된 선교 방법과 전략, 보다 성경적인 교회의 모델 그리고 예수님의 제자로서 준비된 선교사로서 스스로가 제시되어야 한다는 점이다.

인터넷 선교 교회는 새롭게 시도되는 선교적 교회의 한 영역으로 이해될 수도 있다. 이것은 교회 개혁 운동과도 맥락을 같이 하는 일이 될 수도 있다. 중요한 것은 우리가 성경적인 '선교적 교회(Missional Church)'에 대한 개념을 가지고 그러한 사역을 섬겨야 한다는 데 있다. 풀러신학교의 윌버트 R. 솅크 교수는 선교적 교회에 대한 특징을 하나님의 나라를 전파하는 교회, 세상을 위해 헌신하지만 통제받지 않는 교회, 메시아의 십자가가 있는 교회, 종말론적 교회 그리고 세상에 대한 선교 사명을 후원하고 이를 위해 케케묵은 형식들을 제거하는 구조를 가진 교회를 들고 있다(솅크 2003:113).

이전에는 다소 생소하게 들렸을지도 모를, 또는 편견과 선입견을 가지고 대했던 '인터넷 선교 운동(Internet Mission Movement)', '웹 교회 성장 운동(Web-church Growth Movement)', '크리스천 웹 커뮤니케이션 운동(Christian Web Communication Movement)' 등은 이 시대가 요구하는 교회 개혁 운동이 될 수도 있다. 21세기 안디옥 교회로서의 모습을 품고 나가는 것이다. 이제는 기존의 형식과 제도적인 약점들을 보완하여 새로운 모습의 교회 공동체가 탄생되어야 한다. 이에 우리는 하나님께서 부여하신 창의적 영성을 가지고 보다 적합한 교회의 모습을 개발하고 그것을 선교지에 선물하는 일에 대한 연구를 멈추지 말아야 할 것이다.

인도의 영혼들(맥가브란 아카이브)

부록

교회 홈페이지 사례 연구

높은뜻숭의교회
http://www.soongeui.org

구조

　메인 페이지(main page)는 단순하고 심플하게 구성되어 있지만 실제로 교회 규모가 있으므로 오프라인 사역과 연관되어 있는 알찬 내용이 많다. 카테고리 구조가 알기 쉽게 되어 있고 처음 방문한 사람들이 전체적인 이해를 하기 쉬운 구조이며 카테고리 제목들이 참신하다. 단 교회에서 명명한 그룹 또는 용어에 익숙하지 않은 신규 이용자들을 위한 배려가 부족하다는 점이 아쉽다. 각 섹션의 구조가 조밀하고 페이지 별로 구성이 조금씩 달라 통일감을 주지 않아 정리된 느낌이 덜하다. 구성을 이룬 색은 전반적으로 편안한 느낌을 제공하고 안정적인 편이나 글자가 전체 구도에 비해 작은 편이고 수도 많은 편이라 가독성이 떨어진다. '루피 커뮤니티' 같은 경우 교회 웹 커뮤니티로 많은 도움을 줄 수 있을 것으로 기대한다. 단 "기존 웹 커뮤니티가 보유한 서비스 질을 어떻게 따라 잡을 것인가?"가 숙제가 될 것이다.

내용

2008년까지 http://mannaweb.net과 같이 별도의 어린이 부서, 교회 학교, 미디어 부 채널을 제작하였다. 어린이들, 청소년들의 눈높이는 성인들과 다르기 때문에 이렇게 그들의 눈높이에 맞춘 사이트의 별도 제작은 반가운 시도이다. 그러나 디자인은 참신했지만 프로그램 면에서는 '그누보드(gnuboard)'를 사용하여 같은 교회계열의 타 사이트와 비교했을 때 디자인만 조금 다를 뿐 시스템은 메인 페이지의 내용과 별반 다르지 않다. 어린이들을 위한 참신한 프로그램의 실제적 구축이 아쉽다.

교회 메인 사이트에서 아쉬운 것은 교회와 사역을 소개하는 영역을 잘 구분하여 교회를 새롭게 찾는 이에게 서비스를 제공하며 기존의 신자들에게도 교회 내의 사역을 잘 소개받을 수 있는 구조로 이해하기 쉽게 배열하지 못했다는 점이다. 각종 행정 서비스를 효과적으로 받을 수 있게 하는 것도 중요하나 현재는 완성도 부분이 미흡하다.

또한 홈페이지를 또 하나의 교회로서 열린 채널이 되도록 한 인터넷 방송국 부분은 보다 구도자를 위한 배려를 하여 효과적인 운영과 보급을 위한 창구가 된다. 이 교회 웹 사이트의 가장 큰 장점으로는 메인 페이지에 공지사항 등 필요한 메뉴만을 배치하여 심플하고 간결하며 요란한 느낌을 주지 않는다는 점이다. 교회 웹 사이트도 정보의 홍수 대열에 들어가서는 안 될 것이다. 홍수는 사람을 죽이는 것이 아닌가?

관리

교회 홈페이지가 큰 규모임에도 적은 예산 투자를 통해 섬세한 관리를 하고 있다. 업데이트가 충실하며, 교회를 위한 효과적인 공동체 관리 프로그램이 운영 중이다. 관리자 및 이용자들을 위한 업데이트 교육이 시행되면 더 좋겠다.

지구촌교회
http://www.jiguchon.org

구조

전체적으로 안정되고(양-옆, 위-아래) 편안한 구조이다. 많은 내용을 함축적으로 담고 있으면서도 그렇게 복잡하다는 느낌을 주지 않는 이유는 각 영역을 각각의 버튼에 담아 두었기 때문이다. 상단에 위치한 카테고리 버튼을 누르면 각 영역의 콘텐츠 속으로 입장하게 되는 것이다. 각 카테고리 안에는 또 다른 서브 카테고리가 있고 그 안에는 또 다른 서브 카테고리가 있어서 관심 있는 분야에 깊이 다가가는 느낌을 주는 좋은 배열과 효율적인 '웹 네비게이션(Web Navigation)'을 구축하고자 하는 철학을 듬뿍 담고 있다.

글자체는 읽을 때 눈이 피로하지 않고 단정한 상태이어서 가독성이 뛰어나고 심미적인 감각을 놓치지 않았다. 또한 각 영역은 동일한 구조를 보유하고 있어서 내용은 다르지만 문서로서 통일성을 잘 유지하고 있다. 메인 페이지를 비롯하여 각 영역 상단 플래시는 수준 높은 것으로, 그 효과는 훌륭하다.

내용

우선 교회가 보유하고 있는 체계적인 오프라인 사역이 역시 웹에서도 빛을 발휘한다. 웹이 오프라인 사역과 잘 배치되어 각 사역에 대한 내용으로 채워진 좋은 예가 될 수 있다. 아름다운 웹 사역은 오프라인 사역을 더욱 빛나게 한다.

어떠한 사역에 대한 즉각적인 피드백을 얻기 위한 이벤트를 시행하고 행사 자체를 격려하며 다음 행사의 관심도를 증대시키는 방안 등은 좋은 아이디어라고 할 수 있다. 영문, 일어 사이트를 준비하여 해외선교, 외국인을 위한 배려도 했으며 각 영역별 홈페이지들도 잘 구성되어 있다. 참신한 아이디어를 통한 웹 콘텐츠들이 가득찬 교회 홈페이지를 보는 것은 행복한 일이다(청년부 목장 사역 사이트 예: http://youngadults.jiguchon.org).

관리

대규모의 관리팀이 운영되고 있으며 완벽한 시스템으로 예산 집행이 어느 정도 안정적이고 경제적인 인터넷 교회 운영의 모델을 보여 준다.

서울광염교회
http://www.sls.or.kr

구조

메인 페이지에 교우들의 사진을 크게 올려 놓았다. 이것은 성도들에게 친밀감을 갖게 하는 것으로 시원해 보이며 긍정적인 효과를 준다. 사진 사이즈도 커서 각 부서별 행사의 사진을 싣기는 좋지만 사진의 퀄리티(quality)가 높아야 한다는 부담이 있다. 이 교회는 인터넷 목회를 지향하는 것으로 알려져 있다. 메인 페이지의 카테고리 분류 및 구성은 조금 옛날 방식이다. 검소한 사역을 위해 자원 낭비를 줄이고자 의도한 듯하다.

콘텐츠를 메인 페이지에 부각시킨 것은 좋으나 교회 홈페이지가 가져야 하는 의무, 즉 각종 서비스, 교회 정보 소개가 조금 더 충실했으면 하는 바람이 있다. 상단 부분이 고정되어 있고 아래만 스크롤(scroll)로 움직이게 할 필요는 굳이 없는 것 같다. 따로 노는 느낌이 들어 보기에 불편하다. 게시판 프로그램도 제로보드를 사용하고 있어 보안에 관심을 기울이면 좋겠다. 개편은 한꺼번에 바꾸기보다 서서히 진행하는 스타일인 것 같다.

내용

광염교회 웹 사역의 최대 장점인 전도용으로 활용되던 별도의 사이트가 최근에 아쉽게 폐쇄된 듯하다. 아마도 관리 및 유지, 콘텐츠 개발에 무리가 있었던 것으로 보인다. MP3 설교, 전도 디자인 등은 쉽고도 효과적인 콘텐츠 공급 방안이다. 단순한 디자인으로 웹 전도지를 제작하여 보급한 것은 좋은 아이디어이다. 단 주로 사진만을 가지고 제작한 것은 아쉽다. 다양한 소스를 가지고 제작하면 더 좋은 효과를 얻을 수 있다.

관리

동일한 이름의 관리자가 관리하는 것으로 보아 전임 사역자 인원이 부족한 듯하고 자원 봉사자를 중심으로 인터넷 사역 보고서가 운영되는 것 같다. 교회 철학을 통해 경제적인 운영을 하는 것도 좋은 방안이다. 효과적인 사역을 위해서는 최소한의 인터넷 선교 전문가 배치가 시급할 수도 있다.

세계로교회
http://www.segaero.org

구조

교회의 대부분의 콘텐츠를 메인 페이지로 노출하여 보이게 한 경우이다. 다소 다량의 정보를 한 페이지에 담아 부담을 느낄 수도 있으나 한 번에 전체를 볼 수 있게 한 것은 긍정적이다. 색 표현은 테마가 없이 너무 많은 종류의 파스텔 색을 사용한 면에 있어서는 좋은 점수를 주기는 어렵다(주황, 보라, 파랑, 빨강, 연두 등). 연두를 중심으로, 또는 주황을 테마 색으로, 회색 등 눌러 주는 색을 서브로 사용하면 좋겠다.

글자들이 붙어 있지는 않아서 내용이 많음에도 시원한 느낌이 든다. 서브 페이지도 마찬가지로 골격 구조를 크게 제작하여 하늘색상과 함께 시원한 느낌이 든다. 반면 버튼에 사용한 글자는 상대적으로 작아서 보통 크기이지만 작게 느껴진다. 좀 더 큰 폰트를 사용하는 것이 웹 사이트를 사용하시는 어른들을 위해서도 좋다.

내용

전도회 홈페이지를 별도로 둔 것도 좋은 방법이다. 일반 포털의 커뮤니티를 사용하지 않고 교회에서 제공하는 커뮤니티를 사용함으로 결속력을 다지고, 교회가 커뮤니티를 보다 현실적으로 품을 수 있다. 또한 도서관 시스템 또한 웹을 구축하여 효과적인 관리를 자랑한다. 말씀 나눔의 공간인 'e-오깨노트', '추천도서', '교인 디렉터리'도 좋은 콘텐츠의 예이다. 교회 파송 선교사 홈페이지를 별도로 제작하여 지원하고 청년부 홈페이지 주소를 www.sechung.net으로 별도 운영하는 것 또한 본받을 만한 좋은 아이디어이다.

관리

정규 관리자가 관리하는 것으로 보이고 성도들의 참여도가 높은 편이다. 일부 인터넷 사역에 관심 있는 성도들을 중심으로 꾸준하고 성실하게 운영되는 듯하다.

선한목자교회
http://www.gsmch.org

구조

전체적으로 높은뜻숭의교회와 같이 복잡함을 피한 단순하고 심플한 구조로 평안한 느낌을 준다. 그러나 선한목자교회의 경우에는 높은뜻숭의교회와 동일한 홈페이지 구성이 될 수 없다. 그 이유는 높은뜻숭의교회는 콘텐츠가 많음에도 메인 페이지에 노출되는 내용 카테고리를 축소해서 만든 것인데 선한목자교회의 경우에는 실제로 그만큼의 콘텐츠가 없기 때문이다. 그러나 콘텐츠의 효과적인 배치로 큰 성과를 거두고 있으며, 각 섹션의 운영이 성실하게 진행되고 있다.

왼쪽 게시판 부분의 경우 중요한 영역임에도 단순하게 텍스트 정보만을 전할 뿐 링크가 되지 않는다. 또한 담임 목사 일정을 메인 콘텐츠(main content)로 사용할 필요는 없다. 더군다나 새 창으로 뜨게 하는 것은 굳이 필요하지 않다.

상단 메인 바의 경우에도 어떤 의도가 있어서 그런 것인지는 모르겠지만 일반적으로 교회 소개를 왼쪽에 놓는데 이 홈페이지의 경우에는 오른쪽에 둔 것이 특이한 점이다.

'웹 네비게이션' 구조는 남다르게 하기보다는 일반적인 구조를 따라주는 것이 교회 웹 관리자 입장에서 사용자에게 속 깊은 배려를 하는 것이라고 믿는다. http://www.gsmch.org/infor/infor01.htm의 교회 CI 소개는 이해하기 좋게 설명이 되어 있다. 교우들의 모습을 소개하여 친근감을 주는 '선한사람' 코너는 좋은 시도이다.

내용

웹 커뮤니티 시스템을 설치하였지만 아직은 잘 활성화가 되지 않고 있다. 개설된 커뮤니티의 수도 많지 않다. 도움이 되는 아이디어라면 신청 부서를 맞춤형으로 제작하고 별도의 사이트 주소를 부여해 지원하는 것도 좋다.

앞으로는 웹 커뮤니티가 활성화될 것이라고 기대한다. 또한 각 위원회의 회의 내용이 노출되어 있는데 현재 교회 홈페이지에서 볼 수 있는 주요한 콘텐츠는 담임 목사의 설교와 위원회 회의록이다. 위원회 회의록은 상호 간 협력과 교회 사역을 이해하는 데 도움을 줄 것이다. 그리고 후임 사역자에게 사역 히스토리(history)를 남기는 것은 중요한 일이다. 반면 회의록을 굳이 노출할 필요가 없다고 생각하는 견해도 있을 수 있다. 이 경우 위원회 코너를 제작하여 웹 행정의 기반을 만든 것도 참신하고 좋은 아이디어이지만 회사의 인트라넷 시스템처럼 보안을 첨가한 간이 인트라넷 시스템을 구축하는 것이 어떨까 생각한다. 공개되어도 좋을 공지사항은 별도로 각 부서별로 공지하는 것이다.

관리

담당 교역자 및 담당 간사들로 인터넷 시스템의 기본적인 운영이 잘 이루어지고 있다. 그리고 인터넷 교회 설립의 선포를 통해 보다 폭넓은 사역을 펼치고자 하는 듯하다. 다른 곳에서 하니까 우리도 따라 한다는 의식보다는 교회와 담임 목회자가 먼저 인터넷 선교의 중요성을 인식하고 철학을 먼저 수립하는 마음이 엿보인다.

Yes Church의 사례
http://www.yeschurch.net

구조

주변 환경과 문화재를 살리는 홈페이지이다. 홈페이지의 메인 페이지에 교회 사진이 있는 것이 아니라 문화재 사진이 있음으로써 지역 주민과 친근감을 조성한다. 기독교적인 접근보다는 한국 사회의 이슈가 되고 있는 가정 사역, 가정의 회복을 중심으로 교육을 통해 지역 주민과 접근하고 있고 실제로 그러한 커리큘럼과 콘텐츠를 웹 사이트를 통해 제시한다. 이것은 인터넷 교회의 적용성을 위해 좋은 예가 될 수 있다. 각 카테고리의 제목들도 그 지방 명소의 이름으로 배치를 하였으며 마치 지방 명소를 관광하는 것과 같이 교회를 소개하고 교회 시스템을 안내하고 있다. 그런데 이러한 시도와는 별도로 실제 교회가 제공하는 컨텐츠에 대한 자세한 소개가 웹상에서 다소 미흡하게 제공되고 있는 점이 아쉽다. 오히려 교회가 가진 콘텐츠에 대한 궁금증을 불러 일으키게 하는 전략일까? 조사시점 이후 사이트 주소, 링크, 내용의 변화에 대한 독자들이 양해를 구한다.

내용

우선 메인 페이지를 방문하면 교회 건물 사진이나 성도들의 사진을 대신하여 문경새재 도립공원의 아름다운 풍경과 경치, 유적과 유물들을 접하게 된다. 이것은 기존의 다른 여타의 교회 홈페이지에서 찾아볼 수 없는 참신한 생각으로서 현지민들에게 예스처치가 가진 지역 친화적인 마인드를 소개하는 데 큰 역할을 차지한다고 믿는다. 단순한 사진 몇 장이 아니라 지역을 사랑하고 지역 주민을 배려하는 철학이 함축되어 있다고 생각한다.

교회 소개란의 내용은 기존의 교회 홈페이지와 다소 차별화되어 있지는 않지만 그 외의 메뉴는 제1관문, 제2관문 등의 제목을 붙여서 마치 찾아온 사람들이 관광 가이드를 받는 듯한 기분을 갖게 한다. 이 또한 처음 교회를 찾는 사람들이 교회 특유의 문화나 알 수 없는 프로그램들의 나열로 어리둥절하지 않게 배려한 아이디어라고 믿는다. 각각의 관문들을 들어가면 지역의 유적지 설명과 함께 셀 모임, 성경 파노라마, 중보기도 훈련 등 코스들을 설명해 놓았다. 마치 유적지의 관문들을 통과하듯이 교회 프로그램의 관문을 통과하라는 듯한 즐거운 교회 콘텐츠 가이드가 흥미롭다.

관리

관리는 홈페이지 구조 자체가 복잡하지 않아서 자체적으로 자원봉사자 팀을 구성하여 관리하는 것으로 보인다. 게시판을 통해 활발한 커뮤니티 나눔들이 이루어지고 있고 설교 등 교회적 콘텐츠들이 정기적으로 성실하게 업데이트되고 있다. 농촌 지역에 위치한 작은 지역 교회이지만 웹 사역을 비교적 활발하게 진행함으로써 차세대적인 모델 역할을 하고 있다. 농촌 지역이라고 교회 홈페이지 만들지 말란 법이 없고 오히려 인터넷을 통해 고립 지역이라는 통념을 깨고 한국 내 전 지역과 세계를 향한 문을 열어 선교하는 교회로 발전시킬 수 있을 것이다.

참고서적

한글서적

곽안련, 『한국교회와 네비우스선교정책』(서울:대한기독교서회, 1994.)
박건, 『멘토링 사역 멘토링 목회』(서울:나침반, 2006.)
서장혁, 『인터넷이여 선교로 부흥하라』(서울:예영커뮤니케이션, 2007.)
서장혁, 『웹, 세상을 디자인 하라』(서울:윌리엄캐리,2010.)
신국원, 『신국원의 문화이야기』(서울:IVP, 2002.)
신상언, 『행복한 문화 사역』(서울:낮은 울타리, 2000.)
이재완, 『선교와 문화 이해』(서울:CLC, 2008.)

번역서적

게이츠 빌, 『생각의 속도』, 안진환 역,(서울:청림출판, 1999.)
그리피스 마이클, 『늑대와 함께 춤추는 어린양』, 최태희 역(서울:조이 선교회, 2006.)
뉴비긴 레슬리, 『헬라인에게는 마련한 것이요』, 홍병룡 역(서울:IVP, 2005)
니버 리처드, 『그리스도와 문화』, 김재준 역(서울:대한기독교서회, 1998.)
데이톤E.E, 『세계선교의 이론과 전략』, 곽선희, 김종일, 이요한 역(서울: 한국장로교출판사, 1991)
맥가브란 도날드 A, 『교회 성장이해』, 전재옥, 이요한 역(서울:한국장로

교출판사, 1897)

보쉬 데이비드 J,『변화하고 있는 선교』, 장훈태 역(서울:기독교문서선교회, 2000.)

브레닉 빈센트,『초대 교회는 가정교회였다』, 홍인규 역(서울:UCN, 2009)

브루스 F.F.,『바울』, 박문재 역(서울:크리스천 다이제스트,1985.)

쉐퍼 프란시스,『그러면 우리는 어떻게 살것인가?』, (서울:생명의 말씀사, 1984.)

쉥크 R. 윌버트,『선교의 새로운 영역』, 장훈태 역(서울:CLC, 2003.)

쉥크 R. 윌버트,『세상 속에 있는 교회를 위한 선교적 교회론-목회와 신학』(서울:두란노, 2003.)

쉥크 데이빗,『초대 교회 모델을 따라 교회를 개척하라』, 최동규 역(서울:베다니출판사, 2004.)

웰스 데이비스,『데이비스 웹스의 윤리실종』, 윤석인 역(서울:부흥과 개혁사, 2007.)

윈터 랄프, 호돈 스티븐,『미션 퍼스팩티브』(서울:예수전도단, 2000.)

제임스 M. 필립스, 로버트 쿠트 편,『선교신학의 21세기 동향』, (서울:이레서원, 2001.)

존스톤 로버트,『영화와 영성』, 전의우 역(서울:IVP, 2003.)

커닝햄 로렌,『생각은 결과를 낳는다』, 윤명석 역(서울:예수전도단, 1999)

컷벌트 멜번,『지역교회와 선교』, 박기호, 목만수, 주준희 역(LA:아시아선교연구소, 2004.)

클린턴 로버트,『영적지도자 만들기』(서울:베다니출판사,1993.)

테일러 스티브,『교회의 경계를 넘어 다시 교회로』, 성석환 역(서울:예영커뮤니케이션, 2008.)

포코크 미쉘, 밴라넨 가린, 메콘넬 더글라스,『변화하는 내일의 세계선교』(서울:바울, 2008.)

영문서적

Banks, Robert, Journeys in to the Mind, Heart and Imagination of God. Sutherland, New South Wales, Australia, Albatross Books, 2991.

Dodd, C.H. The Johannine Epistles, 1946.

Fore, William F. Gospel, Culture and the Media. New York, Friendship Press, 1990.

Gamst, F. Nordeck, E. eds. Ideas of Culture, Sources and Uses. New York: Holt, Rinhart & Winston, 1976.

Gibs, Eddie and Bolger, Ryan K. Emerging Churches: Creating Christian Community in Postmodern Culture. Grand Rapids, Michigan: Baker Academic, 2005.

Giles, Judy and Middleton, Tim. Studying Culture: A Practical Introduction. Oxford: Blackwell Publishers Inc, 1999.

Kirbride, Paul. Globalization the External Pressures. New York: Wiley, 2001.

Kimbal, Dan. Emerging Worship: Creating Worship Gathering for New Generation. MI, Zodervan, 2004.

Kraft, Charles H. Communication Theory for Christian Witness. NY, Obris Books, 1991.

Larkin Jr, William, Williams. Joel F, Mission in the New Testament, Michigan, Orbis Books, 1998.

McGavran, Donal A. Understanding Church Growth. Grand

Rapids, MI: William B. Eerdmans Publishing Co, 1990.

Olthuis, James H. "On Worldviews" in Stained Glass: Worldviews and Social Science, Paul A. Marshal, Sander Griffioen, and Richard J. Mouw, eds. Lanham: University Press of America, 1989.

Postman, Neil. Amusing Ourselves to Death. kindle edition, 1985.

Schultze, Quentin J. Communication for Life: communication for Life: Christian Stewardship in Community and Media. Grand Rapids, Baker Academic, 2000.

Seay, Chris. "I Have Inherited the Faith of My Fathers," in Stories of Emergence.

Senior C.P, Ddonald. Stuhlmueller, C.P, Carol. The Biblical Foundations for Mission. Michigan, Orbis Books, 1983.

Tillich, Paul. Theology of Culture. New York: Oxford University Press, 1959.

Williams, Raymond. Keywords: a Vocabulary of Culture and Society. London: Fontana, 1976.

Winter, Ralph D. Hawthorne, Steven C. Mission Perspective. Pasadena, CA: William Carry Library, 1999.